高职高专"十四五"经济与管理类核心课程系列教材

管理学理论与实务

主　编　王玲玲　胡洁娇
副主编　陈慧君　万心国
　　　　邵立刚　陈建华
　　　　徐　宁

西安交通大学出版社
XI'AN JIAOTONG UNIVERSITY PRESS

图书在版编目(CIP)数据

管理学理论与实务/王玲玲,胡洁娇主编. —西安:
西安交通大学出版社,2017.10(2024.1重印)
ISBN 978-7-5605-6754-9

Ⅰ.①管… Ⅱ.①王…②胡… Ⅲ.①管理学-高等
职业教育-教材 Ⅳ.①C93

中国版本图书馆 CIP 数据核字(2017)第 265253 号

书 名	管理学理论与实务	
主 编	王玲玲 胡洁娇	
责任编辑	李逢国	

出版发行	西安交通大学出版社
	(西安市兴庆南路 1 号 邮政编码 710048)
网 址	http://www.xjtupress.com
电 话	(029)82668357 82667874(市场营销中心)
	(029)82668315(总编办)
传 真	(029)82668280
印 刷	西安明瑞印务有限公司

开 本	787mm×1092mm 1/16 印张 11.25 字数 264 千字
版次印次	2018 年 1 月第 1 版 2024 年 1 月第 5 次印刷
书 号	ISBN 978-7-5605-6754-9
定 价	39.80 元

如发现印装质量问题,请与本社市场营销中心联系。
订购热线:(029)82665248 (029)82667874
投稿热线:(029)82668526
读者信箱:xjtu_hotreading@126.com

前 言
Foreword

　　本教材坚持贯彻《国家中长期教育改革和发展规划纲要(2010—2020年)》和《教育部关于全面提高高等职业教育教学质量的若干意见》的精神，落实职业院校以"能力为本、就业为先、全面发展"的教学理念。以基层管理岗位所需要的岗位技能为培养主线，注重引用新颖和学生感兴趣的案例来进行知识点的导入、案例分析和实践训练。力求让学生树立正确的管理观念，对管理过程及理论方法有一个全面的了解，并掌握各项管理技能和方法，成为社会需要的高技能应用型人才。

　　本教材坚持"实践性"和"适用性"原则，按照"知识、能力、素质"并重的要求，将"案例引读＋知识精讲＋考核评价＋知识巩固＋案例分析＋实训课业"的教学体系落实到教学过程中。创建以应用为导向，在管理中学管理的教学模式。通过本教材的教学引导学生运用相关知识去分析和解决生产生活中的管理问题，并帮助学生在日后的就业过程中能够迅速适应社会和企业，培养合格的实用型人才。

　　本教材根据高职高专学生的特点来组织教学，本着实用性和适用性的原则，共设有7个学习情境，分别是学习情境一管理认知、学习情境二计划与决策、学习情境三组织与人员、学习情境四领导与激励、学习情境五沟通与合作、学习情境六控制和学习情境七创新。

　　感谢武汉城市职业学院"管理学"校级资源共享课团队对本书编写给予的支持和贡献，他们是王玲玲、胡洁娇、陈慧君、陈建华、徐宁、万心国、邵立刚；感谢本书所参阅、引用的信息、资料的作者所给予的理解与支持；感谢西安交通大学出版社对本书出版的支持和编辑的辛勤劳动。

编　者

2017 年 12 月

目 录
Contents

学习情境一

管理认知

知识目标

1. 理解管理的属性与职能；
2. 掌握管理职能、实务与技能体系；
3. 了解管理理论的形成与发展。

能力目标

1. 具有对管理职能与实务内容的理解能力；
2. 培养管理的核心技能；
3. 培养企业文化分析与设计能力。

案例引读

一兰拉面的成功之路

无论是爱吃拉面的群体，又或者是对日本文化有一定兴趣的人，对"一兰拉面"都不会陌生。在 2016 年一兰拉面年度营业额近 150 亿日元（RMB 约 9 亿元），光看这个收入就知道它有多火了。但一兰并不是一开始就这么顺风顺水的。

这家店最开始是一对夫妇经营的福冈豚骨拉面店，其汤头独特外加面够劲道，他家的豚骨拉面很快在同类拉面中脱颖而出，在当地被称为"福冈第一"。一开始只是为了生存下去才开的拉面店，因别具一格的豚骨拉面变得人尽皆知，可这对夫妇也因年纪大了身体扛不住那么大的客流量，迫不得已采取了会员制的方式经营，只能是会员才可以到店里享用拉面。而这也是日本第一家会员制的拉面店。吃过的人都说味道好，平常人还进不去，大家对这"福冈第一"更是充满浓厚的兴趣。这对老夫妻，为了不让"福冈第一"失传，将拉面店交给了现在的一兰社长吉富学。在 1993 年，吉富学接手拉面店后，他做的第一件事就是取消会员制，第二件事就是将装潢大改造了一番，每一个餐桌都是独立个体的，就这样，一兰它火了。刚到一兰的人对这间店充满着好奇，因为每个人都是在独立的空间吃拉面，还看不到服务员，这样的用餐方式非常独特，但吃过后才明白，原来这样可以独自一人不顾旁人地享受眼前的这碗拉面。他认为，吃拉面是件非常神圣的事情，独立小间是为了能让豚骨的香味不要散去，在无人打扰的环境下吃拉面，美味更是翻倍。没错，他成功了，吃过的人都对一兰拉面赞不绝口。

"你选择成为经营者，那你注定要与不安和孤独作伴。"独特的经营模式让一兰拉面像暴风一样席卷全日本，在 2004 年，一兰已经成立了 11 年，15 家分店让吉富学的收入突破 30 亿日元，他买了法拉利等 7 辆进口跑车，爱上了赛马，给自己配了游艇，这些都是成功人士的标配，但他却觉得空虚。但空虚并没有阻止他进军东京的脚步，在东京成功获得一席之地的他，为了让他的一兰帝国大业冲向海外，长时间在海外奔走，而回到日本时，等待他的是办公桌上 30 封

— 1 —

员工的辞职信。辞职的有他最信任的左膀右臂,还有从小就认识的好友。面对昔日战友的背叛,他不解,对属下,他从来都是有福同享,绝对不会亏待员工。这样的对待换来这样的回报,他一时间想不开,和妻儿不辞而别,从九州来到了京都,打算最后一餐后自我了断。找到位置后,隔壁桌是一对夫妻在吃饭。丈夫点了啤酒后,妻子表示后悔,于是便说:"下次我们还是回到原点,点回拉格啤酒吧。"是啊,"回到原点!"30封辞职信给他上了一课,回到福冈后,他将豪车全部卖光,把赛马、游玩的时间换成了大量阅读,读书中,他明白了曾经的独断,不听取员工意见,让员工渐渐地与他不在同一条船上,就连之前坚持独立小间的营业模式也是他个人的执着,虽然换来了成功,但失去了人心。2006年,他颁布了一套全新的经营模式,不再遵从自己的"欲",而是以"爱"为出发点重新出发。

注重细节,开始重视员工的内心。他重新席卷归来,不再一意孤行,更多的是听员工的声音,听客人的声音。现在的一兰变成了拉面界不可忽视的存在。任何一次失败都不是结局,走歪路只是让你经历更多,只要你勇往直前,等待你的,一定是你想要的。回到原点绝对不是走回头路,而是成功的另外一种方式。

思考

1. 一兰拉面的成功之道在于什么?

2. 一兰拉面既然如此成功,第二代管理者为何会"众叛亲离"? 你认为作为管理者应该具备哪些管理技能?

任务一　走进管理

一、管理的概述

(一)中外不同学者具有代表性的观点

管理作为一项重要的社会活动,贯穿于人类社会发展的各个阶段,渗透到政治、经济、文化、教育、军事等各个领域。管理的定义,众说纷纭。其中有代表性的有:

科学管理之父泰罗认为,管理就是要"确切地知道要别人干什么,并促使他们用最好、最经济的方法去干"。他是从管理的目标性来阐述的,并授予被管理者工作方法,以求更好地达到目标。

管理学家亨利·法约尔认为,管理就是实行计划、组织、指挥、协调和控制。

管理学家哈罗德·孔茨认为,管理就是通过别人来使事情做成的一种职能,管理包括计划、组织、人事、指挥、控制5项内容。

决策理论学派代表人物赫伯特·西蒙认为,管理就是决策。

经验主义代表人物杜拉克认为,管理就是经验的总结。

"现代管理学之父"德鲁克认为:"管理是一种实践,其本质不在于'知'而在于'行'","企业管理不是一种官僚性的行政工作,它必须是创新性的,而不是适应性的工作"。强调了管理工作实践性、目的性和创新性的特征。

美国管理协会对管理的定义是:通过他人的努力来达到目标。

我国的管理学家周三多认为,管理就是"社会组织中,为了实现预期的目标,以人为中心进行的协调活动"。他是从管理的目的、管理的本质、管理的中心来阐述这一定义的。他认为管理的目的是为了实现预期目标,管理的本质是协调,管理的中心是人。

根据国内外管理学家们的研究成果来看,虽然不同的学者对管理的定义不尽相同,但都从不同的角度反映了管理活动的实际情况,丰富与发展了管理理论,同时也反映了社会发展不同阶段的管理水平,说明管理的概念是一个动态、发展的概念。

(二)本书对管理的定义及理解

我们认为,管理是指一定组织中的管理者在特定的组织内外环境的约束下,运用计划、组织、领导、控制和创新等职能,对组织的资源进行有效的整合和利用,协调他人的活动,使他人同自己一起实现组织的既定目标的活动过程。这个概念包含以下五个层次:

(1)管理的目的:实现预期目标。管理是为实现组织特定目标服务的,是一个有意识、有目的的行为过程。

(2)管理的本质:协调。把组织里每个人的力量协调起来去完成集体的目标是管理的宗旨。管理的每一种活动或每一项职能都是为了协调其他人的行为,通过别人完成工作目标。

(3)管理的对象:相关资源。管理是通过对资源的协调整合来实现组织的目标。

(4)管理的载体:组织。有组织的地方就有管理活动,就需要管理。

(5)管理的手段:管理职能。管理是通过管理职能发挥作用的,包括计划、组织、领导、控制和创新等基本职能。

二、管理的性质

(一)管理的二重性

任何社会生产都是在一定的生产关系下进行的。管理,从最基本的意义来看,一是指挥劳动;二是监督劳动。由于生产过程具有二重性——既是物质资料的再生产,同时又是生产关系的再生产。因此,对生产过程进行的管理也就存在着二重性:一种是与生产力、社会化大生产相联系的管理自然属性;一种是与生产关系、社会制度相联系的管理社会属性。这就是管理的二重性。

正确认识管理的二重性的现实意义如下:

(1)管理的二重性体现着生产力和生产关系的辩证统一关系。

(2)西方的管理理论、技术和方法是人类长期从事生产实践的产物,是人类智慧的结晶,它同生产力的发展一样,具有连续性,是不分国界的。

(3)由于管理总是在一定生产关系下进行的,体现着一定的统治阶级的意志。所以,在学习西方管理理论时应有原则性,必须认清资本主义管理的剥削本质。

(4)任何一种管理方法,管理技术和手段的出现总是有其时代背景的,也就是说,它是同生产力水平及其他一切情况相适应的。

(二)管理的科学性和艺术性

1.管理的科学性

自从20世纪初泰罗的科学管理理论产生以来,管理知识逐渐系统化,并形成了一套能反映管理活动内在规律性的理论体系,这个由一系列的基本概念、管理原理和管理方法等组成的理论体系在此后的管理实践中,一方面用于指导人们的管理实践,使人们的管理水平不断提高,另一方面又随着人们管理实践的不断丰富而得到不断的发展和完善。因此,从这个意义上说,管理学是一门科学,它是人们在长期的管理实践中,经过无数次的成功和失败,总结出来的一系列可供人们学习和传授的反映管理活动客观规律的管理理论和一般方法。

2. 管理的艺术性

管理学是一门不精确的科学。人们在认识管理活动的内在规律性的过程中所形成的概念、原理、原则、方法等不可能像自然科学的原理和定理那样通过实验加以提炼和验证。因此,一方面当管理者应用管理理论指导管理实践时,不可能像自然科学应用其定理和原理去指导自然科学实践那样严谨、精确和一丝不苟,而是要求管理者在管理过程中灵活地运用管理理论进行具体问题具体分析。另一方面管理又具有很强的实践性,由于管理工作对象的复杂性,管理问题和管理环境的多变性,管理学所能提供的专业手段和方法又是极其有限的。因此,需要管理者有灵活的能根据实际情况行事的技巧,也就是说管理是一种艺术。艺术的含义是指能够熟练地运用知识并且通过巧妙的技能来达到某种效果,或者说是指达到某种预期效果的"诀窍"。正如其他所有技能一样,管理工作也需要利用系统化的知识,根据实际情况加以运用,以获得预期的效果。这就是说,在管理实践中,如果只凭书本知识来诊断,仅仅借助原则来设计,靠背诵原理来管理,是远远不够的。只有将管理知识与具体的管理实践相结合,发挥管理者的积极性、主动性和创造性,才能进行有效的管理。所以,管理的艺术性就是强调管理活动除了要掌握基本的理论和方法外,还要有灵活运用这些知识的技巧和经验。

3. 两者之间的关系

管理学既是一门科学,又是一种艺术,是科学与艺术的有机结合。管理的这一特性,对于学习管理学和从事管理工作的管理者来说是十分重要的,它可以促使人们既注重对管理理论的学习,又不忽视在实践中因地制宜地灵活运用管理的理论和方法。对一个管理者来说,如果他不懂得管理的科学原理,那么他在管理的过程中就只能靠碰运气,靠直观或过去的经验办事;而如果管理者掌握了管理的科学理论,他就有可能对所要解决的问题找出切实可行的解决办法。当然,管理者也不能空谈管理理论,不通过实践来丰富自己的管理经验和技巧。总之,一个管理者要能成为一个有效的管理者,不但要学好管理理论,还要掌握管理的艺术。前者需要的是系统的理论学习,而后者则需要个人的智慧和经验。

三、管理的职能

管理职能是指管理的职责和功能,是管理者在管理活动中应当承担的职责和任务,是管理活动内容的理论概括。

最早系统提出管理职能的是法国的法约尔。他提出管理的职能包括计划、组织、指挥、协调、控制五个职能,其中计划职能为他所重点强调。他认为,组织一个企业,就是为企业的经营提供所有必要的原料、设备、资本、人员。指挥的任务要分配给企业的各种不同的领导人,每个领导人都承担各自的单位的任务和职责。协调就是指企业的一切工作都要和谐地配合,以便于企业经营的顺利进行,并且有利于企业取得成功。控制就是要证实一下是否各项工作都与已定计划相符合,是否与下达的指示及已定原则相符合。

本书关于管理职能的观点是:计划、组织、领导、控制、创新这五种管理职能是一切管理活动最基本的职能。管理五大职能的主要工作内容与相互关系如图1-1所示。

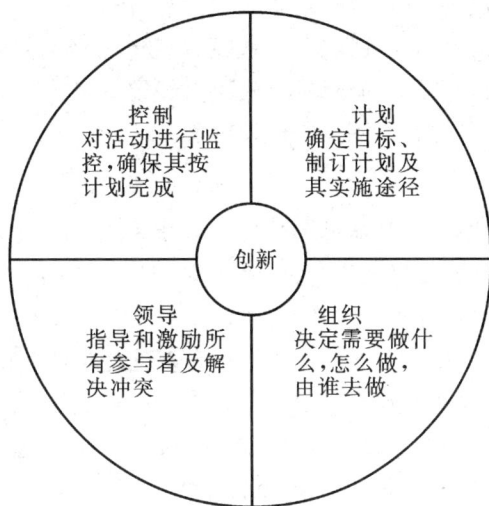

图 1-1 管理职能及相互关系

(一)计划

计划职能是管理的首要职能,是一个组织为实现一定目标而进行事先筹划和安排的一种管理活动。其中心任务是确定组织的目标和实现目标的具体方案。组织中所有的管理者都必须从事计划活动。

法约尔认为管理意味着展望未来,预见是管理的一个基本要素,预见的目的就是制订行动计划。一个好的计划有如下特点:

(1)统一性。每个活动不仅要有总体的计划,还要有具体的计划,不仅要有前面的计划,还要有后续的计划。

(2)连续性。不仅有长期计划,还有短期计划。

(3)灵活性。能应付意外事件的发生。

(4)精确性。尽量使计划具有客观性,不具有主观随意性。

管理人员在制订计划时,要对企业的经营状况有整体的了解,要有积极参与的观念,并且对企业每天、每月、五年、十年等的经营状况进行预测,企业的各个部门的负责人都要对自己的部门进行总结和预测,对自己部门的计划负责,根据实践的推移和情况的变化适当地改变以前的计划。高层的管理人员主要负责制订计划,而基层的管理人员主要负责执行计划。

(二)组织

组织职能是管理的重要职能。管理者制订出切实可行的计划之后,就要组织必要的人力和其他资源去执行既定的计划,这就是组织职能。根据工作的要求与人员的特点,设计岗位;通过授权和分工,将适当的人员安排在适当的岗位上;用制度规定各个岗位的职责和上下左右的相互关系,形成一个有机的组织结构,使整个组织协调运转等都反映的是组织的职能。组织的职能具体包括组织设计、组织运行和组织变革。

(三)领导

领导职能就是要带领和指挥该组织的所有员工同心协力地执行组织的计划,实现组织的目标。领导是通过对组织成员进行引导,增强人们的相互理解,统一人们的思想和行动,激励每个成员自觉地为实现组织目标而共同努力,从而保证组织目标的顺利实现。管理者激励下属,指导他们的活动,选择最有效的沟通渠道,解决组织成员间的冲突等,从而使组织中的全体成员以高昂的士气、饱满的热情投身到组织活动中去。

(四)控制

控制是管理过程的关键职能,是通过信息反馈和绩效评估,对组织的活动进行监督、检查、纠正偏差的过程,是连续不断、反复进行的过程,贯穿于整个活动的始终。控制的实质就是使实践活动符合计划,计划是控制的标准。

法约尔认为,控制就是要证实企业的各项工作是否已经和计划相符,其目的在于指出工作中的缺点和错误,以便纠正并避免重犯。

控制适合于任何不同的工作,所以控制的方法也有很多种,有事中控制、事前控制、事后控制等。当某些控制工作显得太多、太复杂、涉及面太大,不易由部门的一般人员来承担时,就应该让一些专业人员来做,即设立专门的检查员、监督员或专门的监督机构。

控制在整个管理活动中起着承上启下的连接作用。做好这项工作也是很不容易的,控制也是一门艺术。

(五)创新

创新职能与上述各种管理职能不同,它本身并没有某种特有的表现形式,它总是在与其他管理职能的结合中表现自身的存在与价值。在管理循环中,创新处于轴心的地位,成为推动管理循环的原动力。

创新是使组织的作业工作和管理工作不断地有所革新、有所变化。管理界对于创新职能的重视始于20世纪60年代。因为当时的市场正面临着急剧的变化,竞争日益加剧,许多企业感到不创新就难以生存下去,所以有不少管理学者主张将创新看成管理的一项新职能。

创新是组织活力之源泉,创新关系到组织的兴衰成败。美国有位著名的管理学家曾说过:如果管理人员只限于继续做那些过去已经做过的事情,那么即使外部条件和各种资源都得到充分利用,它的组织充其量也不过是一个墨守成规的组织。这样下去,组织很可能衰退,而不仅是停滞不前,在竞争情况下尤其是这样。现代管理面临的是动荡的环境和崭新的问题,创新是保持组织立于不败之地的法宝。

四、管理者与管理对象

(一)管理者的概念

管理者是组织的心脏,其工作绩效的好坏直接关系着组织的兴衰成败。所以,美国管理大师德鲁克曾这样说:"如果一个企业运转不动了,我们当然是要去找一个新的总经理,而不是另雇一批工人。"由此可见,管理者对组织的生存发展起着至关重要的作用。管理者是履行管理职能、对实现组织目标承担贡献和责任的人。

(二)管理者的分类

我们可以从组织的不同角度来分辨各种类型的管理者。管理者按其在组织中所处的层次可以分为以下几类:

1.高层管理人员

高层管理人员即对整个组织的管理负有全面责任的人。高层管理人员处于组织的最高层,其主要职责是:制定组织的总目标、总战略,掌握组织的大政方针并评价整个组织的绩效,并在对外交往中代表组织的"官方"身份出面。高层管理者的头衔有:如公司的董事会主席、首席执行官、总裁或总经理及其他高级资深经理人员,高校的校长、副校长和其他处在或接近组织最高层位置的管理人员。

2.中层管理人员

中层管理人员是直接负责或者协助管理基层管理人员及其工作的人,这些人主要负责日常管理工作,在组织中起承上启下的作用。中层管理人员的主要职责是:贯彻执行高层管理人员所制定的重大决策,监督和协调基层管理人员的工作。中层管理人员通常是部门或办事处主任、科室主管、项目经理、地区经理、产品事业部经理或分公司经理等头衔。

3.基层管理人员

基层管理人员亦称第一线管理者,他们处于作业人员之上的组织层次中。基层管理人员的主要职责是:给下属作业人员分派具体工作任务,直接指挥和监督现场作业活动,保证各项任务的有效完成。在制造工厂中,基层管理者可能被称为领班、工头或者工段长;在运动队中,这项职务是由教练担任的;而学校则由教研室主任来担任。

管理人员的层次分类如图1-2所示。

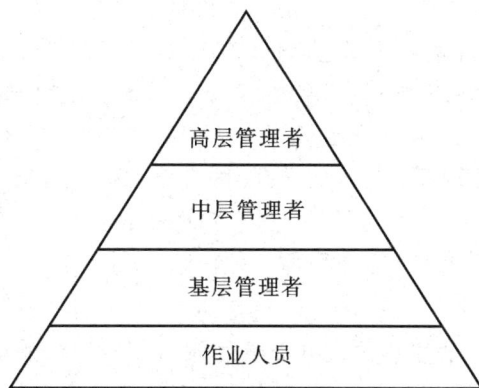

图1-2　管理人员的层次

(三)管理的对象

管理的对象包括人、财、物、时间、信息五要素。

人指被管理的生产人员、技术人员以及下属管理人员。从长远的发展来看,还应包括预备劳动力的培养教育,以及整个人力、资源的开发利用。人是社会系统中最基层的子系统,是社会的细胞,高效能的管理应该使人尽其才,才尽其用。

财包括经济和财务,是一个组织在一定时期内所掌握和支配的物质资料的价值表现。对财力的管理就应该按经济规律进行有效管理,使资金的使用保证管理计划的完成。

物指对设备、材料、仪器、能源以及物资的管理,使之物尽其用,提高利用率。

时间是物质存在的一种客观形式,表现为速度、效率,由过去、现在、将来构成连绵不断的系统。高效能的管理应该考虑如何在尽可能短的时间内，做更多的事情，充分利用时间。

信息是具有新内容、新知识的消息。在整个管理过程中，信息是不可缺少的要素，信息的管理是提高管理效能的重要部分。

课堂讨论

1. 以所在学校为背景，分析不同层级的管理人员和管理对象分别是什么？
2. 面对不同的管理对象应该注意哪些问题？

五、管理能力

(一)管理者的技能

每位管理者都在自己的组织中从事某一方面的管理工作，都要力争使自己主管的工作达到一定标准和要求。管理是否有效，在很大程度上取决于他是否真正具备了作为一个管理者应该具备的管理技能。美国学者卡茨提出了管理的"技能"说。"技能"指的是一种能力，可以是后天培养的，并不一定是与生俱来的。这种技能要在实际行动中得以展现，并不仅仅蕴藏于潜能之中。管理者应具备三种基本技能，即技术技能、人际技能和概念技能。

1. 技术技能

技术技能指使用某一专业领域内有关的工作程序、技术和知识完成组织任务的能力，是从事自己管理范围内的工作所需的技术和方法。如果是生产车间主任，就要熟悉各种机械的性能、使用方法、操作程序，各种材料的用途、加工工序，各种成品或半成品的指标要求等。如果是办公室管理人员，就要熟悉组织中有关的规章、制度及相关法规，熟悉公文收发程序、公文种类及写作要求等。如果是财务科长，就要熟悉相应的财务制度、记账方法、预算和决算的编制方法等。技术技能对基层管理者来说尤为重要，因为他大部分时间都是从事训练下属人员或指导下属人员所做的各种工作。具备技术技能，才能更好地指导下属工作，更好地培养下属，由此才能成为受下级成员尊重的有效管理者。

2. 人际技能

人际技能指与组织中上下左右的人打交道的能力，即理解、激励他人并与他人共事的能力。首先，要求管理者了解别人的信念、思考方式、感情、个性以及每个人对自己、对工作、对集体的态度，并且认识到别人的信念、态度、观点与自己的不一样是很正常的，承认和接受不同的观点和信念，这样才能与别人更好地交换意见。其次，要求管理者能够敏锐地察觉别人的需要和动机，并判断组织成员的可能行为及其可能后果，以便采取一定措施，使组织成员的个人目标与组织目标最大程度地一致起来，最大限度地调动员工的积极性和创造性。许多研究表明，人际技能是一种重要技能，对各层管理者都具有同等重要的意义。在同等条件下，人际技能可以极为有效地帮助管理者在管理工作中取得更大的成效。

3. 概念技能

概念技能指综观全局、认清为什么要做某事的能力，是对事物的洞察、分析、判断、抽象和概括的能力，也就是洞察企业与环境相互影响之间复杂性的能力。管理者应纵观组织的全貌和整体，了解组织内部各部门相互作用和与外部环境的互动方式，预见组织在社区中所起的社会的、政治的、经济的作用，知道自己所管理部门或科室在组织中的地位和作用。一方面表现为分析和概括问题的能力。管理者能够快速、敏捷地从混乱而复杂的动态情况中辨别出各种因素的相互作用,抓住问题的起因和实质,预测问题发展下去会产生什么影响,需要采取什么措施解决问题,这种措施实施以后会出现什么后果。另一方面表现为形势判定能力。即管理者通过对外部和内部形势的分析判定,预见形势将朝什么方向发展,以便充分利用好形势发展组织的事业,同时采取措施对付不利形势,使组织获利最多或损失最少。各种研究表明,出色的概念技能,可使管理者作出更佳的决策。概念技能对高层管理来说尤其重要。

(二)不同层次管理者对管理技能需要的差异性

管理技能是各层管理者都共同需要掌握的,区别仅在于各层级管理者所需掌握的三种管理技能的比例会有所不同,如图1-3所示。

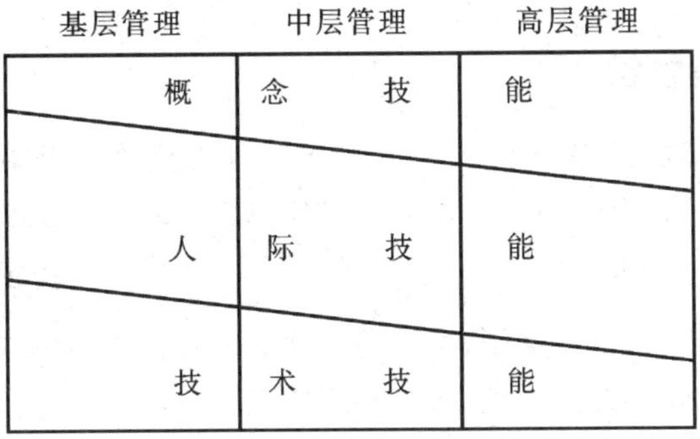

图1-3 不同层次管理者的管理技能要求

1.基层管理者

以专业技术能力为主,人际关系能力为辅,概念能力次之,不过一个基层管理者如果具有较强的概念能力,那定将是可塑之才。

2.中层管理者

专业技术能力和人际关系能力同样重要,但对中层管理者的概念能力的要求高于基层管理者。

3.高层管理者

以概念能力为主,人际关系能力为辅,专业技术能力次之,如果高层管理者具有较强的专业技术能力,但不迷恋和炫耀自己的技术优势,那定将成为成功的人才。

考核评价

考核评价内容如表1-1所示。

表1-1 走进管理考核评价表

项目	评价内容	团队评价	教师评价
专业知识(30分)	管理的定义		
专业能力(30分)	管理的二重性		
	管理的科学性和艺术性		
	管理四大职能的初步理解		

续表 1-1

项目	评价内容	团队评价	教师评价
综合素质(40分)	管理者的技能		
	对管理对象进行区分及管理		
总计			
努力方向:		建议:	

任务二 管理思想

一、中国传统管理思想

中国有长达两千多年的封建王朝历史,这使得中国古代管理思想成为"帝王之学"。这些管理思想见诸浩如烟海的古籍中,而尤以儒家、道家、法家、兵家、墨家思想最具代表性。

(一)儒家思想

儒家思想的代表人物有孔子、孟子、荀子等。儒家思想博大精深,"仁"是儒家思想的核心,是儒家道德的基础,"仁"几乎包括了做人的全部规范。

1.儒家思想的主要观点

(1)仁:即爱人,推己及人,由亲人到众人。体现在教育思想上就是"有教无类"。

(2)义:原指"宜",即行为合乎于"礼"。

(3)礼:指的是道德规范和生活准则,做事要遵循"礼"。

(4)智:同"知",指知道、了解、见解、知识、聪明、智慧等。

(5)信:指待人处事应诚实不欺、言行一致的态度。

(6)恕:己所不欲,勿施于人。包含有宽恕、容人的意思。

(7)忠:表现为与人交往中的忠诚老实。

(8)孝:孝不仅指对父母的赡养,着重强调对父母和长辈的尊重。

(9)悌:指对兄长的敬爱之情。

2.儒家思想对现代管理的启示

中国传统思想文化的主体是儒家思想。儒家思想是中华民族传统文化的优秀代表。儒家思想对现代管理的启示是汇通所有东方管理思想和管理艺术的价值论基础。一个企业,如果不施行"仁政",就不能创造良好的企业文化,吸引并留住人才;儒家提出的"义",原指行为应适合于伦理规范,对于一个企业来说,如果不遵循伦理,其社会形象就会大打折扣,就会对企业造成严重的影响;儒家强调"忠",现在的每个企业都在努力培养员工的忠诚度,因为员工的流失将对企业造成重大的损失。

(1)儒家思想对管理者的要求。儒家提出"修己以安人"的命题,这个命题构成中国式管理的基本过程。要求管理者以爱护他人为基本出发点,承认人的地位和尊严,关心和尊重他人,这样才能充分发挥人的积极性、主动性和创造性。

(2)儒家思想对被管理者的要求。仁是儒家理论的核心。什么是"仁",孔子在回答他的弟子时,在不同的时候有着不同的回答。第一次回答是"仁者爱人",第二次回答是"仁者先难而后获",第三次则更为具体了:"居恭处,执事敬,与人忠,虽之夷狄,不可弃也。"

在这里我们可以看出儒家的仁的管理方法:无论是管理者还是被管理者,都必须要有一种爱心,而且还要知道干什么事都会遇到困难,克服了困难然后才会有收获;更为重要的是,人在一个集体中活动,一种集体主义的精神才是一种真正的仁。

(3)儒家思想对企业经验道德的要求。在商业交往中,必须坚持"仁""信"之德。儒商注重"和气生财","和"则"旺"。

市场经济是契约经济、信用经济。重约守信、言而有信、诚信为本,是现代企业必须具备的职业道德,也是公平有序竞争的基本条件。企业要获利,首先应该弄清楚为什么获利,怎样获利的问题。企业赚钱要讲良心,获取的应该是"阳光下的利润"。企业要牢固树立契约意识和忠实履约的道德精神,信誉至上,注重商业道德,反对随意毁约、商业欺诈。只有诚信不欺、重约守信,自觉维护公平竞争的市场秩序、维护社会公共利益,才能维护企业的信誉和形象。欺诈、哄骗、言而无信、昧着良心赚钱,就会使企业失去信用,最终也会失去市场。

儒家思想经过几千年的筛选修补,成为中国传统思想的瑰宝。儒家思想提出了做人应该具备的道德准则体系,如仁爱、尚义、和谐、诚信、自律等精神,这些在现代职业道德建设中仍然占有重要地位。

(二)道家思想

道家思想的代表人物有老子、庄子等,其核心思想是"道",认为"道"是宇宙的本源,也是统治宇宙中一切运动的法则。

1.道家思想的主要观点

(1)效法自然。在道家看来,自然就是万物发生、发展的规律。

(2)清静无为。首先,无为不是无所作为,而是有所为、有所不为;其次,无为是"无"在作为;最后,无为要求人们不要妄为,而要善于抓住本质,从根本上解决问题,标本兼治,治本为主,从无为到无不为。

2.道家思想对现代管理的启示

道家的思想对现代企业管理也具有重要的意义。管理的至高境界可以用老子的一个观点来概括,那就是"无为而治"。"无为而治"至少包含三层意思:一是要求最高管理者在小事上"无为",在大事上"有为"。二是要求管理者善于做到"君无为而臣有为"。三是要求管理者在管理中力求"顺其自然",切忌违背自然、经济、社会发展客观规律的"妄为"和离开客观实际可能性的"强为",坚持严格按照客观规律和客观实际办事,反对主观主义。

(1)道家思想对管理者的启示。将老子的无为思想运用到现代管理艺术中,就是将日常事务的决策权下放,充分调动下属的工作积极性;管理者致力于战略方针的确定,各司其职、协力前进;管理者不置身于琐事,而是以企业文化实现组织的目标。

(2)道家思想对企业运营的启示。老子的"无为"除了在对人的管理上有参考价值,在整个企业的运营上也有重要的启迪作用。

(三)法家思想

法家思想的代表人物有商鞅、申不害、慎到、韩非子等,其核心思想是"法治"。

1. 法家主要观点

(1)反对礼制。法家重视法律而反对儒家的仁道。

(2)强调法律的作用。第一个作用就是"定纷止争",也就是明确物的所有权。

(3)"好利恶害"的人性论。法家认为人都有"好利恶害"或者"就利避害"的本性。

(4)"不法古,不循今"的历史观。法家反对保守的复古思想,主张锐意改革。

(5)"法""术""势"结合的治国方略。"法"是指健全的法制,"术"是指驾驭群臣、掌握政权、推行法令的策略和手段,"势"是指君主的权势,要独揽军政大权。

2. 法家思想对现代管理的启示

法家提出的这些管理思想在现代企业管理活动中有很强的适用性。"以法制国"的道理,企业也是如此,以法治企是管理一个企业的基础。法家提出要健全法制,明确法律的作用,这对组织的管理同样适用。如果组织没有完善的规章制度,靠人治而不是靠法治,则管理效率将十分低下,各种问题也会随之而来。法家提出的重视"势"和"术"的思想,对管理也具有重要的借鉴意义。一个管理者如果不树立自己的"势",不懂得掌握权力,就会缺乏威信;如果不懂得"术",不能很好地驾驭下属,其管理效果可想而知。现在任何一家企业都会制定制度,用以规范人的行为,这就是"法"。而"法"得以执行,有赖于"术"和"势"。没有规矩不成方圆,制度是管理的基础。法家立法是为了让国家强大,现代企业设立制度也是为了让企业壮大。韩非子的法家思想对现代企业管理的意义是:管理要重视法治,要执法如山、赏罚分明、知人善任、制度廉明。所以,对现代企业而言,有规章制度,并且制度能运行顺畅,企业才具有可持续的发展力。

在管理中力求"顺其自然",切忌违背自然、经济、社会发展客观规律的"妄为"和离开客观实际可能性的"强为",坚持严格按照客观规律和客观实际办事,反对主观主义。

(四)兵家思想

兵家的代表人物有春秋时期的孙武,战国时期的孙膑,汉初的张良、韩信等,其核心思想是谋攻。

1. 兵家主要观点

中国古代兵家管理思想是中华民族灿烂文化的重要组成部分,是我国历代军事家对战争决策、指挥、统筹及其规律方面的理性认识的总和。

许多名言已成为脍炙人口的管理格言,如"知彼知己,百战不殆;知天知地,胜乃可全""居安思危""有备无患""先计后战""远交近攻""攻其无备、出其不意""避实击虚""以众击寡""兵贵胜、不贵久""兵贵神速""兵贵其和,和则一心""三军一人,胜""三军可夺气,将军可夺心""密察敌之机,而速乘其利,复疾击其不意",等等。这些著名的兵家管理格言所运用的一些基本原则,与现代科学管理的理论,不仅基本精神一致,而且在语言上也有明显的渊源关系。

2. 兵家思想对现代管理的启示

兵家蕴涵着极为丰富的战略和战术思想,为管理战略和管理策略提供了宝贵的思想资料。兵家管理,是一种权谋管理艺术,其管理艺术中的"权"与"谋"相结合的基本性质,是由其务实性所决定的。

(1)兵家思想对管理战略的启示。孙子重点指出了战略谋划的重要性,他强调进行战略决策前一定要周密分析各种条件,整体考虑各种因素。

（2）兵家思想对管理策略的启示。兵家策略十分丰富，值得我们在管理中加以借鉴。

（五）墨家思想

墨家思想的核心思想是"兼相爱，交相利"，其主要观点是兼爱说、贵义说、道德教育和道德修养论，以及义与利相统一、动机与效果相统一等。

1. 墨家主要观点

（1）"兼爱"原则。在墨家的一系列道德理论中，"兼爱"原则是贯穿一切和决定一切的关键思想。"兼爱"原则虽然反对恶人贼人的利己主义，但还是相当重视个人利益的。

（2）"尚利""贵义"的功利主义。墨子把"兼爱"原则展开为"兼相爱，交相利"。

（3）"合其志功而观"的道德评价原则。墨子在义利统一的功利主义原则基础上，进而提出了"志功统一"的道德评价原则。

（4）"非攻"的战争观。墨家思想认为战争是天下的"巨害"，并指出"大则攻小也，强则侮弱也，众则贼寡也，诈则欺愚也，贵则傲贱也，富则骄贫也"。

墨子的这一非攻思想，一方面充分揭露统治者好战和掠夺的本性，使人们能够清醒地认识统治者贪得无厌的面目，具有强烈的批判精神和针砭作用；另一方面也反映了人民对和平和安宁的渴求，反映了人民要求结束战乱、发展生产和改善生活的良好愿望。

2. 墨家思想对现代管理的启示

墨家思想中的"利"即以利驱人。利，这里主要指物质利益，墨家非常重视对"利"的追求。人们是在不断追求利益中生存和发展的，"利"是管理者进行管理的有效动力。民心不仅要依靠一定的政治理念，还要有相当的利益驱动才行。

二、西方早期的管理思想

19世纪末到20世纪初，随着生产力的发展，自由资本主义逐步过渡到垄断资本主义，逐步实现了管理经验系统化、方法标准化和工作科学化。于是，科学管理理论等古典管理理论应运而生。

（一）泰勒的科学管理理论

泰勒（Frederick Winslow Taylor，1856—1915）的科学管理在管理发展史上占有极其重要的位置，它是科学管理的起点，使管理从此走上了科学发展之路。科学管理的诞生是管理的第一次革命，在管理的发展史上具有伟大的划时代的意义。因此，泰勒被称为"科学管理之父"，其管理理论被称为"科学管理"。泰勒一生研究硕果累累，撰写的著作很多，其代表作是1911年出版的《科学管理原理》。

泰勒倡导的以科学为依据的管理理论，其要点有以下几个方面：

1. 工作效率和工作定额

为了提高生产效率和工作效率，首先应制定出有科学依据的工作定额。泰勒在制定科学的工作定额方面作了大量的研究。首先从时间研究和动作研究入手，时间浪费严重是生产低效率的表现之一，为了提高时间的利用率，必须进行时间研究，其主要方法是进行工作日活动写实和测时。即根据工作日写实的记录，保留必要时间，去掉不必要时间，从而达到提高劳动生产率的目的。以工序为对象测量时，按操作步骤进行实地测量并研究工时消耗的方式。他研究总结了先进工人的操作经验，并推广先进的操作方法，确定合理的工作结构，为制定工作定额提供参考。合理的动作不仅会提高作业的效率,还能大大节省工人的体力消耗及避免身体的损害。通过动作分析,去掉多余动作,保留和改善必要的动作,使生产率得到提高。

2. 科学选人用人

原来工厂招聘工人、分配工作只考虑数量问题,岗位缺人,缺多少,补充上即可,很少考虑一个工作岗位究竟需要什么样的人,从而造成人与工作的不协调问题。泰勒认为,人的天赋与才能各不相同,他们所适合做的工作也不同,为了提高劳动生产率,必须为工作挑选最合适的工人。除了能力外,还要考虑人的态度问题,一个人的能力与工作再合适,但本人却不愿意干,也不会提高工作效率。泰勒的做法使人的能力、态度与工作得到了科学、合理的匹配,并对上岗的工人进行教育和培训,教会他们科学的工作方法,使工作效率大大提高。

3. 实行标准化

劳动定额的制定是科学管理的基础,也是劳动时间和操作动作的标准化。泰勒认为,在工作中还要建立各种标准的操作方法、规定和条例,使用标准化的机器、工具和材料。"要为人们工作的每一个环节制定一种科学方法,以代替旧有的只凭经验的工作方法。"科学管理是以工作效率的提高为中心的,标准化能大幅度地提高生产效率和工作效率,因此标准化是泰勒研究的一个重要方面。

4. 差别计件工资制

泰勒提出了一种差别计件工资制,以鼓励工人超额完成定额。他认为,工资制度不合理是引发劳资矛盾的重要因素。为此,他设想,如果工人完成或超额完成定额,按比正常单价高出2倍计酬;如果工人完不成定额,按比正常单价低20%计酬。泰勒指出,这样做体现了多劳多得,大大提高了工人的劳动积极性。资本家的支出虽然会有所增加,但由于产量增加,利润提高的幅度会超过工资提高的幅度,对资本家还是有利的,况且这种工资制还会缓和劳资矛盾,达到"和谐的合作关系"。

5. 劳动职能分析

泰勒认为应该对企业中各项工作的性质进行认真仔细的研究、科学的分析,用科学的工作方法取代传统的经验工作方法。当时的企业没有专门的管理部门,许多管理工作如计划、统计、质量检验、控制等都混杂在执行工作之中。于是,他主张管理工作与执行工作分开,并建立专门的管理部门,配备专门的管理人员,其职能是进行时间和动作研究、制定劳动定额和标准、选用标准工具和操作方法等。计划管理工作与执行工作的分离促进了劳动分工的发展,实现了管理工作的专业化,也为科学管理理论的形成奠定了坚实的组织基础。

6. 例外原则

泰勒将管理工作分成两类,即一般事务管理和例外事务管理。企业的高级主管人员应把处理一般事务的权限下放给下级管理人员,自己只负责对下级管理人员的监督和处理例外事务。这种原则的实质是实行分权管理,在当时集权化管理比较普遍的背景下,它的提出无疑具有非常积极的现实意义。

(二)法约尔的一般管理理论

当泰勒在美国研究倡导科学管理的时候,亨利·法约尔(Henri Fayol,1841—1925)在欧洲也积极地从事着管理理论的研究,他的研究为管理理论的发展作出了杰出的贡献。法约尔的代表作是1916年出版的《工业管理与一般管理》。

法约尔"一般管理"的主要内容包括以下几个方面：

1.工作分类与人员能力结构

法约尔认为,企业里发生的所有行为都可以概括为六类：①技术性的工作——生产、制造；②商业性的工作——采购、销售和交换；③财务性的工作——资金的取得与控制；④会计性的工作——盘点、成本及统计；⑤安全性的工作——商品及人员的保护；⑥管理性的工作——计划、组织、指挥、协调与控制。

法约尔对这六大类工作分析之后发现,对基层工人或其他人员主要要求其具有技术能力。随着组织层次中职位的提高,人员的技术能力的相对重要性在降低,而管理能力的要求逐步提高；企业规模越大,管理就显得越重要,而技术能力的重要性相对减少。在这一点上法约尔与泰勒的认识是不一样的,泰勒极为重视作业阶层和技术能力,而法约尔更为重视一般性的管理工作和管理职能。

2.管理的五个基本职能

法约尔一般管理理论的一个重要内容是他首次把管理活动划分为计划、组织、指挥、协调与控制五大职能,揭示了管理的本质,并对这五大管理职能进行了详细的分析和讨论。

法约尔认为,计划就是探索未来和制订行动方案；组织就是建立企业的物质和社会的双重结构；指挥就是使其人员发挥作用；协调就是连接、联合、调和所有的活动及力量；控制就是注意一切是否按已制定的规章和下达的命令进行。这是法约尔对管理学理论作出的突出伟大贡献,至今仍然在沿用并成为其他学者研究管理职能的基础。

3.十四条管理原则

为了使管理者能够更好地履行管理职能,法约尔总结出管理的十四条原则。

(1)劳动分工。

实行劳动的专业化分工可以提高人们的工作效率。其不仅适用于技术工作,也适用于管理工作。但是,专业化分工要有度,不能分得过粗或过细,否则效果不好。

(2)权力与责任。

在企业中,人的权力与其承担的责任应当相符,不能出现有权无责或有责无权的情况。

(3)纪律。

纪律是企业领导人同下属人员之间在服从、勤勉、积极、举止和尊敬方面所达成的一种协议。所有成员都要通过各方达成的协议对自己在组织内的行为进行控制。

(4)统一指挥。

组织内的每个成员都应接受且只应接受一个上级的命令。

(5)统一领导。

健全的组织要实行统一领导。对于同一目标的全部活动,只应有一个领导者和一套计划。只有这样,资源的应用与协调才能指向同一目标。统一领导是统一指挥的前提,统一指挥只有在统一领导下才能存在。

(6)个人利益服从集体利益。

企业的目标应尽可能多地包含个人的目标,使企业目标实现的同时满足个人的合理需求。当个人利益与集体利益发生冲突时,优先考虑集体利益。

(7)合理报酬。

报酬制度要公平、合理,对工作成绩与工作效率优良者应有奖励,但奖励应该有适当的限度,以能够激起职工的热情又不会出现副作用为宜。

(8)集权与分权。

要根据企业的性质、规模、环境、人员素质来恰当地决定集权和分权的程度。

(9)等级制度与跳板。

等级制度就是从最高权力机构层层延伸直至最基层管理人员的领导系列。它表明权力等级的顺序和信息传递的途径。但是有时候可能由于信息沟通的线路太长而延误时间或出现信息失真现象。为此,法约尔提出了一种"跳板"原则,即在需要沟通的两个部门之间建立一个"法约尔桥",建立同级之间的横向沟通。

(10)秩序。

秩序即"凡事各有其位",在人、物的安排上做到有序。根据每个人的能力和意愿,将其安排在最适合的工作岗位上。

(11)公平。

"公平"原则就是"善意"加"公道"。领导者为了使员工努力工作,必须善待他们。管理者在制定规则时要体现公平,执行规则时要体现公道,否则员工就会降低积极性。

(12)保持人员稳定。

成功的领导者应当能够留住优秀的管理人员和职工,因为他们是可靠的组织资源,人员变动频繁的组织是很难成功的。人员的稳定是相对的,关键是要掌握好人员流动的适当尺度,保持企业人员的稳定性与适应性。

(13)首创精神。

管理者应该以自己的首创精神来带动和影响企业全体员工的创造性和主动性。这既会给员工带来极大的快乐,也是刺激员工努力工作的最大动力之一。

(14)人员团结。

管理者应该鼓励组织和谐与统一,并在员工之间营造良好关系的氛围。

课堂讨论

1. 结合实际谈谈对法约尔的 14 条原则的理解。

2. 准备借用哪几条原则在你们的模拟公司推行? 为什么?

(三)梅奥的霍桑试验

霍桑试验是从 1924 到 1932 年间,在美国芝加哥郊外的西方电器公司下属的霍桑工厂进行的。霍桑工厂当时有 2.5 万名工人,主要从事电话机和电器设备的生产。工厂具有较完善的娱乐设施、医疗制度和养老金制度。但是,工人仍然有很强烈的不满情绪,生产效率很低。为了探究原因,1924 年 11 月,美国国家研究委员会组织了一个由多方面专家组成的研究小组进驻霍桑工厂进行试验。试验分成四个阶段:照明试验、福利试验(继电器装配工人小组试验)、谈话试验(大规模访问交谈)、群体试验(对接线板接线工作室的研究)。

1. 照明试验

照明试验的目的是研究照明对生产效率的影响。试验前,专家小组以泰勒科学管理理论作为指导思想,他们认为,工作的物理环境是影响工作效率的主要因素之一。专家们选择了两个工作小组,一个为试验组,一个为控制组。前者照明度不断变化,后者照明度始终不变。试验开始后,当试验组的照明度增加时,该组的产量开始增加;当工人要求更换灯泡时,而实际上只给他们换了一个同样光度的灯泡,但产量继续增加。与此同时,控制组的产量也在不断提高。通过试验,专家们发现照明度的改变不是效率变化的决定性因素,另有未被发现的因素在起作用,于是他们决定继续进行研究。

2.福利试验

专家们选择了5位女装配工和一位画线工,把他们单独安置在一间工作室内工作。研究小组专门派了一位观察员加入这个工人小组,负责记录室内发生的一切。研究人员告诉这些工人,试验不是为了提高产量,而是为了找出最合适的工作环境,要求工人像平时一样工作。

试验时,研究小组分期改善工作条件。例如:增加工间休息,公司负责供应午餐和茶点,缩短工作时间,实行每周工作五天制,等等。这个小组的女工们在工作时间还可以自由交谈,观察员对她们的态度非常和蔼。这些条件的变化使产量不断上升。一年半以后,研究小组决定取消工间休息,取消公司供应的午餐和茶点,每周又改为六天工作,结果产量仍然维持在高水平上。

什么原因使这些女工提高了生产效率?研究小组把可能的因素一一排列出来,并提出五个假设:第一,改善了材料供应情况和工作方法。第二,改善了休息时间,减少了工作天数,从而减轻了工人的疲劳。第三,增加了休息时间,从而减缓了工作的单调。第四,增加产量后每人所得的奖金增加了。第五,改善了监督和指导方式,从而使工人的工作态度有所改善。

研究小组对这五个假设逐一进行论证试验。最后,推翻了前四个假设,认为第五个假设可能性最大。研究小组决定进一步研究工人的工作态度及可能影响工人工作态度的其他因素。

3.谈话试验

试验进行到第三个阶段,研究小组进行了大规模的访问交谈。他们共花了两年时间对两万名职工进行了访问交谈。通过交谈,了解工人对工作、环境、监工、公司和使他们烦恼的所有问题的看法,以及这些看法是如何影响生产效率的。

研究发现,影响生产力最重要的因素是工作中发展起来的人际关系,而不是待遇及工作环境。研究小组还了解到,每个工人工作效率的高低,不仅取决于他们自身的情况,而且还与他所在小组的其他同事有关。任何一个人的工作效率都要受到他的同事的影响。探究小组决定进行第四阶段的试验。

4.群体试验

在第四阶段的试验中,研究小组决定选择接线板接线工作室进行研究。该室有9位接线工、3位焊接工和2位检查员。研究小组对他们的生产效率和行为持续观察和研究了6个月后,有了许多重要的发现。

第一,大部分成员都故意自行限制产量。工人们说:"假如我们的产量提高了,公司就会提高工作定额,或者造成一部分人失业。"有的工人说:"工作不要太快,才能保护那些工作速度较慢的同事,免得他们受到管理阶层的斥责。"

第二,工人对待他们不同层次的上级持不同态度。对于小组长,大部分工人认为是小组的成员之一;对于小组长的上级——股长,认为他有点权威;对于股长的上级——领班,每当他出现时,大家都规规矩矩,表现良好。这说明,个人在组织中职位越高,所受到的尊敬就越大,大家对他的顾忌心理就越强。

第三,成员中存在一些小派系。工作室中存在着派系。每一个派系都有自己的一套行为规范,派系的成员必须遵守这些规范。如果违反规范,就要受到惩罚。这种派系是非正式组织,这种组织不是由于工作不同所形成的,而是和工作位置有密切关系。这种非正式组织中也有领袖人物。他存在的目的是对内控制其成员,对外保护自己派系的成员,并且注意不受管理阶层的干预。

通过霍桑实验,人们终于发现人群中的一些内部规律,为解决当时资本主义的社会问题提供了一条较好的思路。这就是当时的人际关系学说。梅奥和缪特斯伯格所建立的人际关系学说,提出了与当时流行的泰勒科学管理思想不同的一些新观点。

1.职工是社会人

科学管理把人当作"经济人"来看待,认为金钱是刺激人的积极性的唯一动力,霍桑实验则证明人是社会人,影响人的劳动积极性的因素,除了物质利益之外,还有社会的、心理的因素。每一个人都有自己的特点,个体的观念和个性都会影响个人对上级命令的反应和工作的表现。因此,应该把职工当作不同的个体来看待,当作"社会人"来对待,而不应将其视作无差别的机器或机器的一部分。

2.企业中存在非正式组织

非正式组织是与正式组织相对而言的。所谓正式组织是指为了有效地实现企业目标,依据企业成员的职位、责任、权力及其相互关系进行明确划分而形成的组织体系。科学管理只注重发挥正式组织的作用。霍桑实验告诉人们,工人在企业内部共同劳动的过程中,必然会发生一些工作以外的联系,这种联系会加深他们的相互了解,从而能形成某种共识,建立起一定程度的感情,逐渐发展成为一种相对稳定的非正式组织。

这种非正式组织对工人起着两种作用:①保护工人免受内部成员疏忽所造成的损失,如生产过多以致提高生产定额,或生产过少引起管理当局的不满,加重同伴的负担。②保护工人免受非正式组织以外的管理人员干涉所形成的损失,如降低工资率或提高生产定额。

梅奥等人认为,不管承认与否,非正式组织都是存在的。它与正式组织相互依存,而且会通过影响工人的工作态度来影响企业的生产效率和目标的达成。因此,管理人员应该正视这种非正式组织的存在,利用非正式组织为正式组织的活动和目标服务。

3.新型的领导能力在于提高职工的满足程度

科学管理认为生产效率主要取决于作业方法、工作条件和工资制度。因此只要采用恰当的工资制度,改善工作条件,制定科学的作业方法,就可以提高工人的劳动生产率。梅奥等人根据霍桑实验得出了不同的结论。他们认为,生产效率的高低主要取决于工人的士气,而工人的士气则取决于他们感受到的各种需要的满足程度。在这些需要中,金钱与物质方面的需要只占很少的一部分,更多的是获取友谊、得到尊重或保证安全等方面的社会需要。因此,要提高生产率,就要提高职工的士气,而提高职工士气就要努力提高职工的满足程度。这样才能适时、充分地激励工人,达到提高劳动生产率的目的。

三、现代的管理理论

现代管理理论发展时期开始于 20 世纪 40 年代末,即第二次世界大战后到 20 世纪末。这是管理思想最活跃、管理理论发展最快的时期,也是管理理论步入成熟的时期。

(一)管理理论的丛林

管理理论在发展中形成了不同学派,具体如表1-2所示。

表1-2　管理理论的不同学派

学派	代表人物	基本思想	主要观点
经验学派	彼得德鲁克	关注管理者的实际管理经验,认为成功的组织管理者的经验是最值得借鉴的	1.主张通过对实际经验的研究来概括管理理论 2.在对实际经验研究的基础上,归纳出经理的管理职责 3.提出目标管理等现代管理方法和技术
行为科学学派	马斯洛、赫兹伯格、麦格雷戈等	运用多学科知识研究人类行为产生、发展、变化的规律,引导和控制人的行为,以调动人的积极性的科学	1.重视人在组织中的关键作用 2.强调个人目标和组织目标的一致性,把员工对工作的满足感作为最有效的激励因素 3.主张打破传统组织结构和关系,实行民主参与管理,使员工自我控制,自主管理
社会系统学派	巴纳德	把组织看成是一个社会系统,是一个人们之间相互关系的体系;它受社会环境等各方面所制约,是更大的社会系统的一部分	1.组织是一个协作系统 2.组织无论规模大小、层次高低,都存在共同目标、协作意愿、信息沟通三个基本要素 3.组织效力与组织效率是组织发展的关键因素 4.管理者的权威来自于下级的认可 5.经理人职能是通过信息沟通来协调组织成员协作的
决策理论学派	西蒙	管理的关键在于决策,管理必须采用一套制定决策的科学方法及合理的决策程序	1.认为管理就是决策 2.提出在决策中应用最满意准则代替最佳化准则 3.强调不仅要注意决策中定量方法,计算技术等新的科学方法,也要重视心理因素、人际关系等社会因素在决策中的作用

(二)系统管理理论

系统管理学派是运用系统科学的理论、范畴及一般原理,分析组织管理活动的理论。其代表人物有美国的卡斯特、罗森茨韦克等。

系统管理学派的主要理论要点是:①组织是一个由相互联系的若干要素所组成的人造系统。②组织是一个为环境所影响,又反过来影响环境的开放系统。组织不仅本身是一个系统,同时又是一个社会系统的分系统,在与环境的相互影响中取得动态平衡。组织同时要从外界接受能源、信息、物质等各种投入,经过转换再向外界输出产品。系统管理和系统分析在管理中被应用,提高了管理人员对影响管理理论和实践的各种相关因素的洞察力。该理论在20世纪60年代最为盛行,但由于它在解决管理的具体问题时略显不足而稍有减弱,但仍然不失为一种重要的管理理论。

(三)权变管理理论

权变理论是 20 世纪 70 年代在经验主义学说基础上进一步发展起来的管理理论。权变理论认为,在组织管理中要根据组织所处的环境和内部条件的发展变化随机应变,没有什么一成不变、普遍适用的"最好的"管理理论和方法。权变管理就是依据环境自变数和管理思想及管理技术的因变数之间的函数关系来确定一种最有效的管理方式,它要求具体情况具体分析。

权变理论的基本观点主要有以下几个方面:

1.权变管理思想结构

权变管理的思想结构就是认为管理与环境之间存在着一定的函数关系,但不一定是因果关系。所谓函数关系,就是作为因变数的管理思想、管理方法和技术随环境自变数的变化而变化。这种函数关系可以解释为"如果——就要"的关系,即"如果"某种环境情况存在或发生,"就要"采用某种管理的思想。

2.权变理论的组织结构观点

它是以权变思想为基础,把组织看成是一个既受外界环境影响,又对外界环境施加影响的"开式系统"。组织内部机构的设计,必须与其组织任务的要求、外在环境的要求以及组织成员的需要等互相一致,组织才能有效。

3.权变的人事管理观点

在人事管理方面的权变观点也是以权变管理思想为基础,认为在不同的情况下要采取不同的管理方式,不能千篇一律。

4.权变理论的领导方式观点

其研究内容有:计划制定的权变、权变理论的组织论、权变理论的控制论,以及结合不同的环境和条件采用不同的管理组织机构和管理技术。伯恩斯、斯托克的《革新的管理》、钱德勒的《战略与结构》等都与组织结构的权变有关,最具代表性的卢桑斯的权变管理研究的是有关环境变量与相应的管理观念和技术之间的关系。菲德勒研究的是权变领导理论。

四、发展应用中的管理理论

(一)企业文化理论

企业文化学派强调管理活动的文化特征,其代表人物是特雷斯·E·迪尔和阿伦·A·肯尼迪等。他们合著了《企业文化》一书,对企业文化进行了系统论述。企业文化学派成了 20 世纪 80 年代最有影响的管理学派之一,在一定程度上反映了当代企业管理的客观要求和发展趋势。西方企业文化研究主要是 20 世纪 80 年代开始兴起的一种新的管理思想。它以美日比较管理学研究为起点,迅速形成一种希望从文化角度开辟管理新纪元的世界性潮流。其代表人物相当多,著作丰富,如伏格尔的《日本名列第一》、威廉·大内的《Z 理论》等。

企业文化理论的主要观点是:①企业的管理不仅是理论的,而且是文化的。②企业文化受企业环境制约,在企业内,主要体现为全体成员共同的信念、方向意识、思维方式和日常行为准则。③作为企业领导,在完成对企业战略的制定和执行上,应把主要精力用在企业文化的塑造与培育上。④企业领导必须具有文化意识。⑤未来企业的竞争,将主要是企业文化的竞争。

课堂讨论

请看一段《杜拉拉升职记》的视频,看看 DB 公司的企业文化有哪些?

(二)企业再造理论

迈克尔·哈默和詹姆斯·钱皮于 1994 年出版了《公司再造》一书。该书一出版便引起了管理学界和企业界的高度重视,并迅速流传开来。二百多年来,亚当·斯密的分工理论一直支配着美国企业的管理,对生产力的发展曾经起着巨大的推动作用,但是在迅速变化的当今时代,它越来越不适应社会发展的要求了。哈默与钱皮认为,公司再造就应当是根据信息社会的要求,抛开分工的旧包袱,按照自然跨部门的作业流程重新组装以期在管理绩效上,如成本、质量、服务和效率等方面,获得大跃进式的改善。

企业再造的基本特点是:①向基本信息挑战,进行创造性思维;②彻底变革,使企业"脱胎换骨";③大跃进式的发展;④从业务流程开始。按照哈默和钱皮的定义,业务流程是企业以输入各种原料为起点到企业创造出对顾客有价值的产品为终点的一系列活动。流程改造得益于信息技术的高度发展,因为信息技术的发展使得效率不一定产生于分工,而有可能产生于整合之中。因此,在传统的组织职能理论基础上进行以流程为线索的调整,正在成为人们探讨高效组织管理的新模式。

(三)波特的竞争战略

波特认为,一个产业内部的竞争状态取决于五种基本竞争力的相互作用,即进入威胁、替代威胁、买方砍价能力、供方砍价能力和现有竞争对手的竞争。在此分析的基础上他提出了可供选择的三种基本竞争战略:总成本领先战略、差别化战略和目标集中战略。这三种战略的实施与资源和技能有关,同时存在着程度不同的风险。继产业结构分析之后,波特还给出了竞争对手理论分析模型,内容涉及如何识别竞争对手等。

(四)学习型组织理论

所谓学习型组织,是指通过培养弥漫于整个组织的学习气氛而建立起来的一种符合人性的、有机的组织。在学习型企业中,要求人们不断地去拓展他们的能力,学习相互之间如何在一起工作,发挥参与精神以及如何要求不断变革的对策以适应瞬息万变的环境变化。

1990 年,彼得·圣吉出版了《第五项修炼》,提出了构建学习型企业的五项基本修炼:①培养"自我超越"的员工。"自我超越"的修炼要求每个员工学习如何认清、加深和不断实现他们内心深处最想实现的愿望,他们对生命的态度应该是全心投入、不断创造和超越。②改善心智模式。每个人的心智模式影响着人们如何了解这个世界以及如何采取行动,而组织内部也可能存在一种共有的心智模式。③建立"共同愿景"。"共同愿景"是大家共同愿望的景象,是能感召组织成员的共同目标。当人们致力于共同关切的愿望时,才会产生创造性学习。④促进有效的"团队学习"。"团队学习"修炼要求团队成员能够超越自我,克服防备心理,学会如何相互学习与工作,形成有效的共同思维。⑤形成全局性的"系统思考"。"系统思考"的修炼要求人们能够纵观全局,形成系统思维模式,思考影响我们诸种因素的内部联系。

考核评价

考核评价内容如表 1-3 所示。

表1-3 管理思想能力考核评价表

项目	评价内容	团队评价	教师评价
专业知识(30分)	泰勒的科学管理理论		
	法约尔的一般管理理论		
	梅奥的霍桑试验		
专业能力(30分)	企业文化分析与设计能力		
综合素质(40分)	应用现代管理理念分析和处理实际管理问题的能力		
总计			
努力方向:		建议:	

知识巩固

1. 什么是管理?不同层次的管理者的管理技能有什么区别?

2. 梅奥的人际关系学说与泰勒的科学管理理论有什么不同?

3. 结合实际谈一谈为什么要学习管理。

案例分析

摩拜单车的管理问题

共享单车乱停放,车是用户骑完停的,那 ofo、摩拜等共享单车平台是不是就能当"甩手掌柜"?

日前,因不堪忍受"摩拜单车"在停车场内乱停乱放,受委托负责停车场内车辆停放服务的物业公司将摩拜单车诉至北京海淀法院,索要管理费用100元。该案不仅是北京海淀法院受理的首起因共享单车停放问题引发的民事案件,恐怕在国内也算首起因共享单车停放引发的民事案件了。那么,共享单车乱停放,到底是用户的责任,还是平台的责任?对于因乱停放给相应单位或个人增加了管理成本,谁应该承担赔偿责任?

共享单车乱停放症结:早期更多是多方责任混同。

对于出现的"乱停放"现象,有人说是国民素质问题,也有观点认为单车平台管理不善,还有观点认为是有关部门配套设施不健全问题。从法律角度看,按照《道路交通安全法》第五十九条规定:"非机动车应当在规定地点停放。未设停放地点的,非机动车停放不得妨碍其他车辆和行人通行。"简单说,对于未设置停放地点的区域,只要停放做到"不妨碍其他车辆和行人通行"就可以随意摆放。但是,各地出台的非机动车停放管理规章或法规,与之有一定的冲突之处。比如关于停放,《北京市非机动车停车管理办法》第十二条规定,非机动车停车人应当"在非机动车公共停车场或者设有非机动车停放标志的区域内停车"。关于处罚,《北京市非机动车停车管理办法》第十三条规定:"在明令禁止停车的道路范围内停放非机动车的,由公安交通管理部门依法处罚,并可以暂扣其非机动车辆。"

可以看到,规章要求自行车应当"停放在停车场或设有停放标志"的区域,但只有将自行车停放在"明令禁止停车的道路范围内"才可能被予以处罚,因此,可能出现一个"没有停车标志"

但又不属于"明令禁止停车的道路范围内"随意停放的可能。而这也恰是当前共享单车乱停放的症结所在,除去少量影响车辆和行人通行的不当停放外,更多的可能是,在一些公共区域或道路两侧随意停放。因此,早期 ofo、摩拜等共享单车乱停放的问题出现,应该是停车区域设置不足、单车企业维护不力和用户随意停放等多重因素共同作用的结果。

那么,如果已有完善的停车区域设置,依旧出现乱停放问题,到底应该由用户承担责任?还是由平台承担责任?

共享单车停放管理:停放不规范、不整齐,平台需承担责任。

目前,由共享单车引发的"乱停放"问题主要包括两类:其一,在非机动车合法停放区域内,停放不整齐,造成的市容市貌不整洁、不美观的问题;其二,非机动车停放在公共区域,占用道路及两侧或其他公共场地违法停放。

而在摩拜单车因乱停放被诉一案中,案件所涉的摩拜单车乱停放问题,主要涉及停放不规范问题。原告物业公司诉称,其自 2016 年 8 月 10 日开始负责北京市朝阳区高碑店东区的停车场委托服务业务,期间物业管理秩序井然有序。但随着近年来摩拜单车的推广,尤其是近几个月内的单车使用量陡然大增,每天上百辆单车不规则地停放,让区内的面貌面目全非。每天物业管理人员都可以清理出大量随意停放的单车。一些单车使用者只顾自己方便,把单车骑到停车场后,随意停放在私人车位、人行横道、消防通道、绿化带等处,既不符合物业管理要求,又造成了诸多安全问题,原告曾多次就该问题向被告反映,均告无果。

因区内无自行车存放地,为了保证区内管理秩序、消防通道畅通和行人安全,原告花费人力物力对服务小区的用车进行统计和观察,根据使用者用车习惯和管理区域内的特点,寻找合适的单车停放点并在确定的区域做好标识,引导使用者集中有序停放。同时物业管理人员每日巡查,将区内随意停放之单车及时发现、及时清理并摆放整齐。

原告认为,乱停放现象虽是使用者所为,但单车隶属于被告所有,且被告对于使用者的使用行为缺乏提示和监管,导致乱停放现象的肆意发生,对此被告应承担不可推卸的管理责任。那么,在原被告未达成相关管理约定及委托关系的前提下,原告物业公司起诉并请求法院依法判令被告支付单车随意停放至私人车位、人行通道、消防通道、停车位、绿化带等管理费用 100 元,有无法律依据呢?

停放代管可否索赔:物业公司管理行为是否属于无因管理是关键。

由交通运输部会同多部门起草的《关于鼓励和规范互联网租赁自行车发展的指导意见(征求意见稿)》(以下简称《指导意见征求意见稿》)中提出:"对城市重要商业区域、公共交通站点、交通枢纽、居住区、旅游景区周边等场所,应当施划配套的自行车停车点位,规范自行车停放。"

那么,对于用户不规范停放后产生的实际管理需要,平台到底应该承担什么义务?

《指导意见征求意见稿》提出 ofo、摩拜等共享单车平台公司要"合理配备线下服务团队,加强车辆调度、停放和维护管理,确保车辆安全和方便使用"。简单地说,停放管理首先是平台或公司责任所在。而《民法通则》第九十三条规定:"没有法定的或者约定的义务,为避免他人利益受损失进行管理或者服务的,有权要求受益人偿付由此而支付的必要费用。"物业公司虽然与摩拜单车没有相关管理约定及委托关系,但是其通过对大量单车的管理同时保障了单车不会被随意损坏及丢弃,使得摩拜单车公司成为受益人,因此,物业公司代为对摩拜单车的停放管理行为(搬运、码放整齐等),非常接近"无因管理"。

目前,此案正在进一步审理中,而该案的最终判决出台对于强化 ofo、摩拜等共享单车平台的车辆停放管理主体责任,明确部分停车场管理服务与平台公司经营行为之间的法律关系等,都具有重要的现实意义。

讨论与思考:

1.你认为摩拜单车这类共享单车存在哪些管理问题?

2.这些管理问题,可以通过什么样的管理方法得到有效的控制或解决呢?请团队讨论并提出行之有效的管理改善建议。

Z 实训课业

实训项目:企业文化设计与建设

1.实训目的

运用本单元所学知识与技能,实际处理身边的管理问题。训练企业文化提炼和建设的能力。

2.实训内容

模拟公司的管理理念与文化建设。

3.实训要求

根据所学知识,特别是有关实际企业的信息资料以及情景分析,研讨并设计本公司的管理理念与企业文化。

(1)提出本公司的现代管理理念。

(2)选择一个或两个适合在本公司中应用的管理理论,并指出应怎样应用。

(3)对本公司的文化建设提出设想,并制订简要建设方案。

4.实训评价

每个团队形成一份实训报告并将主体内容以 PPT 的形式进行汇报交流,通过自评、互评和教师评价综合评定实训成绩。

学习情境二
计划与决策

知识目标

1. 了解计划的概念及类型；
2. 熟知计划工作的任务和内容；
3. 掌握计划工作的方法；
4. 了解决策的定义及其特性；
5. 熟知决策的过程及其营销因素、掌握决策的方法。

能力目标

1. 具有编制组织计划的能力；
2. 能够应用计划工作的任务和内容相关知识解决计划实施工作中的相关问题；
3. 能够应用决策的相关知识培养正确决策的能力。

案例引读

气味图书馆

10年前,当娄楠石跟朋友说想开一家卖气味的店,朋友马上怼了回来:"气味能卖钱吗,你疯了吧?"司马颇感意外的是,这个一脸稚嫩的姑娘,眼神却格外笃定。"这是我一辈子要做的事业。"10年后,谁也不会想到,这个有野心的女孩真的让那个看似荒谬的想法变成了现实。全国首家贩卖气味的"气味图书馆",也被称作"中国首家鼻子餐馆",启里小小一瓶空气,就让何炅、小S、周迅、李易峰……成了店里的粉丝,就连张艺谋也把瓶子里的味道请到电影院。

上大学时她给自己定了个目标:"在27岁的时候,我一定要成功!"她不知道怎么实现这个目标,只知道拼命地赚钱。还在念书的楠石开始了创业,每天当别人还沉浸在睡梦之中,她就已经起床了,进货,跑业务,找合伙人,晚上也是常常工作到深夜。

一个平常的下午,她坐在新西兰同学的家里,正酝酿着新的创业点子。突然灵光一闪:"我学的专业是视觉类的,你们说既然触觉、视觉、听觉都能形成产业,为什么就没有嗅觉产业呢?"

接下来的三个月,她都泡在图书馆研究怎么靠气味创业,她发现这嗅觉产业在国内还是一片空白,恰巧从网上了解到美国已经有人研究出来,小李子还是常客。楠石立马飞去拜访了兄弟俩的店。那次拜访之后,才有了后来的中国第一家气味图书馆,到了店里,闻到西红柿味,蚯蚓味,开在水边的花草气味……司马很好奇这是怎么实现的?"西红柿味,就是在西红柿地里抽的空气,蚯蚓味则是深层泥土的味道。"除此之外,还有各种稀奇古怪的气味,菩提树、天堂、眼泪……"与一般香氛不同的是,我们把气味和人的记忆联系在一起,这样调制出来的香水,不只是香气怡人,更能为你找回遗忘已久的嗅觉回忆。"听到兄弟俩一说,楠石马上觉得和自己想的如出一辙,当场就敲定了合作。

短短几个月之后，"气味图书馆"就在北京火了。除了普通的都市男女，还吸引了外国人慕名而来，在《我们相爱吧》节目中，陈柏霖为宋智孝调制了一款专属气味，女主直呼："惊艳!"导演张艺谋在电影《山楂树之恋》还没拍完时就找到楠石，请她为几家大影院设计一款跟电影情节吻合的气味，让观众看电影时能身临其境。还有张一白的《将爱情进行到底》、贾樟柯的《山河故人》……都曾在这里留下了专属的味道。影响力一大，女作家洪晃还给楠石取了个名字——中国的"嗅觉启蒙人"。3年后，楠石还研发创造出自主品牌，在天猫上一上线，受欢迎度排名仅次于Dior。还吸引来投资人追投了3年，却被姑娘连拒三次，因为她不想过早就被资本牵着走。楠石还曾被邀请登上深圳卫视的《合伙中国人》，让当当网创始人和58集团CEO双手点赞，并在现场下单求合作。很多人说，因为这个姑娘，居然再一次相信梦想了!

思考：

1. 作为一个创业者，娄楠石的创业经验给了你什么启示?

2. 娄楠石在上大学时给自己定了一个目标，她是怎样一步步实现这个目标的?

任务一　编制计划

一、计划概述

"计划"既可能是名词，也可能是动词。从名词意义上说，计划是指用文字和指标等形式所表述的，组织以及组织内不同部门和不同成员，在未来一定时期内，关于行动方向、内容和方式安排的管理文件。计划既是组织在未来一定时期内的行动目标，又是预先进行的行动安排。这项行动安排工作包括：在时间和空间两个维度上进一步分解任务和目标，选择任务和目标实现方式，进行规定、行动结果的检查与控制等。我们有时用"计划工作"表示动词意义上的计划内涵。

现在正处于一个新技术革命孕育、发生和发展的时代，变革和经济发展带来了机会，同时也带来了风险。世界范围内争夺市场和资源的竞争十分激烈。处在这样的时代，计划职能像主管人员的其他职能一样，已成为企业生存的必要条件。

二、计划的类型

根据划分标准的不同，计划可以区分为各种不同的类型。表2-1列出了按不同的标准划分的计划类型。

表2-1　计划的类型

分类标准	类型
职能	业务计划、财务计划、人事计划
时间期限的长短	短期计划、中期计划、长期计划
计划内容的详尽程度	具体计划、指导性计划
综合性程度（涉及经营范围和时间长短）	战略计划、战术计划
不同的表现形式	宗旨、目标、战略、政策、规则、程序、规划、预算

(一)按职能分类

按职能分类,可以将计划分为业务计划、财务计划及人事计划。

我们通常用"人财物,供产销"六个字来描述一个企业所需的要素和企业的主要活动。业务计划的内容涉及"物、供、产、销",财务计划的内容涉及"财",人事计划的内容涉及"人"。组织是通过从事一定业务活动立身于社会的,业务计划是组织的主要计划,作为经济组织,企业业务计划包括产品开发、生产以及销售等内容。而财务计划研究如何从资本提供和利用上促进业务活动的有效进行,人事计划则分析如何为业务规模的维持或扩大提供人力资源的保证。财务计划与人事计划是为业务计划服务的,也是围绕着业务计划而展开的。

(二)按时间期限分类

按时间期限的长短,可以将计划分为短期计划(short-term plans)、中期计划(middle-term plans)划和长期计划(long-term plans)。长、中、短期计划只是一个相对的概念,没有规定明确的时间期限。现有的习惯做法是将 1 年及其以内的计划称为短期计划,1 年以上到 5 年以内的计划称为中期计划,5 年以上的计划称为长期计划。但是对一些环境变化很快,本身节奏很快的组织活动,其计划分类也可能一年计划是长期计划,季度计划是中期计划,月计划是短计划。

在这三种计划中,通常长期计划主要是方向性和长远性的计划,它主要回答的是组织的长远目标与发展方向以及大政方针问题,通常以工作纲领的形式出现。中期计划是根据长期计划制订的,它比长期计划较具体,是考虑了组织内部与外部的条件与环境变化情况后制订的可执行计划。短期计划则比中期计划更加详细具体,它是指导组织具体活动的行动计划,一般是中期计划的分解与落实。

课堂讨论

有人说:"计划总是赶不上变化,因此制定长期计划是无用的。"你同意吗?

(三)按计划内容的详尽程度分类

按计划内容的详尽程度分类,可以将计划分为具体性计划(specific plans)和指导性计划(directional plans)。具体计划具有明确规定的目标,不存在模棱两可。例如,企业一位销售部经理打算使企业销售额在未来 1 年中增长 20%,为此,他制定出明确的程序,预算分配方案以及日程进度表,这便是具体性计划。指导性计划只规定某些一般性的方针和行动原则,给予行动者较大自由处置处,它指出行动的重点但并不限定在具体的目标上,也不规定特定的行动方案。例如,一个旨在增加利润的具体计划,可能要明确规定在未来 1 年中利润要增加 10%;而指向性计划也许只提出未来 1 年中利润增加 10%~15%。显然,具体性计划易于执行、考核及控制,指导性计划具有内在灵活性的优点。

(四)按综合性程度分类

按综合性程度分类即按经营范围和时间长短分类,可将计划分为战略计划(strategic plans)和战术计划(operational plans)。战略计划是关于企业活动总体目标和战略方案的计划。它所包含的时间跨度长,涉及范围广;计划内容抽象、概括、不要求直接的可操作性;不具有既定的目标框架作为计划的着眼点和依据;计划方案往往是一次性的,很少能在将来得到再次或重复的使用;计划的前提条件多是不确定的,计划执行结果也往往带有高程度的不确定性。

战术计划是有关组织活动具体如何运作的计划,对企业来说,就是指各项业务活动开展的作业计划。战术计划主要用来规定企业经营目标如何实现的具体实施方案和细节。如果说战略计划侧重于确定企业要做"什么事"(what)以及"为什么"(why)要做这事,则战术计划是规定需由"何人"(who)在"何时"(when)、"何地"(where),通过"何种办法"(how),以及使用"多少资源"(how much)来做这事。简单地说,战略计划的目的是确保企业"做正确的事",而战术计划则旨在追求"正确地做事"。

三、计划工作的任务和内容

计划工作的一个重要任务就是在充分利用机会的同时,使风险降到最低限度。为了把计划工作做好,使编制的计划能够顺利实现,计划职能和其他管理职能一样,必须按基本原理、方法和技术去执行。实践表明,计划工作中的许多失误,就是因为对这些基本的东西缺乏了解所致。

计划工作的任务,就是根据社会的需要以及组织的自身能力,确定出组织在一定时期内的奋斗目标;通过计划的编制、执行和检查,协调和合理安排组织中各方面的经营和管理活动;有效地利用组织的人力、物力和财力等资源,取得最佳的经济效益和社会效益。可以简要地将计划工作的任务和内容概括为七个方面(5W2H),即做什么、为什么做、何时做、何地做、谁去做、怎么做和预算。这七个方面的具体含义如下:

(一)做什么(what)

要明确计划工作的具体任务和要求,明确每一个时期的中心任务和工作重点。例如,企业生产计划的任务主要是确定生产哪些产品,生产多少,合理安排产品投入和产出的数量和进度,在保证按期、按质和按量完成订货合同的前提下,使生产能力得到尽可能充分的利用。

(二)为什么做(why)

要明确计划的宗旨、目标和战略,并论证可行性。实践表明,计划工作人员对组织和企业的宗旨、目标和战略了解得越清楚,认识得越深刻,就越有助于他们在计划工作中发挥主动性和创造性,正如通常所说的"要我做"与"我要做"的结果是大不一样的,其道理就在于此。

(三)何时做(hen)

规定计划中各项工作开始和完成的进度,以便进行有效的控制并对资源进行平衡。

(四)何地做(where)

规定计划的实施地点或场所的空间组织和布局。

(五)谁去做(who)

了解计划实施的环境条件和限制,以便合理安排计划实施。计划不仅要明确规定目标、任务、地点和进度,还应规定由哪个主管部门负责。例如,开发一种新产品,要经过产品设计、样机试制、小批试制和正式投产几个阶段。在计划中要明确规定每个阶段由哪个部门负主要责任,哪些部门协助,各阶段交接时,由哪些部门和哪些人员参加鉴定和审核等。

(六)怎么做(how to do)

制定实现计划的措施,以及相应的政策和规则,对资源进行合理分配和集中使用,对人力、生产能力进行平衡,对各种派生计划进行综合平衡等。实际上,一个完整的计划还应包括控制标准和考核指标的制定,也就是告诉实施计划的部门或人员,做成什么样、达到什么标准,才算是完成了计划。

(七)编制预算(How much)

编制预算,使计划的指标体系更加明确,另一方面使企业更容易对计划执行进行控制。定量的计划往往可比、可控。为便于指导、检验自己的工作,一般设定目标时尽量具体化、数字化、明确化。预算的主要优点是它促使人们去详细制订计划,去平衡各种计划。由于预算要用数字来表现,所以它能使计划工作做得更细致、更精确。

📚 课堂讨论

请按小组以"节约从我身边做起"为主题,设计一次团日活动,请制订详细的活动计划。

活动时间:2 小时。

计划包括:目标、任务、时间、地点、实施者、活动步骤和活动预算。请各小组将完成的计划向全体同学公布,并通过投票方式选出最佳方案。

🐱 知识链接

计划工作的程序

任何计划工作的程序,即编制计划的工作步骤都是相似的,依次包括以下环节:

1.**分析环境,预测未来**

运用科学的分析方法(如 SWOT 分析)对组织环境进行综合分析,找到组织自身的优势和劣势、外部环境的机会和威胁。在此基础上,才能确定组织所要达到的目标。

2.**确定目标**

计划工作的第二个步骤是要确定整个组织的目标,然后确定每个下属单位的目标,包括确定长期的和短期的目标。在这一步上,要说明基本的方针和要达到的目标,要强调目标应由哪个主体实现,以及如何通过战略、政策、程序、规则、规划和预算等去完成最终目标。

3.**确定前提条件**

编制计划的第三个步骤是确定一些关键性的计划前提条件,并达成共识。这些前提条件就是计划工作的假设条件,即计划实施时的预期环境。计划工作的前提条件按照所涉及的范围、表现方式以及控制程序等,可分为组织内部的和组织外部的、定性的和定量的、可控的和不可控的以及部分可控的。

4.**拟订可供选择的方案**

计划工作的第四个步骤是寻求可供选择的方案。通常,最显眼的方案不一定是最好的方案,在过去方案的基础上稍加修改和略加推演也不一定会得到最好的方案。

5.**评价各种备选方案**

计划工作的第五个步骤是按照目标和前提来权衡各种因素,比较各个方案的利弊,对各个方案进行评价。评价实质上是一种价值判断。它一方面取决于评价者所采用的标准;另一方面取决于评价者对各个标准所赋予的权数。

6.选择方案

计划工作的第六个步骤是选定方案。这是在前五步工作的基础上做出的关键一步,也是实质性阶段——抉择阶段。

7.拟定辅助计划

辅助计划是总计划下的分计划。总计划要靠辅助计划来保证和支持。

8.编制预算

计划工作的最后一步是把计划转变成预算,使计划数字化。预算实质上是资源的分配计划。预算工作做好了,可以成为汇总和综合平衡各类计划的一种工具,也可以成为衡量计划完成进度的重要标准。

四、环境分析

计划、目标、决策、战略都是在一定的环境条件下制定的,因而组织在制订计划时面临的内外部环境分析是计划的前提和基础。有什么样的环境,就有什么样的计划。离开了环境分析,就难于制订出科学、合理的计划。

环境是指组织外部环境和内部环境。外部环境就是组织外部各种影响因素的总称;内部环境就是组织本身的内部条件。进行环境分析,包括外部环境分析和内部环境分析两大类。外部环境分析包括一般环境分析和行业环境分析;内部环境分析主要是企业资源条件分析。下面以企业为例讨论环境分析问题。

(一)SWOT 法

SWOT 分析方法,又称为态势分析法,它是由哈佛商学院的 K.J·安德鲁斯教授于 1971年在其《公司战略概念》一书中提出的,是一种能够比较客观而准确地分析和研究一个企业现实情况的方法,是一种企业战略分析方法,即基于内外部竞争环境和竞争条件下的态势分析,就是将与研究对象密切相关的各种主要内部优势、劣势和外部的机会和威胁等,通过调查列举出来,并依照矩阵形式排列,然后用系统分析的思想,把各种因素相互匹配起来加以分析,从中得出一系列相应的结论,而结论通常带有一定的决策性。其中,S 代表 strength(优势),W 代表 weakness(弱势),O 代表 opportunity(机会),T 代表 threat(威胁)。S、W 主要用来分析内部条件,O、T 主要用来分析外部条件。利用这种方法可以从中找出对自己有利的、值得发扬的因素,以及对自己不利的、要避开的东西,发现存在的问题,找出解决办法,并明确以后的发展方向。

按照企业竞争战略的完整概念,战略应是一个企业"能够做的"(即组织的强项和弱项)和"可能做的"(即环境的机会和威胁)之间的有机组合。运用这种方法,可以对研究对象所处的情景进行全面、系统、准确的研究,从而根据研究结果制定相应的发展战略、计划以及对策等。

SWOT 分析基本步骤为:

(1)分析企业的内部优势、弱点,既可以相对企业目标而言,也可以相对竞争对手而言。

(2)分析企业面临的外部机会与威胁,可能来自于与竞争无关的外环境因素的变化,也可能来自于竞争对手力量与因素变化,或二者兼有,但关键性的外部机会与威胁应予以确认。

(3)将外部机会和威胁与企业内部优势和弱点进行匹配,形成可行的战略。

SWOT 分析有四种不同类型的组合,即优势—机会(SO)组合、弱点—机会(WO)组合、优势—威胁(ST)组合和弱点—威胁(WT)组合,如图 2-1 所示。

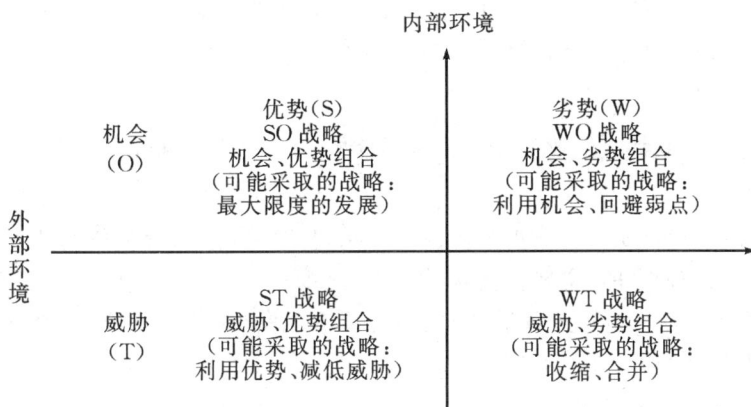

内部环境

机会
(O)

优势(S)
SO 战略
机会、优势组合
(可能采取的战略:
最大限度的发展)

劣势(W)
WO 战略
机会、劣势组合
(可能采取的战略:
利用机会、回避弱点)

外部环境

威胁
(T)

ST 战略
威胁、优势组合
(可能采取的战略:
利用优势、减低威胁)

WT 战略
威胁、劣势组合
(可能采取的战略:
收缩、合并)

图 2-1　SWOT 矩阵分析图

优势—机会(SO)战略是一种发展企业内部优势与利用外部机会的战略,是一种理想的战略模式。当企业具有特定方面的优势,而外部环境又为发挥这种优势提供有利机会时,可以采取该战略。例如良好的产品市场前景、供应商规模扩大和竞争对手有财务危机等外部条件,配以企业市场份额提高等内在优势可成为企业收购竞争对手、扩大生产规模的有利条件。

弱点—机会(WO)战略是利用外部机会来弥补内部弱点,使企业改劣势而获取优势的战略。存在外部机会,但由于企业存在一些内部弱点而妨碍其利用机会,可采取措施先克服这些弱点。例如,若企业弱点是原材料供应不足和生产能力不够,从成本角度看,前者会导致开工不足、生产能力闲置、单位成本上升,而加班加点会导致一些附加费用。在产品市场前景看好的前提下,企业可利用供应商扩大规模、新技术设备降价、竞争对手财务危机等机会,实现纵向整合战略,重构企业价值链,以保证原材料供应,同时可考虑购置生产线来克服生产能力不足及设备老化等缺点。通过克服这些弱点,企业可能进一步利用各种外部机会,降低成本,取得成本优势,最终赢得竞争优势。

优势—威胁(ST)战略是指企业利用自身优势,回避或减轻外部威胁所造成的影响。如竞争对手利用新技术大幅度降低成本,给企业很大成本压力;同时材料供应紧张,其价格可能上涨;消费者要求大幅度提高产品质量;企业还要支付高额环保成本;等等。这些都会导致企业成本状况进一步恶化,使之在竞争中处于非常不利的地位,但若企业拥有充足的现金、熟练的技术工人和较强的产品开发能力,便可利用这些优势开发新工艺,简化生产工艺过程,提高原材料利用率,从而降低材料消耗和生产成本。另外,开发新技术产品也是企业可选择的战略。新技术、新材料和新工艺的开发与应用是最具潜力的成本降低措施,同时它可提高产品质量,从而回避外部威胁影响。

弱点—威胁(WT)战略是一种旨在减少内部弱点,回避外部环境威胁的防御性技术。当企业存在内忧外患时,往往面临生存危机,降低成本也许成为改变劣势的主要措施。当企业成本状况恶化,原材料供应不足,生产能力不够,无法实现规模效益,且设备老化,使企业在成本方面难以有大作为,这时将迫使企业采取目标聚集战略或差异化战略,以回避成本方面的劣势,并回避成本原因带来的威胁。SWOT 分析运用于企业成本战略分析可发挥企业优势,利用机会克服弱点,回避风险,获取或维护成本优势,将企业成本控制战略建立在对内外部因素分析及对竞争势态的判断等基础上。而若要充分认识企业的优势、机会、弱点及正在面临或即将面临的风险,价值链分析和标杆分析等均为其提供方法与途径。

(二)价值链分析法

价值链分析法主要针对企业内部环境进行分析,从中分析企业的优势和劣势。

1.价值链

价值链又称增值链,是指企业创造价值的一系列的经营活动所组成的链条。价值链是由一系列生产经营活动构成的,主要包括两类:一类是基本活动,主要有采购、生产、储运、营销、服务等功能或活动;另一类是支援活动,主要有技术开发、人力资源管理、财务等功能或活动(含基本活动和支援活动)。

2.价值链分析的基本原理

企业每项生产经营活动都是其为顾客创造价值的经济活动,那么,企业所有的互不相同但又有相互关联的价值创造活动叠加在一起,构成了一个链条,创造的价值如果超过了成本,就能盈利;如果超过竞争对手所创造的价值,就会拥有更多的竞争优势。总之,企业是通过比竞争对手更廉价或更出色地开展价值创造活动来获得竞争优势的。

价值链分析是从企业内部条件出发的,把企业经营性活动的价值创造,成本构成同企业自身的竞争能力相结合,与竞争对手经营性活动相比较,从而发现企业目前及潜在优势与劣势的分析方法。它是指企业战略计划制订与实施所用的有力分析工具。

经过深入的分析,一方面可以对每一项价值活动进行分析,另一方面可以对各项价值活动之间的联系进行分析。为了诊断和分析竞争优势与劣势,企业有必要根据价值链的一般模型,构造具有企业自己特色的价值链。

在进行系统的价值链分析的基础上,发掘企业的竞争优势,就要采取正确的竞争战略,不断增强企业的竞争优势,构建企业竞争优势的战略主要有三个,即成本领先战略、产品差异化战略和市场专一化战略。

五、计划编制的方法

实践中计划编制的方法主要有目标管理、滚动计划法和网络计划技术等方法。

(一)目标管理法

目标管理是指这样一个系统:由上、下级共同决定具体的绩效目标,首先确定出整体目标,将组织的整体目标转换为组织单位和成员的目标,层层分解,逐级展开,采取保证措施,定期检查目标的进展情况,依据目标完成过程中的具体情况来进行考核,从而有效地实现组织目标。

目标管理是一个全面的管理系统,它用系统的方法,使许多关键管理活动结合起来,它将整体目标细分为组织中的单位与个人的具体目标,所以目标管理既是自下而上进行,也是自上而下进行的,其结果是形成了一个不同层次之间目标相连的层级体系。如果组织中所有人都达到了各自的目标,那么单位的目标也就达到了,这样组织的整体目标也就会实现。所以,德鲁克把目标管理看作是将每一工作的目标导向整个组织的目标。

纵观目标管理工作的实践是怎样取得成功的,我们便能看出目标管理的重要性。由于各组织的活动性截然不同,目标管理的过程也不尽一样,可以分为以下几个步骤。

1. 确定总目标

企业在确定总体目标时,必须注意到目标的可分解性。总体目标的可分解性涉及许多方面的问题,但最主要的是利益问题。职工利益与企业利益相背离是实行目标管理的障碍。这一问题如不能解决,职工不会主动去关心企业的目标,企业目标得不到落实,也就失去了可分解性。企业必须承认员工的利益和权力,但员工的利益只有与企业的利益挂起钩来才能实现。解决这一问题是实行目标管理的前提条件。

企业目标的确定应遵循的原则是:①要以市场需求为依据,体现企业发展的战略思想;②在一定的价值观的支配下,提高企业的经济效益;③从实际出发,最有效地利用企业的有限资源;④要先进合理,应当是经过努力可以达到的;⑤要提高目标的清晰度。

2. 目标展开

当企业总体目标确定之后,如何具体地将目标落实下去,这就是目标的展开问题。目标展开应包括以下工作:

(1)目标分解。从形式上看,目标分解就是将目标一层层划开,大划中、中划小、一直分解到班组和个人。分解的过程实质是一种自上而下层层展开,自下而上层层保证的过程,在企业中,目标分解是一项具有艺术性的工作,不能把目标分解理解为"目标均摊",目标分解首先要将总体目标分解为专业目标,然后将专业目标经分解再落实到基层,形成基层的综合目标。经过层层分解,就形成了一个由综合到专业,再由专业到综合的有机分解过程。

(2)目标协商。在目标协商这一点上,充分体现着目标管理的特征。目标协商是指在目标在分解过程中,企业上下级之间围绕企业目标的分解、层次目标的落实所进行的沟通和意见商讨。

目标协商有以下作用:①能使上下级的目标统一。②可以加深执行者对目标的理解。下级可以认识实现目标的意义,上级可以向下级讲解为什么要实现目标;同时,还能促使员工树立全局观念,这就为以后进行横向协调打下基础。③可以消除下级的顾虑。下级掌握了更多情况,了解实现新目标的条件,就会提高实现目标的信心。④目标协商实现了员工民主参与。民主参与使员工摆脱了执行者受驱使的感觉,感受到自身价值的实现,从而有利于调动员工的工作积极性。

(3)对策展开。当目标确定之后,实现目标的关键在于抓住主要问题,制定措施及时予以解决。对策展开的实质就是解决问题。

(4)明确目标责任。它不仅包括实现目标的质量标准和承担责任的项目,还包括向有关方面提供保证,同时配以奖惩措施。这些都应以明确的方式表示出来,使目标的执行者随时都可以检查自己的目标实现程度。若没有明确的责任加以约束,总体目标最终难以实现。

(5)编制目标展开图。目标展开图是以图表的方式,将目标管理所要实现的内容表示出来,图表方式比较直观,目标的分解、对策、责任、标准一目了然,而且还能使人们了解目标体系结构和自己在目标体系中所处的地位。

3. 目标的实施

目标的实施阶段就是目标实现过程,这一阶段的工作质量直接影响着目标成效。为了保证各层次、各成员能实现目标,必须授予相应的权力,使之有能力调动和利用必要的资源,保证目标实施有效地进行。这一阶段包含的内容如下:

(1)编制计划。经过目标分解和协商之后,各个部门和各个岗位所需完成的目标已经确定下来,目标分解解决的是每个部门应该做什么的问题,而编制计划则要解决的是什么时候、做什么的问题。因此,在目标分解的基础上还要编制计划。

编制计划实际上就是制定实现目标的措施和确定实现目标的手段,在目标管理中,这一步虽然要由目标执行者自己进行,但绝不等于放任自流,而是要求领导者给予必要的协助。如提出各种建议,提供各种信息,组织各种沟通交流活动等。力图使制定出的计划更加严密和切实可行,同时也更加符合总体目标的要求。

(2)自我控制。自我控制是目标管理的一个十分重要的特征。它是员工按照自己所承担的目标责任,按照目标责任的要求,在目标实施过程中进行自主的管理。由于受控于目标,不会出现自由放任的现象。

自我控制采用的主要方法是自我分析和自我检查,而在实现目标的过程中,不断地总结经验与教训,通过一定的反馈方式,把握目标的实现程度;通过将实现程度与目标进行对比,从中找出差距与不足,并研究实现目标的有效方法。自我控制对目标的实现起着积极的作用。

自我控制并不意味着脱离领导,而是要建立新型的上下级协作关系。实现这种类型的关系要做到:①要保持一定的沟通,及时汇报目标的实施情况和存在问题,使上级掌握工作进度,以便取得领导的支持和指导;②实施的情况要及时反馈给协作部门,以便实现相互间的良好配合,纵向和横向关系要做到制度化。

(3)监督与检查。目标的实施主要是靠员工的自我控制,但并不排斥管理者对目标实施进行必要的监督和检查。这是因为在实施目标的过程中,难免在局部会出现不利于总体目标实现的行为。通过监督和检查,可以对好的行为进行表扬和宣传,对偏离目标的现象及时指出和纠正,对实施中遇到的问题及时给予解决,从而保证目标的最终实现。

监督和检查的内容包括进度、数量和质量等。通过监督和检查可以实现对偏差的调整,并保证完成目标的均衡性,实现有效的协作和信息沟通。

4.目标成果的评价

目标成果的评价是实施目标管理过程中不可缺少的环节,它可以起到激励先进和教育后进的作用。目标成果评价的步骤大致是这样的:先由执行者进行自我评价,并填入目标卡片中,送交上级主管部门;然后再由上级实事求是地给予评价,确定其等级。

进行评价的依据主要是目标的完成情况。同时,包括目标的困难程度和为完成目标的努力程度。若在执行目标过程中,由于各方面情况的变化对目标进行了必要的修整,则还应包括修正部分,对目标完成情况的考核一定要有说服力,能充分体现职工实际成绩的好坏。而且,考核的具体办法应事先就规定好,让员工做到心中有数。具体的考核评价办法,可由企业根据自身的实际情况确定,其原则就是要能准确真实地反映员工的绩效。

5.实行奖惩

根据评价结果实行奖惩,评价考核一定要同物质及精神奖励结合起来,体现出多劳多得。评价考核工作是否公平、合理,是否照顾到了大家的利益,这对下期工作的影响是很大的。因此,企业领导人一定要谨慎抓好这项工作。

6.新的目标管理循环

目标成果评价与奖惩,既是对某一阶段组织活动效果以及组织成员贡献的总结,也为下一阶段的工作提供参考和借鉴。在此基础上,再制定新的目标,开始目标管理的新一轮循环。

(二)滚动计划法

滚动计划法是一种动态编制计划的方法,它不像静态那样,等计划全部执行完了之后再重新编制下一个时期的计划,而是在每次编制或调整计划时,均将计划按时间顺序向前推进一个计划期,即向前滚动一次,如图2-2所示。

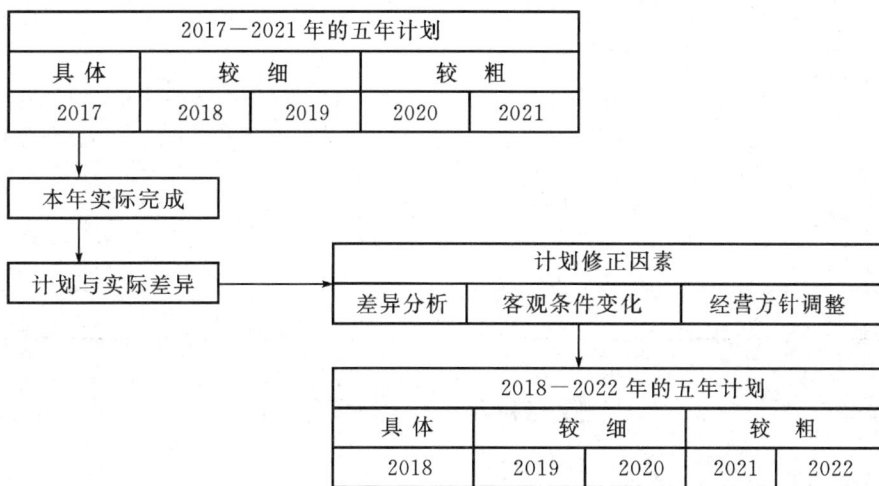

2017—2021年的五年计划				
具　体	较　细		较　粗	
2017	2018	2019	2020	2021

本年实际完成

计划与实际差异

计划修正因素		
差异分析	客观条件变化	经营方针调整

2018—2022年的五年计划				
具　体	较　细		较　粗	
2018	2019	2020	2021	2022

图2-2　滚动式计划法图示

知识链接

甘特图

甘特图(Gantt chart)是在20世纪初由亨利·甘特开发的。它基本上是一种线条图,横轴表示时间,纵轴表示要安排的活动,线条表示在整个期间内计划的和实际的活动完成情况。甘特图直观地表明任务计划在什么时候进行,以及实际进展与计划要求的对比。它虽然简单却是一种重要的工具,它使管理者很容易搞清一项任务或项目还剩哪些工作要做,并且能够评估工作是提前了还是拖后了,或者按计划进行着。

甘特图从左向右划分为三部分。左侧栏目为工作内容,要先在本栏内自上而下写明几项工作的内容名称或要求。中间栏目为每项工作的开始时间和完成时间,要在本栏内画出计划完成时间和实际完成时间,分别用两个上下并列的箭头表示(计划完成时间用虚线箭头表示,实际完成时间用实线箭头美示),本栏目的坐标刻度及长度要取得合适,看得清楚,容易理解。右侧栏目为责任部门,我们就在这个栏内与每项工作内容相对应的位置上注明完成这项工作的责任部门。这样,一张甘特图就基本画完了。最后视情况适当在图上注明标题及数据的来源,坐标上要注明刻度的数值和单位等。

学习评价

考核评价内容如表2-2所示。

表 2-2　计划能力考核评价表

内容		评价	
学习目标	评价内容	团队评价	教师评价
专业知识 (30分)	计划的概念及性质(10分)		
	计划的类型(10分)		
	计划工作的程序(10分)		
专业能力 (40分)	掌握计划工作的任务(20分)		
	掌握编制计划的方法(20分)		
综合素质 (30分)	培养学生的创新能力和策划能力		
总计			
努力方向：		建议：	

任务二　决策

一、决策的概述

决策理论是 20 世纪 50 年代开始兴起的一门新学科，"决策"从字面上理解，就是决定策略和方法，如国家决策、企业决策、家庭及个人决策。

决策是指在明确问题的基础上，为未来的行动确定目标，并在多个可供选择的行动方案中，选择一个合理方案的分析判断过程。企业决策就是为了达到一定目标或解决某项问题，在充分把握客观条件的基础上，从两个以上可替代的方案、措施中择优选取的过程。

这样一个过程，包括以下五层意义：

(1)决策要有明确的目的，首先要弄清楚：要解决什么问题？达到什么效果？

(2)要提供一定数量和具有一定质量的可行的替代方案。保证有两个以上的方案可供选择，否则就无所谓决策。

(3)提供的替代方案要有定性或定量的描述，以便评价其优劣。

(4)方案要选优，即保证选出的决策方案是较为合理满意的。

(5)决定的方案要组织实施，以达到既定的目标。

二、决策在管理中的地位和作用

西蒙说："决策是管理的心脏；管理是由一系列决策组成的；管理就是决策。"也就是说，他认为决策是管理的唯一。决策对于组织的重要性不言而喻。决策是现代管理学的核心，贯穿于整个管理过程。在企业的经营中决策失误在所有失误当中是最大的失误。决策的正确与否，决定着组织行为的成败。正确的决策，能指导组织沿着正确的方向、合理的路线前进；错误的决策，就会使组织走上错误的道路，可能导致组织的失败、消亡。决策的重要性体现在以下两个方面：

(1)决策是管理工作的核心,贯穿于管理的全过程。

(2)决策的正确与否关系着企业的生存与发展。

三、决策的类别

(一)按决策解决的问题所处的地位或重要程度的不同

1.战略决策

战略决策是指对直接关系企业生存发展的全局性、长远性问题的决策。战略决策对组织最重要,通常包括组织目标、方针的确定,是具有长期性和方向性的决策。

2.战术决策

战术决策又称管理决策,是在组织内贯彻的决策,属于战略决策执行过程中的具体决策。管理决策是指企业为实现战略决策对企业资源作出合理安排的策略性决策。

3.业务决策

业务决策是指在管理决策的指导下,为了提高企业中各种具体业务工作的质量或效率的决策,牵涉范围较窄,只对组织产生局部影响。

(二)按照决策问题出现的重复程度的不同

1.程序性决策

程序性决策是指对经常出现的重复性问题,并已有处理经验、程序和方法的问题的决策。

2.非程序性决策

非程序性决策是指对不经常出现的偶然性问题,并没有处理经验,完全靠决策者个人的判断和信念来进行的决策。

(三)按照决策问题所处客观条件的不同

1.确定型决策

确定型决策是指决策条件明确,方案的结果是确定的,只要经过直接比较即可做出方案选择的决策。

2.风险型决策

风险型决策也称随机决策。在这类决策中,自然状态不止一种,决策者不能知道哪种自然状态会发生,但能知道有多少种自然状态以及每种自然状态发生的概率,所以风险型决策是指决策条件存在不可控因素,可供选择的方案存在多种结果,各种结果出现的可能性事先可以做出估计的决策。

3.非确定型决策

非确定型决策是指决策条件存在不可控因素,可供选择的方案存在多种结果,各种结果出现的可能性事先无法做出估计的决策。

(四)按决策主体的决策方式不同

1.个人决策

个人决策是指领导者个人凭借过去的经历、体验、知识水平和对未来的直觉进行决策的一种方法。个人决策带有浓厚的随意性和不确定性,决策者的主观判断和价值取向对决策起决定作用。

2.集体决策

集体决策是指多个人一起作出的决策。这种决策具有一定的客观性,但它的效果受到群体大小、成员从众现象等因素的影响,集体决策的效率相对较低。

案例链接

王厂长的会议

王厂长是某饮料厂的厂长,该饮料厂8年的创业历程真可谓是艰苦创业、勇于探索的过程。而全厂上下齐心合力,同心同德,共献计策为饮料厂的发展立下了不可磨灭的汗马功劳。

但最令全厂上下佩服的还数4年前王厂长决定购买二手设备(国外淘汰生产设备)的举措,饮料厂也因此挤入国内同行业强手之林,令同类企业刮目相看。今天王厂长又通知各部门主管及负责人晚上8点在厂部会议室开会。部门领导们都清楚地记得4年前在同一时间、同一地点召开的会议上王厂长作出了购买进口二手设备这一关键性的决定。在他们看来,又有一项新举措即将出台。晚上8点,会议准时召开,王厂长庄重地讲道:"我们厂比起4年前已经发展了很多,可是,比起国外同类行业的生产技术、生产设备来,还差得很远。我想,我们不能满足于现状。当然,我们的技术、我们的人员等诸多条件还差得很远,我们必须从硬件条件入手,即引进世界一流的先进设备,这样一来,就会带动我们的人员、带动我们的技术等一起前进。4年前我们不就是这样做的吗?现在厂的规模扩大了,厂内外事务也相应地增多了,大家都是各部门的领导及主要负责人。我想听听大家的意见,再作决定。"会场一片肃静。

大家都清楚记得,4年前厂长宣布引进二手设备的决定时,有近70%成员反对,即使后来王厂长谈了他近三个月对市场、政策、全厂技术人员、工厂资金等厂内外环境的一系列调查研究结果后,仍有半数以上人持反对意见,10%的人持保留态度。因为当时很多厂家引进设备后,由于不配套和技术难以达到等因素,均使引进设备成了一堆闲置的废铁,但是王厂长在这种情况下仍采取了引进二手设备的做法。事实表明,这一举措使饮料厂摆脱了企业出于当时设备落后、资金短缺所陷入的困境。二手设备那时价格已经很低,但在我国尚未被淘汰。因此,该厂也因此走上了发展的道路。王厂长见大家心有余悸的样子,便说道:"大家不必顾虑,今天这一项决定完全由大家决定,我想这也是民主决策的体现,如果大部分人同意,我们就宣布实施这一决定,如果大部分人反对的话,我们就取消这一决定。现在大家举手表决吧。"于是会场上有近70%人投了赞成票。

管理启示:

第一次的决策是个人决策。是在掌握充分的信息和对有关情况分析的基础上作出的决策,发挥了个人决策的作用,顶住了众人的压力,效率高且责任明确。第二次决策是群体决策,有不合理的地方。厂长的身份代表着一个权威,这样使群体决策成员从众现象较为明显;另外,第一次决策带来的好结果影响了第二次决策;最后,此次决策没有充分掌握市场信息,没有充分的情况分析。

四、决策的过程及影响因素

(一)决策的过程

1.判断问题——认识和分析问题

决策是为了解决现实中提出的需要解决的问题或者为了达到需要实现的目标。决策是围绕着问题而展开的。没有问题就不需要决策;问题不明,则难以作出正确的决策。

决策的正确与否首先取决于判断的准确程度,因此,认识和分析问题是决策过程中最为重要也是最为困难的环节。当然在一个组织中总是存在许许多多的问题。例如在一个企业中,存在着企业如何在市场竞争中发展自己、开发什么样的新产品、开发新产品的资金如何筹措等问题需要解决。在一个具有两个或两个以上层次的组织中,仅仅将问题提出来是不够的,还必须在提出问题的基础上,对众多的问题进行分析,以明确各种问题的性质,弄清楚哪些是涉及组织全局的战略性问题,哪些只是涉及局部问题,哪些是非程序性的问题,哪些是程序性问题,由此确定解决问题的决策层次,避免高层决策者被众多的一般性问题所缠绕而影响对重大问题的决策。现代管理要求管理人员运用现代管理科学的"望远镜和显微镜"以及分析问题的系统化技术,揭开纷繁的现象,显示其本质和核心,以使管理决策立足于真正问题之源上。

作为一个高效率的管理者来说,必须时刻注视形势的变化,以免使自己因毫无思想准备而陷入被动状态。环境因素的许多暗示都会预示着是否面临决策的问题。管理者还应对环境的变化进行认真的分析,只有通过对各种预兆进行分析,才能透过表象看到环境变化的本质,才能找到造成问题的真正原因,对事物的发展作出超前的、正确的预计。不过,因为对形势的分析会受到决策者个人行为的影响,因此对同一现象,不同的管理者就可能得出不同的结果,自然也就作出了不同的决策。例如,日本索尼公司的盛田昭夫经常讲一个故事:两个买鞋的商人旅行,来到非洲一个落后的农村地区,其中一个商人向他的公司发电报,说"当地人都赤脚。没有销售前景";另一个商人也向他的公司发电报,内容却是"居民赤脚,急需鞋子,立即运货"。

因此决策的第一步就要求决策者必须主动地深入实际调查研究,及时发现并提出新问题进而解决问题,以保证组织的健康发展。

2.明确决策目标

在所要解决的问题及其责任人明确以后,则要确定应当解决到什么程度,明确预期的结果是什么,也就是要明确决策目标。所谓决策目标是指在一定的环境和条件下,根据预测,对这一问题所希望得到的结果。

目标的确定十分重要,同样的问题,由于目标不同,可采用的决策方案也会大不相同。目标的确定,要经过调查和研究,掌握系统准确的统计数据和事实,然后进行一定的整理分析,根据对组织总目标及各项分目标的综合平衡,结合组织的价值准则和决策者愿意为此付出的努力程度进行确定。

3.拟订可供选择的行动方案

决策实际上是对解决问题的种种行动方案进行选择的过程。为解决问题,必须寻找切实可行的各种行动方案。各种行动方案都有其优点和缺陷,决策要求以"满意原则"来确定方案。

在制定备选方案时既注意科学性,又要注意有创造性。无论哪一种备选方案,都必须建立在科学的基础上。方案中能够进行数量化和定量分析的,一定要将指标数量化,并运用科学、合理的方法进行定量分析,使各个方案尽可能建立在客观科学的基础上,减少主观性。要充分发挥集体的智慧才能,让大家畅所欲言,充分发表自己的意见,然后通过集体充分的讨论,这样制定出来的备选方案往往会更有针对性和创造性。

4.分析评价方案各行动方案

决策过程的第四步是对已制定的备选方案逐个地进行评价。为此:①要建立一套有助于指导和检验判断正确性的决策准则。决策准则表明了决策者关心的主要是哪些方面,其中主要包括目标达成度、成本、可行程度等。②根据这些方面来衡量每一个方案,并据此列出各方案满足决策准则的程度和限制因素,即确定每一个方案对于解决问题或实现目标所能达到的程度和所需的代价,及采用这些方案后可能带来的后果。③分析每一个方案的利弊,比较各方案之间的优劣。④根据决策者对各决策目标的重视程度和对各种代价的承受程度进行综合评价,结合分析比较结果,提出推荐方案。

5.选择满意方案并组织实施

在对各方案进行理性分析比较的基础上,决策者最后要从中选择一个满意方案并付诸实施。

在决策的时候,要注意不要一味地追求最佳方案。由于环境的不断变化和决策者预测能力的局限性,以及备选方案的数量和质量受到信息不充分的影响,决策者只能是作出一个相对令人满意的决策。

决策的实施要有广大组织成员的积极参与。为了有效地组织决策实施,决策者应通过各种渠道将决策方案向组织成员通报,争取成员的认同,对成员给予支持和具体的指导,调动成员的积极性。当然最可取的方法是设计出一种决策模式争取所有的成员参与决策,了解决策,以便更好地实施决策,并且在方案实施的过程中还要对新出现的问题进行协调和解决。

6.监督与反馈

监督与反馈是决策过程中的最后一个步骤。一个决策者应该通过信息的反馈来衡量决策的效果。决策是一种事前的设想,在实际的实施过程中,随着形势的发展,实施决策的条件不可能与设想的条件完全相吻合,况且,在一些不可控因素的作用下,实施条件和环境与决策方案所依据的条件之间可能会有较大的出入,这时,需要改变的不是现实,而是决策方案了。所以,在决策实施过程中,决策者应及时了解、掌握决策实施的各种信息,及时发现各种新问题,并对原来的决策进行必要的修订、补充或完善,使之不断地适应变化了的新形势和条件。一项决策实施之后,对其实施的过程和情况进行总结、回顾既可以明确功过,确定奖惩,又可使自身的决策水平得到进一步的提高。比如,如果一个方案实施后达到了原来的要求,那么这一方案就达到了理想的效果;如果没有达到原来的要求,那么就要分析管理者是否对前一决策形势的认识和分析有错误或是这一方案在执行过程中的方法是否正确,从而决定是对方案本身进行修改还是对实施的方法进行改变。

(二)决策的影响因素

1.环境

环境特点首先影响组织活动的选择。比如,在一个相对稳定的市场环境中,企业的决策相对简单,大多数决策都可以在过去决策的基础上作出;如果市场环境复杂,变化频繁,那么企业就可能要经常面对许多非程序性的、过去所没有遇到过的问题。

此外,对环境的习惯反应模式也影响着组织活动的选择。即使在相同的环境背景下,不同的组织也可能作出不同的反应。而这种组织与环境之间关系的模式一旦形成,就会趋向固定,影响人们对行动方案的选择。

2.过去的决策

"非零起点"是一切决策的基本特点。因此,当前的决策不可能不受过去决策的影响。在大多数情况下,组织决策决不是在一张白纸上进行初始决策,而是对初始决策的完善、调整或者是改革。组织过去的决策是当前决策的起点;过去选择的方案的实施,不仅伴随着人力、物力、财力等资源的消耗,而且伴随着内部状况的改善,带来了对外部环境的影响。

过去决策对目前决策的制约程度,主要由过去决策与现任决策者的关系决定。如果过去的决策是由现任的决策者制定的,由于决策者通常要对自己的选择及其后果负责,也为了保证决策的连续性,因此决策者一般不愿对组织的活动进行重大的调整,而趋向于仍将大部分资源投入到过去未完成的方案执行中。相反,如果现在的主要决策者与组织过去的重大决策没有很深的渊源关系,则会易于接受重大改变。

3.决策者的风险态度

决策是人们确定未来活动的方向、内容和行动的目标,由于人们对未来的认识能力有限,目前预测的未来状况与未来的实际情况不可能完全相符,因此任何决策都存在一定的风险。风险指的是一种不确定性。人们对待风险的态度是不同的,有人喜欢冒险,在多种选择中趋向于选择风险大的方案;而另一些人则不太愿意冒险,在多种选择中趋向于选择风险小的方案。因此决策者的风险偏好对决策的选择就会产生直接的影响。

4.组织成员对组织变化所持的态度

任何决策的制定与实施,都会给组织带来某种程度的变化。组织成员对这种可能产生的变化会表现出抵制或者是欢迎两种截然不同的态度。组织成员通常会根据过去的标准来判断现在的决策,总是会担心在变化中会失去什么,对将要发生的变化产生抵御的心理,则可能给任何新决策、特别是创新决策的实施带来灾难性的后果。相反,如果组织成员以发展的眼光来分析变化的合理性并希望在可能的变化中得到什么而支持变化,这就有利于新决策的实施,特别是创新决策的实施。因此,组织成员对变化的态度对决策的影响是较大的。在前一种情况下,为了有效实施新的决策,首先必须做好大量的工作来改变组织成员的态度。

五、决策方法

随着决策理论和实践的不断发展,已经创造出许多科学的决策方法。总的归纳起来可以分为两大类:一类是定性决策方法;另一类是定量决策方法。决策者应当根据决策过程的性质和特点,灵活地运用各种方法,优势互补,才能提高科学决策的水平。

(一)定性决策的方法

定性决策方法又称为"软方法",也叫主观决策法,是指决策者根据个人或专家的知识、经验和判断能力,充分发挥出专家的集体智慧,进行决策的方法,所以也叫主观决策法,定性决策的优点是方法灵活简便,通用性大,为一般管理者易于采用,有利于调动专家的积极性,激发人的创造力,更适用于非常规型决策。但其缺点是定性决策方法多建立在专家个人主观意见的基础上,未经严格论证,主观性大。定性决策方法主要有以下几种:

1.德尔菲法

德尔菲法 20 世纪 50 年代由美国兰德公司发扬光大。它是一种通过信函向专家征求对未来有关事项意见的一种决策方法,也是目前采用的最普遍的一种现代预测和决策方法。

德尔菲法的要点是:①不记名投寄征询意见;②收集各专家意见;③统计、整理专家意见;④将整理后意见进行多次反馈、咨询,直至意见比较集中为止。

由于德尔菲法是以匿名及书信的方式进行的,因此避免了专家们聚集一堂时彼此产生的心理作用,可以最大限度地利用专家资源,获得比较满意的结果。但是,德尔菲法也有不足之处:一方面用书信的方式咨询意见,使问题的讨论受到了很大的限制;另一方面,如果组织者不能很好地理解专家的意见,就有可能在整理和归纳专家意见时出现误差。

2.头脑风暴法

头脑风暴法又称思维共振法。类似于我们颇为熟悉的"诸葛亮会议",是邀请有关专家敞开思路,在不受约束的条件下,激发灵感,集中体现自由开放、群策群力、发挥集体智慧的优势,针对某些问题畅所欲言,创造一种自由宽松的思考环境,诱发创造性思维的共振和连锁反应,产生更多的创造性解决方案。此方法产生的结果是名副其实的集体智慧的结晶。

该方法的具体操作规则可以用实例来说明,比如:选择 5~12 人,1 人为主持人,1~2 名记录员(最好是非正式与会人员),要求人人参与会议,时间以不超过 2 小时为宜,地点环境不受外界干扰,不允许有质疑和批评,不允许反驳,也不要作结论,建议越多越好,广开思路,不要重复别人的意见,思考、表达创意的气氛和空间应该是完全轻松自由的。这种方法适用于简单问题的决策。

3.列名小组法

列名小组法是采用函询与集体讨论相结合的方式征求专家意见的方法。这种方法分为两个步骤:第一步请有关专家在互不接触的条件下,用函询的方式提出自己对某一个问题的意见。第二步邀请专家聚会,把第一步收集的意见匿名发表给大家,使大家畅所欲言,深入探讨。列名小组法可以有效地避免头脑风暴法和德尔菲法的弊端,既可以使专家们在第一阶段毫无顾忌地各抒己见,又可以在第二阶段相互启发,取长补短。但是,这种方法如果使用不当,也会失之偏颇。

(二)定量决策方法

定量决策法是指建立在数学、统计学等基础上的决策方法。它的核心就是把决策变量、变量与目标之间的关系用数学式表示出来,建立数学模型。然后根据决策条件,通过计算(复杂问题要用计算机)求得答案。这种方法既可以适用于决策过程中的任何一步,也特别适用于方案的比较和评价。定量决策方法主要有盈亏平衡分析法、决策树法、线性规划法、边际分析法、等概率法、小中取大决策法、大中取大决策法、期望值决策法、博弈论等。下面主要介绍一下盈亏平衡分析法和决策树法。

1.盈亏平衡分析法

盈亏平衡分析法又称保本分析法或量本利分析法,是通过考察销售量、成本和利润的关系以及盈亏变化的规律来为决策提供依据的方法。在运用盈亏平衡分析法时,关键是找出企业不盈不亏时的销售量。

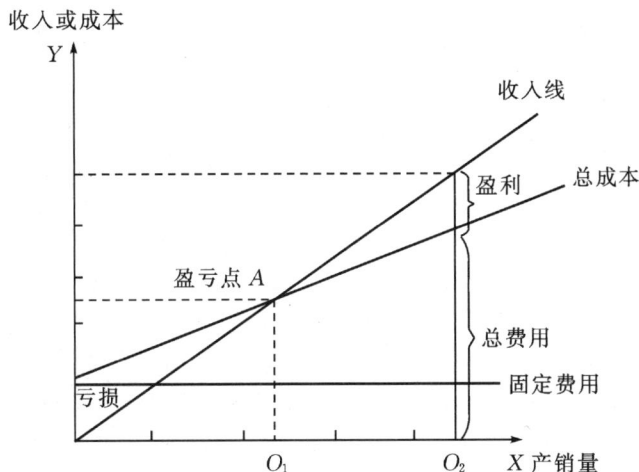

图 2-3 盈亏平衡分析图

由图 2-3 可以看出,盈亏平衡的产销量为 Q_1 时,在这一点的产销量企业不亏不盈。当产销量低于 Q_1 时,就产生亏损,产销量越少,亏损额越大;当产销量高于 Q_1 时就产生利润,产销量越多,产生利润也就越多。通过公式也可计算出盈亏平衡点 A,决策者需要知道产品销售的单位价格(P)、单位可变成本(C_V)及总固定成本(F)。盈亏平衡点 A 的产销量 Q_1 计算公式如下:

$$Q_1 = F/(P - C_V)$$

课堂讨论

某股份有限公司生产销售机器,总固定成本 10 万元,单位变动成本 500 元,每台机器售价 1000 元,请依据公式计算出保本销售数量是多少?

2.决策树法

决策树法是根据逻辑关系将决策问题绘制成一个树型图,按照从树梢到树根的顺序,逐步计算各结点的期望值,然后根据期望值准则进行决策的方法。

决策树由决策点、方案分枝、自然状态点、概率分枝和结果节点组成。决策点是进行方案选择的点,在图中用"□"表示;方案分枝是从决策点引出的若干直线,每条线代表一个方案;自然状态点是方案实施时可能出现的自然状态,在图中用"○"表示;概率分枝是从自然状态点引出的若干条直线,每条直线表示一种可能性。结果节点是表示不同方案在各种自然状态下所取得的结果,在图中用"△"表示。

决策树法主要应用于风险型决策,所谓风险型决策,就是不确定情况下的决策。风险决策一般有以下特点:①决策目标明确、量化,一般是经济性的,如获得最大利润;②有多个方案可选择,可根据项目条件和市场预测资料对方案收益和损失能比较准确地估计;③未来环境可能存在多种自然状态;④决策者可估算出不同自然状态出现的概率;⑤决策标准是使期望净收益达到最大或损失减至最小。因此,决策者在决策时,无论采用哪种方案,都要承担一定的风险。

【例 2－1】

某公司准备生产某种新产品，可选择两个方案：一是引进一条生产线，需投资 500 万元，建成后如果销路好，每年可获利 150 万元，如果销路差，每年要亏损 30 万元；二是对原有设备进行技术改造，需投资 300 万元，如果销路好，每年可获利 60 万元，如果销路差，每年可获利 30 万元。两方案的使用期限均为 10 年，根据市场预测，产品销路好的概率为 0.6，销路差的概率为 0.4，应如何进行决策？

先绘制决策树如图 2－4 所示：

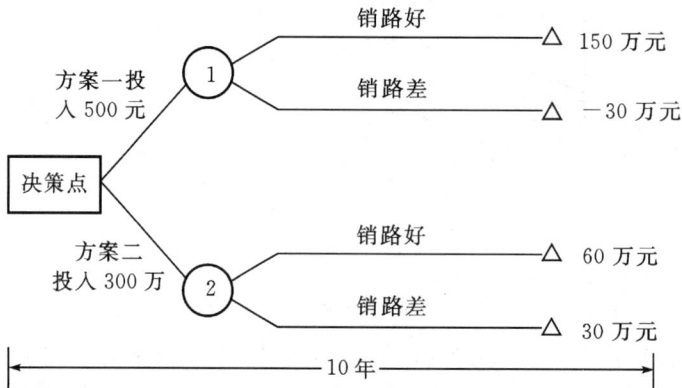

图 2－4　决策树

然后计算两种方案的期望收益值：

方案一：① ＝（150×0.6－30×0.4）×10－500＝280（万元）

方案二：② ＝（60×0.6＋30×0.4）×10－300＝180（万元）

最后根据期望值选择方案：

比较两种方案的期望收益可知，方案一的期望收益值大于方案二，所以决策者应选择方案一，即引进一条生产线。

（三）不确定决策方法

如果决策问题涉及的条件中有些是未知的，对一些随机变量，连他们的概率分布也不知道，这类问题被称为不确定型决策。我们通过一个例子介绍几种不确定性决策方法。

【例 2－2】

某企业打算生产某产品。根据市场预测分析，产品销路有三种可能性：销路好，一般和差。生产该产品有三种方案：改进生产线，新建生产线，外包生产。各种方案的收益值在表 2－3 中给出：

表 2－3　企业产品生产几个方案在不同市场情况下的收益

企业产品生产几个方案在不同市场情况下的收益/万元			
项　目	销路好	销路一般	销路差
(1)改进生产线	180	120	－40
(2)新建生产线	240	100	－80
(3)外包生产	100	70	16

常用的解不确定型决策问题的方法有以下三种：

1. 小中取大法

决策者对未来持悲观态度，认为未来会出现最差的情况。决策时，对各种方案都按它带来的最低收益考虑，然后比较哪种方案的最低收益最高，简称小中取大法。

在本例中，三种方案的最小收益依次分别为－40万元、－80万元、16万元，其中第三种方案对应的值最大，所以选择外包生产的方案。

2. 大中取大法

决策者对未来持乐观态度，认为未来会出现最好的情况。决策时，对各种方案都按它带来的最高收益考虑，然后比较哪种方案的最高收益最高，简称大中取大法。

在本例中，三种方案的最大收益依次分别为180万元、240万元、100万元，其中第二种方案对应的值最大，所以选择新建生产线的方案。

3. 最小最大后悔值法

决策者在选择了某方案后，若事后发现客观情况并未按自己预想的发生，会为自己事前的决策而后悔。由此，产生了最小最大后悔值决策方法，其步骤是：

(1)计算每个方案在每种情况下的后悔值，定义为：

后悔值＝该情况下的各方案中的最大收益－该方案在该情况下的收益

(2)找出各方案的最大后悔值；

(3)选择最大后悔值中最小的方案。

表2－4给出了各方案在各种市场情况下的后悔值，最右边一列给出各方案的最大后悔值，其中第一方案对应的最大后悔值最小，所以选择改进生产线的方案。

表2－4　企业产品生产方案在不同市场情况下的后悔值/万元

项　目	销路好	销路一般	销路差	最大后悔值
(1)改进生产线	60	0	56	60
(2)新建生产线	0	20	96	96
(3)外包生产	140	50	0	140

学习评价

考核评价内容如表2－5所示。

表2－5　决策能力考核评价表

内容		评价	
学习目标	评价内容	团队评价	教师评价
专业知识 (30分)	决策的含义和分类(10分)		
	决策的过程及其影响因素(10分)		
	决策的方法(10分)		

内容		评价	
专业能力 （40分）	了解决策的影响因素 （10分）		
	能运用不同的决策方法进行决策 （10分）		
综合素质 （30分）	感受决策过程，提升决策能力，理解和分析科学决策的影响因素和决策的原则		
总计			
努力方向：		建议：	

知识巩固

1.如何理解"计划是管理的首要职能"这句话？

2.为什么说计划工作有助于降低风险？

3.什么是目标管理？它有哪些特点？

4.有人认为，具体的、数量化的目标实际上是一种制约，会削弱对持续改进的追求。你是否赞成？为什么？

5.你是如何理解决策及决策过程的？

案例分析

某电力公司 M 总经理长期以来相信，有效地编制公司计划，对成功来说是绝对必要的。她花了十几年的时间，一直想方设法让公司的计划方案编制起来，但是没有取得很好成效。在这段时间里，她先后连续指派了3位副总经理编制计划，虽然每位副总经理似乎都努力工作，但是她注意到，个别部门领导继续自行其是。公司似乎漂泊不定，部门领导的各自决策相互之间总是不一致。

主管调整事务的高级管理人员老是催促政府准许把电费提高，但无很大进展，因为政府觉得，费用虽然上涨，但是提高电费不合理。负责公共关系的领导不断地向公众呼吁，要理解电力的原材料涨价问题，但各社区住户觉得，电力公司赚的钱够多了，因此，公司应该解决其自身的问题，而不应提高电费。负责电力供应的副总经理受到很多社区的压力，要他扩大电力供应，把所有输电线路埋入地下，避免出现不雅观的电线杆和线路，同时向顾客提供更好的服务。他觉得顾客是第一位的，而费用则是第二位的。

M 女士请了一位咨询顾问来公司检查情况，顾问发现，公司并没有真正地把计划做好，副总经理编制计划，而他的职员正在努力地进行研究和作预测，并把研究和预测情况提交给总经理。由于所有部门的头头把这些工作都看作是对他们日常业务没有多大意义的文牍工作，因此，他们对此兴趣不大。

讨论与思考：

1.如果你是顾问,你建议将采取什么步骤,使得公司能有效地制订计划?

2.关于将来的计划期限是多长,你将给公司提出什么样的忠告?

实训课业

实训项目:编制产品或服务推广计划方案

1.实训目的

通过实训,使学生掌握制订计划方案的方法,并懂得如何在备选方案中作出抉择,学会决策的基本方法。

2.实训内容

运用计划制订的程序和方法,制订一份团队所在模拟公司背景下的产品或者服务推广的计划书。

3.实训要求

(1)全班按6~8人划分学习小组,每组各个同学提出自己的产品或者服务的推广意见。

(2)团队讨论决策选择最优策划方案并设计提交一份计划方案。

4.实训评价

老师带领学生进行自评和互评,最后老师进行点评,在众多方案中选择最优方案,通过自评、互评和教师评价综合评定成绩。

学习情境三
组织与人员

知识目标

1. 理解组织的含义以及组织工作的基本内容；
2. 掌握组织结构设计的内容和组织结构的类型；
3. 掌握人员招聘、培训与考核的方法；
4. 了解组织文化的含义以及塑造途径。

能力目标

1. 能够进行具体组织结构设计、分析和评价；
2. 能够按照一般方法，有效地组织人员招聘、培训和考核；
3. 能够为组织变革提供合理化建议；
4. 能够根据不同的组织性质和特点建设合适的组织文化。

案例引读

航星公司的困惑

航星公司是一家制造、维修和整修那些通常为私人拥有的小型飞机的活塞和喷气引擎的企业。它拥有一个稳定的市场，向来以出类拔萃的质量、安全性和顾客服务而闻名。随着市场急剧的变化，航星公司感到市场受到了通用电气公司、普拉特和惠特尼公司等这些大型混合经营企业的侵蚀，而且订单数量近几年来也跌至低谷。公司总裁罗伊·摩根对公司目前的处境非常忧虑。负责营销的副总裁和负责并购机会控制的主管之间出现了激烈的冲突。各部门主管人员都想胜过其他部门的主管，每个人都在自身利益的基础上进行变革和作出决策，公司内一直存在着工作重复、责任交叉和缺乏交流的情况。负责制造的副总裁吉姆·罗宾森认为公司并没有真正遵循"有效组织的原则"。

他问："我们以前是如何确定谁应该负责公司的并购活动？"

摩根回答说："我觉得这种事情应该是营销副总裁来负责的。"

"但是，哪里有明确的书面规定呢？"罗宾森质疑道，"负责并购机会控制的监管人又是怎么知道的？"

"哦，"摩根叹道，"看来我自己就是问题的一个原因啊！"

（资料来源：https://max.book118.com/html/2.）

思考：

1. 航星公司违背了哪些组织设计原则？

2. 你认为从哪些方面可以改进航星公司的组织管理？

任务一　组织设计

组织是管理的基本职能之一,在计划制订之后,如何进一步整合各种资源和要素,为实现管理目标提供基础条件,这就是组织职能所要完成的工作。

一、组织设计概述

(一)组织

在管理学中,组织的含义可以从静态与动态两个方面来理解。

1.从静态的角度看,组织是一种实体

组织是为了达到某些特定目标,经由分工与合作及不同层次的权力和责任制度而构成的集合,有四层含义:①组织必须有共同的目标;②组织必须有分工与合作;③组织必须有不同层次的权力和责任制度;④组织必须适应环境。

2.从动态角度看,组织就是组织工作

组织是指在特定环境中为了有效地实现组织的目标和任务,确定组织成员、组织任务以及组织各层次、各部门、各项活动之间的关系,对资源进行合理的配备的过程。

课堂讨论

剧场里的观众是否构成了组织,为什么? 剧场里的全体工作人员是否构成组织? 为什么?

(二)组织设计的含义

组织设计是指为了实现组织的共同目标而确定组织内各要素及其相互关系的活动或过程。即通过设立组织机构、建章立制、职权配备、人员配备、运行与变革、文化建设等来完成组织任务和实现组织目标的活动或过程。

(三)组织设计的基本内容

1.组织结构设计

组织结构设计是组织工作中最重要、最核心的一个环节。组织结构设计的主要任务是建立组织结构,明确组织内部的相互关系,提供组织结构图和职务说明书。

2.制度规范制定

制度规范是指对组织管理活动及组织成员行为进行规范、制约与协调而制定的各种规定、规程、方法与标准等制度的总称。制定制度规范就是用制度的形式规定管理活动的内容、程序和方法,界定人员行为规范和准则的过程,从而使管理活动有章可循,规范高效。

3.职权配备

职权是构成组织结构的核心要素,是组织关系的主线,对于组织的合理构建和有效运行具有关键性作用。在组织内部,基本的信息沟通也是通过职权来实现的。通过职权关系上传下达,使下级按指令行事,上级得到及时反馈的信息,作出合理的决策,进行有效的控制。

4.人员配备与管理

人员配备是根据组织目标和任务正确选择、合理使用、科学考评和培训人员,以合适的人员去完成组织结构中规定的各项任务,从而保证整个组织目标和各项任务完成的职能活动。其目的是让合适的人去做合适的事,其内容是将人力资源配备到各个部门、地区、下属组织的职业岗位之中,使之与其他经济资源相结合,形成现实的经济活动。

5.组织变革

组织变革是指通过对组织结构进行调整和修正,使其适应不断变化的外部环境和内部条件的过程。组织变革和组织发展虽有所区别,但二者又密切联系。组织发展要通过组织变革来实现,变革是手段。变革的目的是使组织得到发展,以适应组织内外条件的要求,有效地行驶组织职能。

6.组织文化

组织文化是指在一定的社会政治、经济、文化背景条件下,组织在生产与工作实践中所创造或逐步形成的价值观、行为准则、作风和团体氛围的总和。通过组织文化建设,可以充分发挥组织的导向、凝聚、激励、约束和辐射功能,进一步促进组织职能的有效发挥。

(四)组织设计的基本原则

在进行组织设计的过程中,有一些基本的组织原则是必须遵循的。

1.目标明确化原则

任何一个组织的存在,都是由它的特定目标决定的。目标是组织的出发点和归宿。因此,组织结构设计必须有利于组织目标的实现,并且要明确这个组织每一部分的目标。

2.统一指挥原则

一个下级只能接受一个上级的指挥,要防止多头指挥而使人无所适从,不能"一仆二主"。上级意见有分歧时一定要统一后再向下发布指令,在组织机构设计和管理权限划分上都要遵循统一指挥原则。

3.分工协作原则

分工协作是社会化大生产的客观要求。分工是管理过程的专业化要求,它把组织的各项工作分成各级、各部门乃至个人的具体工作。分工可以提高员工的劳动熟练程度,缩短生产周期,改进设备或工具,提高工作效率。协作是管理的系统化要求。分工只是强调了各部门的工作和要求,但组织是一个整体,组织活动的完成不是组织内部各部门、每个成员自己都开展活动,而是整体性的活动。因此在分工的基础上,还需要加强组织内部各部门的协作。分工和协作二者是相辅相成的。

4.权责对等原则

权力是指在规定的职位上所具有的指挥与行事的能力,而责任是指接受职位、职务时所应尽的义务。要根据责任的大小分配权力,责任和权力应是对等的。如果责任大于权力,则负不了责任;如果权力大于责任,则可能会导致乱用权力。

5.集权与分权相结合的原则

集权管理是社会化大生产保持统一性和协调性的内在要求。技术越发展,社会化程度越高,专业分工越细,就越需要统一指挥与管理。但是集权越多,组织内部的弹性越差,适应性就越弱,因此还必须进行适度分权。要搞清集权和分权的概念与各自的优点和缺点,正确处理二者之间的关系。

6.有效管理幅度原则

管理幅度是指一个管理者能够直接、有效地管理下属的个数,是一个数量的概念。任何组织都需要解决主管人员直接指挥与监督下属的数量问题,但在同样获得成功的组织中,管理者直接管理下属的数量是不同的。因此管理幅度没有一个固定的标准,它的有效性要受许多因素的影响,这些因素主要如下:

(1)工作能力。主管和下属的工作能力强,管理幅度可以大一些;主管和下属的工作能力弱,则管理幅度相对设计得小一些。

(2)工作内容和性质。①主管所处的管理层次。高层主管决策工作量大,用于指挥、协调下属的时间较少,管理幅度应小些;中层和基层主管决策工作量小,用于指挥、协调下属的时间相对较低,管理幅度适当大些。②下属工作的相似性。下属从事的工作内容和性质相近,则对每个人工作的指导和建议也大体相同。在这种情况下,主管的管理幅度可以大一些。③计划的完善程度。计划制订得完善,目标和要求明确,下属容易理解,这样主管就不需要花费较长时间对下属进行过多指导,管理幅度可以大一些;反之,如果计划制订得不完善,下属不能很好理解,那么对下属指导、解释的工作员就会相应增加,这样有效管理幅度就小。④非管理性事务的多少。

(3)工作条件。主要考虑有无配备助手、管理手段先进与否和工作地点是否相近等因素。如果主管配备有助手、管理手段先进、下属工作地点距离较远,则管理幅度就要大些。如果主管没有配备助手,主管要亲力亲为,管理手段落后,下属工作地点距离较近,则管理幅度就要小些。

(4)组织内外环境。组织环境稳定与否会影响到组织活动的内容和政策的调整频度与幅度。环境不稳,主管就需要用较多时间和精力关注环境变化,考虑应变措施,用于指导下属的时间和精力就会减少,主管直接有效地指挥下属的数量就会受到限制。环境稳定,主管用于关注环境变化,考虑应变措施的时间和精力就少,用于指导下属的时间和精力就会增加,主管直接有效地指挥下属的数量就会相应增加。

7.弹性结构原则

弹性结构是指一个组织的部门结构、人员职责和工作职务都是可以变动的,以适应组织内外部环境的变化。任何组织都是一个开放的社会子系统,在其活动过程中,都与外部环境发生一定的相互联系和相互影响。一般地说,组织要开展实现目标的有效活动,就要求必须维持一种相对平衡的状态。组织越稳定,效率也将越高。组织结构的大小调整和各部门责权范围的每次重新划分,都会给组织的正常运行带来有害的影响。因此,组织结构不宜频繁调整,应保持相对稳定。但是,组织本身和组织赖以生存的大环境是在不断变化的,当组织结构呈现恶化状态,无法适应组织内外环境变化的需要,以至可能危及组织生存和发展之前,组织能够适当地调整和变革,及时适应环境的变化,就能够给组织带来活力。

8.高效精干原则

高效精干原则又叫经济原则,就是要用较少的层次、较少的人员、较少的时间达到管理的效果。①树立精简的观念,即机构与人员都要精简。②要避免"帕金斯现象"出现。帕金斯是英国的一个经济学家,他认为,各个部门、各个组织机构用人总是有两个浅显的道理:其一,凡是当官的人,遇到工作太忙需要加人时,往往是给自己增加下属,而不愿意找一个和自己势均力敌的对手;其二,官多了,他们之间自然而然地会制造许多工作,全都有活干。

二、组织的部门设计

部门是指组织中主管人员为完成规定的任务有权管辖的一个特殊的领域。部门设计主要是解决组织的横向结构问题,目的在于确定组织中各项任务的分配与责任的归属,以求分工合理、职责分明,有效地达到组织的目标。

(一)部门设计的具体原则

1.力求维持最少

组织结构要求精简,部门必须力求最少。建立组织机构的目的为了有效地实现组织目标。

2.组织结构应具有弹性

组织中的部门应随业务的需要而增减。可设立临时部门或工作组来解决临时出现的问题。

3.确保目标的实现

必要的职能均应确保目标的实现,组织的主要职能都必须有相应的部门。当某一职能与两个以上的部门有关系时,应明确规定每一部门的责任。各职能部门的指派应达到平衡,避免忙闲不均。

4.检查部门与业务部门分设

考核、检查业务部门的人员不应隶属于受其检查评价的部门,这样才能真正发挥检查部门的作用。

(二)划分部门的方法

1.按人数划分

完全按照人数的多少来划分部门是最原始、最简单的划分方法,划分部门时仅考虑的是人数的多少,传统的军队编制即按照此种划分方法来进行。这种划分方法是抽出一定数量的人在管理者的指挥下执行一定的任务,在现代科学技术高度发达的社会,组织人员的专业化技能区分越来越精细,单纯地从数量角度来考虑问题已经越来越不能反映不同部门的生产运营能力,所以这种划分方法有被逐渐淘汰的趋势。

2.按时间划分

按时间划分是指将人员按时间进行分组,即倒班作业。在一些需要不间断工作的组织中,或者由于经济和技术的需要,常按照时间来划分部门,采取轮班作业的方法,这种划分适用于最基层的组织。例如企业按早、中、晚班编制生产计划。

3.按职能划分

按职能划分部门是最普遍采用的一种划分方法,把相同或相似的活动归并在一起,作为一个管理单位即为职能部门化。例如,在政府组织中,政府的经济管理职能部门、文化职能部门、政治职能部门等以及专门办事部门和机构的设立,都是依据这一标准和原则进行的。企业中的供应、生产、销售和财务、后勤等部门的设立,也是这一划分标准和方法的体现。它是一种传统而基本的组织结构形式。职能式组织常常注重内部的运行效率与员工的专业素质。

4.按产品或行业划分

这种标准和方法把某种行业或者生产某种或某系列产品的活动集中到一起,建立相应的部门予以管理。一般来说,按照行业设立组织部门也常常见之于政府组织部门的设计中,如政府的林业部、农业部、水利部;按照产品或者产品系列设计组织部门,则是企业经常采用的部门设计方法,如在一个食品公司下,设立熟食、饮料部、小吃部、蛋糕部。大中型企业中的产品事业部,就是典型的按产品划分的部门。

5.按地域划分

按照地域的分散化程度划分组织的业务活动,继而设置管理部门管理其业务活动即为地域部门化。在政府管理方面,我国曾经设立的华北、东北、华东、华中、西北、西南等各大行政区就具有按区域设立部门的特点。在企业中,联营式商店常常采用这种组织部门设计方式,建立区域性商业管理机构。

6.按顾客（服务对象）划分

这是以组织活动的服务对象为依据划分和设计组织部门的方法。根据这一标准和方法,在设计组织部门时,把特定的服务对象与组织的活动结合起来,形成组织的部门。如政府教育部中的留学生司、学生司;商业企业组织中的儿童用品部、妇女用品部、老年人用品部等。在许多服务型组织(诸如银行、保险公司等)也常采用。

7.按流程划分

按照生产过程、工艺流程或设备来划分部门即为流程部门化。大型的制造企业常采用这种组织结构形式。例如在机械制造企业,通常按照毛坯、机械加工、装配的工艺顺序分别设立部门。这种划分方式,在生产工艺复杂、要求严格的情况下是必要的,它有利于加强专业工艺管理,提高工艺水平。

三、组织结构的类型

组织结构是指组织全体成员为实现组织目标而进行分工协作,在职务范围、责任、权力等方面所形成的结构体系。一个组织的结构类型是根据其目标的需要和组织环境特点而选定的。随着社会发展和组织环境的变化,组织结构也在不断更新和发展。目前常见的组织结构形式主要有七种,即直线型结构、职能型结构、直线职能型结构、事业部结构、矩阵型结构、动态网络型结构、委员会型结构。

(一)直线型结构

直线型结构是最早使用也是最简单的一种结构,是一种集权式的组织结构形式,又称军队式结构。其基本逻辑是:在组织最高管理者之下设若干中层管理部门,而每一个中层管理部门之下又设若干基础管理部门。

直线型结构的优点,就是结构简单,管理人员少,职责权力明确,上下级关系清楚;缺点是组织结构缺乏弹性,同一层次之间缺乏必要的联系,主要管理人员独揽大权,任务繁重,一旦决策失误将会给组织造成重大损失。直线型组织结构如图3-1所示。

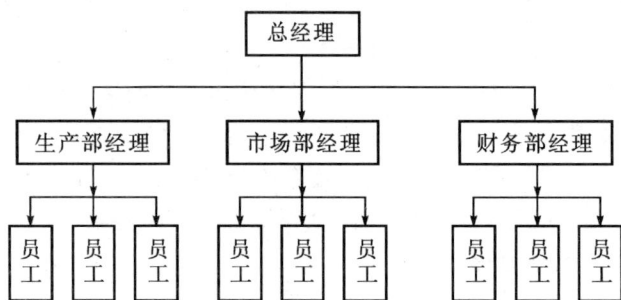

图 3-1　直线型组织结构示意图

(二)职能型结构

职能型结构是一种以职能为导向的组织结构形式。它是指在各级直线指挥人员或行政领导人员之下,按专业分工设置相应的职能机构,这些职能机构受上一级直线指挥人员的领导,并在各自的业务范围内有权向下级直线指挥人员下达命令。

职能型结构的主要优点:专业分工明确,每一个人都在相应的职能机构之下有自己的岗位,组织具有很强的稳定性,管理分工较细,提高了管理的专业化程度,减轻了各级行政领导人员的工作负担。

职能型结构的缺点:每一级直线指挥人员或行政领导人员都需服从多头领导,容易造成管理上的混乱,不利于划分各级行政领导人员和职能部门科室的责任权限。此外,这种组织结构的弹性较差,调整、改革易出现自发的抗拒倾向。职能型组织结构如图 3-2 所示。

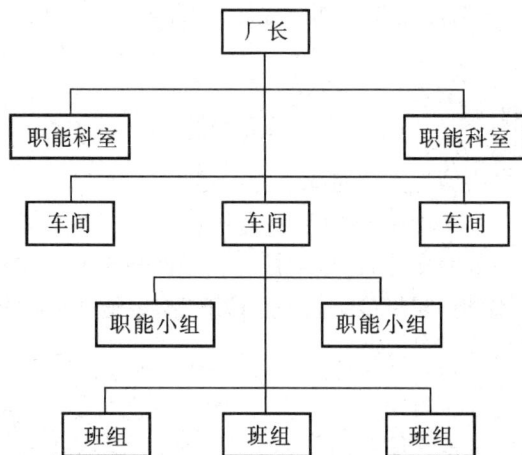

图 3-2　职能型组织结构示意图

(三)直线职能型结构

组织的直线职能型结构是综合了上述直线型结构和职能型结构的优点而设计的一种组织结构。这种结构是当前国内各类组织中最常见的一种组织结构,是各级国家机关、学校、部队、企业、医院等组织最常用的结构形态。

在各级直线指挥人员或行政领导人之下,按专业分工设置相应的职能机构,这种职能机构是行政领导的业务助手和参谋,它们不能直接向下级部门下达命令,而只能进行业务指导,职能部门拟订的计划方案以及有关指令,统一由直线指挥人员批准下达。因此,下一级直线指挥人员或行政领导人,只会接受上级直线指挥人员的命令。

直线职能型结构既保持了直线型结构的集中统一指挥的优点,又吸收了职能型结构的专业分工管理的长处,从而大大提高了管理的效率。它具有较高的稳定性,在外部环境变化不大的情况下,易于发挥组织的集团效率。这种结构的缺点是横向部门之间缺乏信息交流,各部门缺乏全局观点,职能机构之间、职能人员与直线指挥人员之间的目标不易统一,最高领导的协调工作量较大,由于分工较细,手续繁琐,当环境变化频繁时,这种结构的反应较为迟钝。直线职能型组织结构图如图 3-3 所示。

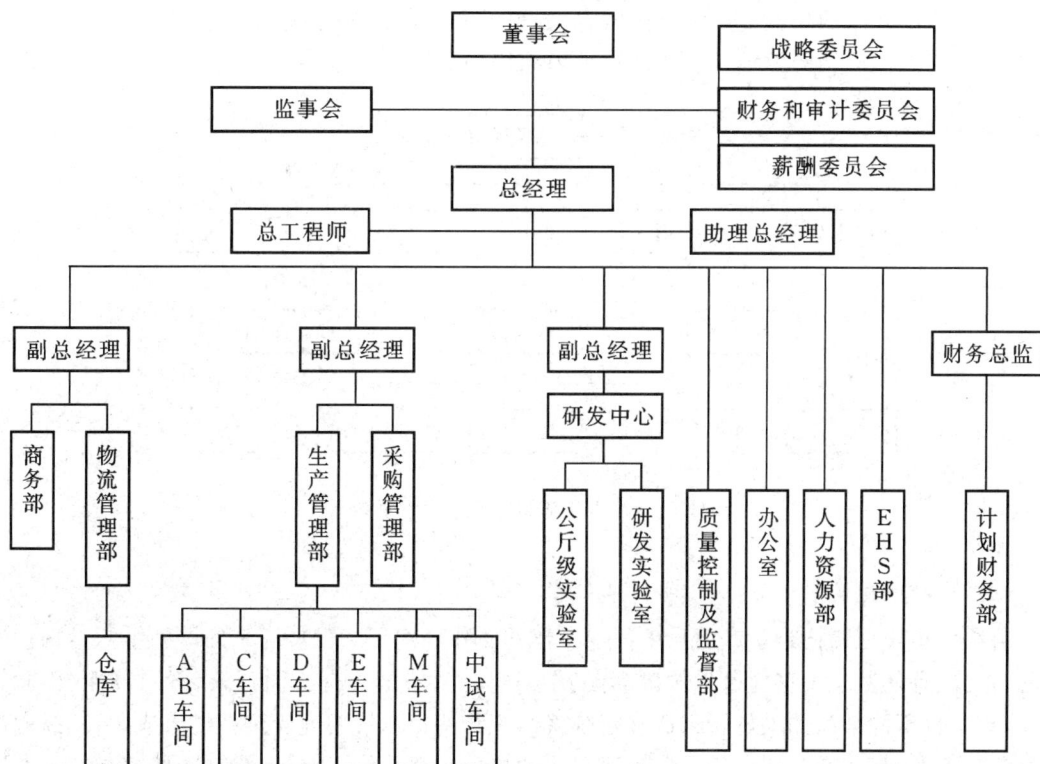

图 3-3 直线职能型组织结构示意图

(四)事业部结构

事业部结构是指组织面对不确定的环境,按照产品或行业、服务对象、地域以及流程等不同的业务单位成立若干事业部,并由这些事业部进行独立业务经营和分权管理的一种分权式结构类型。组织的事业部结构大多见于企业,类似的组织结构在其他领域也常见。如一个大都市中统属于警察的交通警察支队、消防支队、防暴支队等,一个大学中有几个分校和许多个独立性较大的学院,一个医院开设许多个相对独立的专科门诊或专科医院。事业部结构是通用汽车公司在 20 世纪 20 年代首创的。

事业部结构的组织形式的基本原则是:政策制定与行政管理分开,即集中决策,分散经营。组织的最高层是最高决策管理机构,负责研究和制定组织的总目标、总计划和各项方针政策,并保持三方面的决策权,即战略发展的决策权、资金分配的决策权、人事安排权。企业总部控制以上三方面的决策权,既保证了各个事业部的分散经营权,又维护了整个企业的完整性。

事业部结构的优点是:以企业为例,它使企业的最高层摆脱了日常的行政事务,集中精力决策规划企业的战略发展问题;便于组织专业化生产、采用先进的生产组织形式和技术,提高了企业管理的灵活性和适应性,有利于大公司开展多元化经营,从而大大提高了企业的竞争力;通过各个事业部的管理和经营的实践和锻炼,为企业储备了宝贵的高级管理人才。

事业部结构的缺点是:增加了管理层次,结构重叠,使管理人员和管理费用大大增加;对事业部一级的管理人员的业务和管理水平要求较高,必须熟悉全面的业务和管理知识才能胜任工作;各事业部之间的相互交流和支援困难,各事业部容易忽略企业的总体利益,产生本位主义,容易引起总体协调的困难。事业部型组织结构如图 3-4 所示。

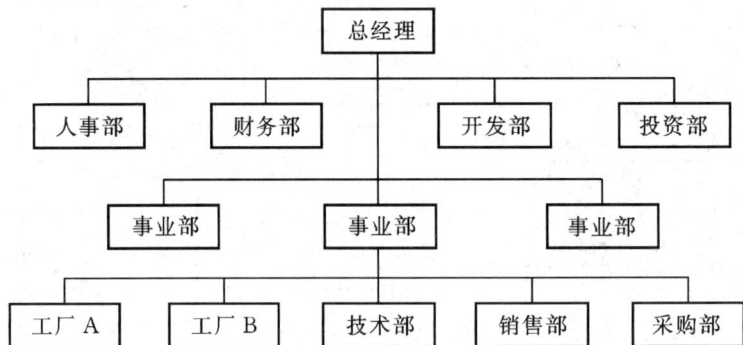

图 3-4　事业部制组织结构示意图

(五)矩阵型结构

组织的矩阵型结构是从专门从事某项工作的工作小组形式发展起来的一种组织结构。这里的"矩阵"是从数学中移植过来的概念,工作小组是由一群具有不同背景、不同技能、不同知识、分别选自不同部门的人员所组成。矩阵式组织结构由纵横两套管理系统组成,一套纵向的职能管理系统,另一套为完成某项任务而组成的横向项目系统,横向和纵向的职权具有平衡对等性,它打破了传统的统一指挥原则,有多重指挥线。

一个组织可以有多个项目组,每一个项目组由项目负责人负责。该项目所在矩阵的行的元素即为其组成人员,每一位成员完成自己的任务后,仍回到原来的部门工作。因此,项目组的成员在一般意义上需接受项目组负责人和原部门的双重领导。

矩阵型结构的优点是:不同部门、具有不同专长的人员在一起,有利于相互启发、集思广益,提高了完成任务的专业化程度和速度;由于一个人可以同时参加多个项目组,因此,加强了组织不同部门之间的配合和信息交流,实现了人才资源的共享;项目组可以根据需要随时成立和解散,对于刚性较强的组织可以弥补柔性不足的缺陷,增强了组织的灵活性和适应性。

矩阵型结构的缺点是:稳定性差和权责不清,这主要是因为项目组的成员均是不同部门抽调而来的,容易产生临时的感觉,常常会对工作产生不利影响;项目组的每一个成员都需接受项目组负责人和原部门的双重领导,容易产生责权不清、管理混乱的现象,如在人员绩效评定和奖惩方面常常会因为这种双重领导受到影响。因此,项目组的负责人必须与各个部门的负责人很好地配合,才能顺利地开展工作。矩阵型组织结构如图3-5所示。

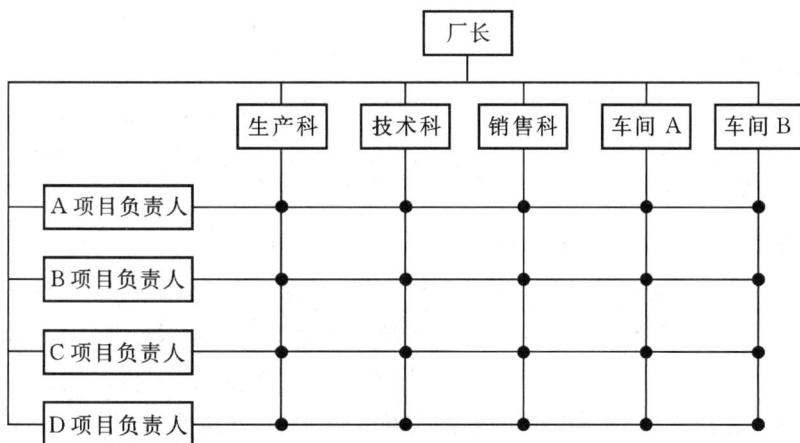

图3-5 矩阵型组织结构示意图

(六)动态网络型结构

动态网络型结构是一种以项目为中心,通过与其他组织建立研发、生产制造、营销等业务合同网,有效发挥业务专长的协作性组织形式,是基于信息技术的高度发达和市场竞争的日益激烈而发展起来的一种临时性组织。有时也被称为"虚拟组织",即组织中的许多部门是虚拟存在的,管理者最主要的任务是集中精力协调和控制组织的外部关系。动态网络型组织结构如图3-6所示。

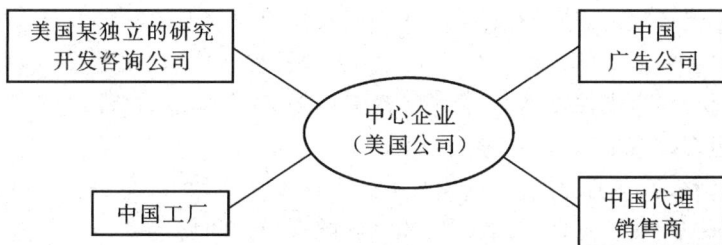

图3-6 网络型组织结构示意图

动态网络型组织结构的优点是:组织结构具有更大的灵活性和柔性;组织结构简单精练,组织结构扁平化,管理效率更高了。

网络型组织结构的缺点是:组织可控性很差;组织风险性大;员工的组织忠诚度低。

(七)委员会型结构

在管理学上,组织的委员会是由来自不同部门,具有不同经验、知识和背景的人员组成,跨越专业和职能界限执行某方面管理职能的一种组织结构。它的作用是完善个人管理的不足,并预防过分集权化,使各方的利益得到协调和均衡。大到国家政权机构,小到企业、学校等委员会组织随处可见。例如,我国的人大常务委员会、国家发展和改革委员会、国家经济贸易委员会、国家计划生育委员会、国务院学位委员会、国家自然科学基金委员会、公司中的董事会和监事会、高等学校的学术委员会、医疗卫生机构中的事故鉴定委员会、职称评定委员会等。由此可见,委员会是一种重要的组织结构。

四、组织的层级设计

在岗位设计和划分部门的基础上,必须根据组织内外部能够获取的人力资源状况,对各个职务和部门进行综合平衡,同时要根据每项工作的性质和内容,确定管理层次和管理幅度,使组织形成一个严密有序的系统。

(一)管理的层级设计与管理幅度

管理层次是指一个组织设立的行政等级数目。一个组织集中着众多的员工,作为组织主管,不可能面对每一个员工直接进行指挥和管理,这就需要设置管理层次,逐级地进行指挥和管理。

1.管理层次的划分

一个组织中,其管理层次的多少,一般是根据组织工作量和组织规模的大小来确定的。工作量较大且组织规模较大的组织,其管理层次可多些;反之,管理层次就比较少。一般来说,管理层次可分为上层、中层和下层三个层次。对于上层来讲,其主要职能是从整体利益出发,对组织实行统一指挥和综合管理,制定组织目标、大政方针和实施目标的计划。中层的主要职能是:为达到组织总的目标,制定并实施各部门具体的管理目标,拟订和选择计划的实施方案、步骤和程序,按部门分配资源,协调各部门之间的关系,评价生产经营成果和制定纠正偏离目标的措施等。下层的主要职能是按照规定的计划和程序,协调基层组织的各项工作和实施生产作业。

2.管理层次的确定

管理层次的多少与管理幅度密切相关。它与组织规模存在着相互制约的关系:

$$管理幅度 \times 管理层次 = 组织规模$$

也就是说,在组织规模既定的条件下,管理层次与管理幅度成反比。即每个主管所能直接控制的下属数目越多,所需的组织层级就越少。管理幅度越宽,层次越少,其管理组织结构的形式呈扁平形。相反,管理幅度越窄,管理层次就越多,其管理组织结构的形式呈锥形。

(1)扁平式组织结构形态。

扁平式组织结构形态的优点:信息沟通和传递速度比较快,信息失真度低,能增强组织的适应性;上级主管控制比较宽松,有利于发挥下属的积极性和创造性。

扁平式组织结构形态的缺点:增加主管的监管和协调难度;下属缺少更多的升迁机会。

(2)锥形式组织结构形态。

锥形式组织结构形态的优点:主管能有效地指导和控制每一个下属;层级关系紧密,有利于任务的衔接,有利于下属的提升。

锥形式组织结构形态的缺点:信息传递比较慢、失真多;增加了管理成本和管理难度。

3.管理幅度

管理幅度也称管理宽度,是指主管人员有效地监督、管理其直接下属的人数。对于管理幅度的研究源远流长。确定管理幅度最有效的方法是随机制宜,即依据所处的条件而定。

(二)影响管理幅度设计的主要因素

1.组织中人的工作能力和素质因素

组织中管理者和下属的工作能力和素质会影响到管理幅度的设计。

2.工作的内容和特性

组织中的工作内容和特性主要从四个方面影响组织幅度的设计:①工作复杂变化程度大,管理幅度设计应该相应较小。②下属工作内容和性质的相似性程度高,管理幅度的设计可以较大。③工作的计划程度即按计划实施的程度高,其管理幅的设计可以相应加大。④管理者需要处理的非管理事务较多,管理幅度的设计需要相应缩小,反之,则可以相应加大。

3.工作基础和条件

一般来说,所设计的管理幅度的大小与组织中的职能机构的设置及其工作效率状况、管理助手的配备和工作效率状况、信息沟通的技术条件状况等因素成反比关系。

4.组织环境和组织状况

由于受管辖人数的限制,从最高的直接主管到最低的基层具体工作人员之间形成了一定层次,即为管理层次。管理层次实质上是组织内部纵向分工的表现形式,各个层次分别担负不同的管理职能。管理层次的产生主要是因为组织事务中有抽象与具体、根本性与非根本性之分,同时,也因为组织管理者的时间、能力和精力与组织和管理的事务量的矛盾,由此决定了组织的管理和决策必须按照层次设置。

近年来,随着组织内员工素质的不断提高,以及内部管理体系的不断完善,特别是信息技术的普遍运用,组织的管理层次越来越少,组织越来越精简、越来越扁平化。如美国管理协会对100家公司所作的一项调查研究显示,大型公司(超过5000人)总经理的管理幅度为1~14人不等,平均为9人;中型公司(500~5000人)总经理的管理幅度为3~17人,平均为7人。现代西方企业的实践表明,未来最成功的企业将居于扁平形组织,管理幅度将加大,除特大型和超复杂型企业外,一般企业适宜的管理层次为3~5级。如拥有14万员工的伊斯曼—柯达公司将其管理层由12层压缩到4层,丰田公司从主席到一线主管之间只有5层。

知识链接

苛希纳定律

在管理中,如果实际管理人员比最佳人数多两倍,工作时间就要多两倍,工作成本就多四倍;如果实际管理人员比最佳人数多三倍,工作时间就要多三倍,工作成本就多六倍。这就是苛希纳定律。

苛希纳定律告诉人们:在管理上,并不是人多就好,有时管理人员越多,工作效率反而越差。只有找到一个最合适的人数,管理才能收到最好的效果。苛希纳定律虽是针对管理层人员而言的,但它同样适用于对公司一般人员的管理。在一个公司中,只有每个部门都真正达到了人员的最佳数量,才能最大限度地减少无用的工作时间,降低工作成本,从而达到企业的利益最大化。

(资料来源:https://baike.so.com/doc/5709340-5922061.html.)

五、职权配备

为确保各项任务的顺利完成并使系统能够正常地运行,就必须进行职权配备。职权构成组织结构的核心要素,是组织联系的主线,对于组织的合理构建与有效运行具有关键性的作用。

(一)职权与职责

职权是指由组织制度正式确定的,与一定管理职位相联系的决策、指挥、分配资源和进行奖惩的权力。每一管理职位都具有某种特定的、内在的权力,任职者可以从该职位的等级或头衔中获得这种权力。因此,职权与组织内的一定职位相关,而与担任者的个人特征无关。只要被辞退掉有权的职位,不论是谁,离职者就不再享有该职位的任何权力。职权仍保留在该职位中,并给予新的任职者。

职责是指由组织制度正式确定的,与职权相应的完成工作所承担的责任。组织中任何一个职位都必须权责相连,拥有职权但不承担责任是产生"瞎指挥"的根源。同时,不拥有一定的职权就无法完成任务。当管理者向下属布置任务、委让一部分职权时,应同时授予相应的执行职责,但应保留最终职责。也就是说管理者应对其下属的工作行为承担最终责任,这对上下级来说都是一个很好的约束。

(二)职权的种类

1.直线职权

直线职权即指挥权,是指管理者指挥其下属工作的权力。正是这种上级—下级关系贯穿着组织的最高层到最底层,从而形成所谓的指挥链(chain of command)。在指挥链的每个链接处,拥有直线职权的管理者均有权指导下属人员的工作,并且无需征得他人意见而独立作出某些决策。当然,指挥链中每个管理者也都要听从其上级主管的指挥。

2.参谋职权

当组织规模得到扩大并变得复杂后,直线管理者会发现他们没有足够的时间、全面的技能或办法使工作得到有效完成。为此,他们往往通过配备参谋职权职能来寻求支持和协助,为他们提供建议,并减轻他们的信息负担。参谋的种类有个人与专业之分。前者即参谋人员,他们是直线人员的咨询人,协助直线人员执行某项职责。专业参谋,常为一个单独的组织或部门,即通常所说的"智囊团"或"顾问班子"。它聚合了一些专家,运用集体智慧,协助直线主管进行工作。典型的参谋职权的特点是,参谋人员或参谋部门只对直线主管负责,没有指挥权,是一种辅助性职权。

3.职能职权

职能职权介于直线职权与参谋职权之间,是组织职权的一个特例。职能人员不直接参与组织的业务活动,而是给直线职能部门提供各种支持和帮助。

为了进一步改善和提高管理效率,主管人员可能将职权关系作某些变动,把一部分本属于自己的直线职权授予参谋人员或某个部门的主管人员,这样便产生了职能职权。例如,一个公司的总经理可能授权财务部门直接向生产经营部门的负责人传达关于财务方面的信息和建议,也可能授予人事、采购、公共关系等部门以一定的职权,让其直接向直线组织发布指示等。因此,职能职权是参谋人员或部门的主管人员所拥有的原属于直线主管的一部分权力。

概括地讲,直线职权意味着作出决策、发布命令并付诸实施,是协调组织资源、保证组织目标实现的基本权力。参谋职权则仅意味着协助和建议的权力,是保证直线主管人员正确决策的重要条件。职能职权由于是直线职权的一部分,因此也具有直线职权的特点,但其职权范围小于直线职权,同时职能职权的行使者多为具有业务专长的参谋人员,因此有助于提升业务活动的效率。

应当指出的是,权力不同于职权。权力是一种影响他人行为的潜力。一个有权力管理者,通过改变别人的活动使之偏离他们自己的直接目标而转向实现他本人的目标时,就是在运用他的权力。职权是权力的部分集合,也就是说,职权固然可以影响决策,但是影响决策的力量不一定是来自于职权。权力代表了一种资源,管理者通过这种资源影响其雇员的行为。

(三)授权

授权是指组织的管理者将原来由自己执行的某一部分权力或职权委托给下级代为执行的行为。随着信息时代的到来,组织管理者越来越认识到把权力分散下去的重要性,而授权就是组织管理者对权力进行分配的一种主要方式。

在进行授权时要充分考虑职位高低、下届素质、组织内外条件等因素的影响,按照责权利一致、级差授权、授权有度、有效控权的原则,合理分配职权。同时,要以适当的方式与手段进行必要的监控,以保证权力的正确运用与组织目标的实现。在工作任务完成后,要对授权效果、工作业绩进行考核和评价。

(四)集权与分权

1.集权

集权,是指决策指挥权集中在组织层级系统中最高层次或接近最高层次的高层管理人员手中。下级部门和机构只能依据上级的决定、命令和指示办事。

2.分权

分权,是指决策指挥权在组织层级系统中较低管理层次上的分散。组织高层将一部分决策指挥权分配给下级组织机构和部门负责人,使他们充分行使这些权力,支配组织的某些资源,并在其工作职责范围内自主地解决某些问题。

知识链接

戴尔组织分权程度的标准

关于如何判断一个组织的集权和分权程度,可以参考戴尔(R. Deu)提出的判断一个组织分权程度的标准。

(1)较低的管理层次作出的决策数量越多,分权程度就越大。

(2)较低的管理层次作出的决策重要性越大,分权程度就越大。

(3)较低的管理层次作出的决策影响面越大,分权程度就越大。

(4)较低的管理层次作出的决策审核越少,分权程度就越大。

(五)整体协调

层次设计和责权分配确定了组织内部各个部门之间的从上到下的纵向关系,但作为一个整体,组织要实现其既定目标,必须要求各部门在工作过程中形成共同协作的横向关系,这就需要在组织设计时必须考虑如何通过一定的方式,形成一种有效组织内部协调机制,使各部门的工作能够达到整体化与同步化的要求。进行整体协调的主要方式有以下几种:

(1)加强联系与沟通,统一认识,实现思想协调。

(2)以实现组织总目标为出发点,落实各部门的工作目标和计划,保持协调性。

(3)建立规章制度,规范工作程序,明确工作责任,严格奖惩措施,从制度上保证部门之间的协调统一。

(4)制定规范的协商机制和必要的协调机构,及时解决部门与部门之间的矛盾。

学习评价

考核评价内容如表3-1所示。

表3-1　组织设计考核评价表

内容		评价	
项目	评价内容	团队评价	教师评价
专业知识(30分)	组织的含义		
	组织设计的内容		
	组织结构的类型		
专业能力(40分)	划分部门的能力		
	组织结构设计能力		
综合素质(30分)	能根据不同企业类型设计不同组织结构		
总计			
努力方向:		建议:	

任务二　人员配备

组织设计仅为系统的运行提供了可供依托的框架,框架要能发挥作用,还需由人来操作。因此,在设计合理的组织结构的基础上,还需为这些机构的每个岗位选配合适的人员。人员配备是组织设计的逻辑延续。

一、人员配备概述

人员配备就是管理者根据组织结构中所规定的职务的数量和要求,对所需人力资源进行选聘、培训和考核等工作,人员配备目标是确保组织在一定时间里,每一个经过科学设计的岗位都能获得适当的人员,实现人力资源的最佳配备。

(一)人员配备的内容和程序

为了完成上述任务,人员配备过程中要进行以下工作:

1.确定人员需求

人员配备是在组织设计的基础上进行的。人员需要量的确定要以设计的职务数量和类型为依据。职务类型提出了需要什么样的人,职务数量则告诉我们每种类型的职务需要多少。构成组织结构基础的职务可以分成许多类型。比如:全体职务可以分为管理人员与生产作业人员;管理人员又可以分成高层、中层、基层管理人员;每一层次的管理人员又可以分成直接主管与参谋或管理研究人员;生产操作人员又可以分成技术工人与专业工人,基本生产工人与辅助生产工人;等等。

2.人员招聘与选用

职务设计和分析指出了组织中需要具备哪些素质的人。为了保证担任职务的人员具备职务要求的知识和技能,必须对组织内外的候选人进行筛选,作出恰当的选择。这些人员可能来自企业内部,也可能来外部社会。

3.人员培训

人员培训,既是为了适应组织技术变革、规模扩大的需要,也是为了适应个人发展的需要,是人员配备中的一项重要工作。

4.人员考核

人员考核是组织与员工之间的一种相互关系,在人员配备中意义重大。

(二)职位分类与职务分析

1.职位分类

职位分类是指将所有的工作岗位即职位,按其业务性质、责任大小、工作难易、所需教育程度及技术高低分为若干不同的等级,对每一职位给予准确的定义和描述,制成职位说明书,以此作为对人员选聘的依据。

2.职务分析

职务分析是指对岗位进行分析,明确职务的性质、要求和标准,然后对职务作出全面描述。职务分析主要包括职务说明和职务规范两部分工作。职务说明就是要具体明确职务的工作目的、工作内容、技能要求、岗位责任与其他工作岗位的关系以及工作环境等。对职务的方方面面进行科学的界定是一系列人员配备的基础,与招聘、选拔、工资标准和培训等相关。

二、人员招聘

人员招聘是指组织为了发展的需要,在原有人员安排的基础上,进一步吸收符合要求的人员充实组织的行为。人员配备计划确定以后,就决定了招聘人员的数量、结构和类型,以及组织招聘人员的来源。人员招聘应当从组织的需要和性质出发,必须服从于组织的目标和总体规划。

(一)人员选聘的途径

人员选聘有两种途径:一种途径是从组织内部征召,另一种途径是从组织外部招聘。

1.内部招聘

内部招聘是从组织内部挑选适合的人员加以聘用。具体有内部提升、内部职位转换两种形式。内部招聘,通常采用职位公告和档案记录的做法。职位公告是指通过公告或组织的报刊向员工通告组织空缺职位的情况。档案记录是指对拟提拔的内部员工,通过调阅其档案资料来评估其是否胜任待聘职位。

(1)内部征召的优点。

①内部征召费用较低,手续简便,同时使过去对组织成员的培养成本获得补偿。

②组织对应聘的内部人员作长期细致的考察,对其能力和素质、优点和缺点等情况很熟悉,从而判断其是否适合新的工作岗位。

③应聘的内部人员对组织的基本情况非常熟悉,能够比较快地胜任新工作。

④内部提升为内部成员提供了良好的发展机会,内部调动有助于丰富组织成员的工作经验。

⑤内部招标提供了组织内公平竞争的机会,有利于调动内部成员的工作积极性。

(2)内部征召的缺点。

①组织内部所能提供的人员有限,尤其是关键的主管人员,不容易找到一流的人才。

②组织成员习惯了组织内长期积累的行为方式,创新意识不浓,容易造成自我封闭,近亲繁殖。

③组织内部人员由于竞争可能会造成内部人员之间关系紧张,例如没有被提升到的人的积极性会受到挫伤等。

2.外部招聘

外部招聘就是根据组织制定的标准和程序从组织外部选拔符合空缺职位要求的员工。选择员工具有动态性,特别是一些高级员工和专业技术岗位,组织常常将选择的范围扩展到全国甚至全球劳动力市场。外部招聘的渠道很多,主要包括组织内的职工介绍推荐、利用职业介绍机构、从大中专院校选聘、通过广告公开选聘四种渠道。

(1)外部招聘优点。

①扩大了选择的范围,有较广泛的人才来源,有利于获得组织所需的一流人才。同时,覆盖面广,有利于提高组织的知名度。

②可以吸收外部的"新鲜血液",为组织发展注入新的活力,防止组织的僵化和停滞。

③外部应聘者大都具有较强的实践经验,因而可节约在人员培训方面所花费的大量费用。

④可避免组织内没有提升到的人的积极性受挫,避免造成因嫉妒心理而引起的情绪不快和组织成员之间的不团结。

(2)外部招的聘缺点。

①对组织内部那些希望得到这一工作的人来说,则是一个较为沉重的打击,会影响他们的积极性和士气。

②应聘者对组织的情况不了解,并不一定能立即胜任工作。

③组织对来自外部的应聘者不了解,容易导致选人失当。

由于两种选聘途径各有优劣,所以,现代组织往往把内部征召和外部招聘结合起来,将从外部招聘来的人员先放到较低的职位上,然后根据其表现再进行提升和岗位调整。职务潜在候选人的主要来源渠道及优缺点如表3-2所示。

表3-2 职务潜在候选人的主要来源及优缺点

来源渠道	优点	缺点
内部搜寻	花费少,有利于提高员工士气,候选人了解组织情况	供应有限
广告应征	辐射广,可以有目标地针对某一特定群体	有许多不合格的应聘者
员工推荐	可通过现有员工提供对组织的认识,基于推荐者的认真推举可能产生高素质的候选人	可能不会增加员工的类别和结构

来源渠道	优点	缺点
公共就业机构	正常费用或免费	通常为非熟练或受过很少训练的候选人
私人就业机构	广泛接触,仔细甄别,通常给予短期的担保	花费大
学校分配	大量、集中的候选人	仅限于初入者级别的职位
临时性支援服务	仅满足临时的需要	成本高,通常限于常规或只需范围狭小的确定技能的工作

(二)人员选聘的方法

人员选聘常采用笔试、面试、心理测试和评价中心等方法对应聘者的知识、素质、能力等方面进行选拔,判断其是否胜任其工作岗位。

1.笔试

笔试是指通过纸笔测验的形式,对应聘者的基本知识、专业知识、管理知识、综合分析能力和文字表达能力进行衡量的一种方式。

根据内容的不同,笔试可以分为文化知识考试、专业知识考试和具体业务知识测试。通过笔试,考察专业知识结构是否合理,对应聘者的知识、结构、实践经验和工作熟练程度作出初步判断。

笔试法的优点是一次能够出几十道乃至上百道试题,考试题样较多,对知识、技能和能力的考核的深度和广度都较高,因此花时间少、效率高,应聘者的心理压力较小,较易发挥水平,成绩评定比较客观。缺点主要表现在不能全面地考察应聘者的工作态度、品德修养以及组织管理能力、口头表达能力和操作技能等。因此,笔试虽然有效,但还必须和其他测评方法结合使用。在企业选聘中,笔试成绩往往作为筛选依据,合格者才能继续参加面试或下一轮测试。

2.面试

面试是通过主考官与应聘者面对面的信息沟通,考察应聘者是否具备与职位相关的能力和个性品质的一种人员甄选技术。面试具有直观、深入、灵活、互动的特点,不仅可以评价出应聘者的学识水平,还能评价出应聘者的能力、才智及个性心理特征等。

面试的要领有以下几点:

(1)面试准备。主考官应当提前作好面试准备。特别是要审查应聘者的申请表和履历表,设计面试问题,在面试前主考官还要安排合适的面试地点。

(2)建立和谐气氛。在面试开始时首先营造一个轻松的气氛,极大地降低应聘者的紧张情绪。

(3)提问。面试的下一步是提问阶段。要提问那些需要应聘者更详尽地作出回答的问题。一定要问开放性的问题,并倾听应聘者的回答,鼓励他们充分表达自己的想法。

(4)结束面试。在面试结束之际,应留有时间回答应聘者的问题,然后以尽可能诚实礼貌的方式结束面试。如果认为应聘者可以被录用,就告诉他大概什么时间可以得到录用通知,对于不准备录用的应聘者,也告诉他如果录用,会发通知给他。

(5)回顾面试。应聘者离开后,主考官应当检查面试记录,回顾面试的场面。主考官应该根据应聘者现有的技能和兴趣来评价应聘者能够做什么,根据应聘者的兴趣和职业目标来评价申请人愿意做什么,并在申请人评价表上写出主考官的评价。

3.心理测验

心理测验是观察应聘者的有代表性的少数行为,依据一定的原则或通过数量分析,对贯穿于人的行为活动中的能力、个性、动机等心理特征进行分析推论的过程。在人员甄选中较常用的心理测试有能力测验、人格测验、职业兴趣测验等。

(1)能力测验。能力测验是直接影响活动效率,使活动、任务得以顺利进行的心理特征。我们通常所说的一个人解决问题速度快、任务完成得质量高、活动效果好等,都是指这个人的能力强。能力总是在具体活动中体现出来的。

(2)人格测验。人格测验是用来了解被测试者的情绪、性格、态度、工作动机、品德、价值观等方面。人格是一个人能否施展才能、有效完成工作的基础。一个人如果在人格方面缺陷,肯定会使其拥有的才能大打折扣。

(3)职业兴趣测验。一个人职业上的成功,不仅受到能力的制约,而且与其兴趣和爱好有密切关系,职业兴趣作为职业素质的一个方面,往往是一个人职业成功的重要条件。了解职业兴趣的主要途径就是采用职业兴趣测验量表或问卷来进行。

课堂讨论

请撰写一份本专业相关岗位的招聘简章,注明招聘岗位、招聘人数、岗位职责、招聘要求。

4.评价中心技术

评价中心不是一种方法,而是多种方法的集合,评价中心技术是在西方企业中流行的选拔和评估管理人员,尤其是中层管理人员中的一种人员素质测评体系。它是一种综合性的人员测评方法,但评价中心最主要的组成部分也是它最突出的特点,在于它使用了情景性测验方法对被测评者的特定行为进行观察和评价。这种方法通常是将被测试者置于一个模拟的工作情景中,采取多种评价技术,由多个评价者观察被评价者在这种模拟工作情景中的行为表现,用来识别被评价者未来的工作潜能。因此,这种方法有时也被称为情景模拟的方法。评价中心所采用的情景性测验包括多种形式,主要有公文筐测验、无领导小组讨论、角色扮演、管理游戏、演讲辩论、场景模拟、案例分析等。

案例链接

同学的差别

阿诺德和布鲁诺是大学生同学,两个同龄的年轻人同时受雇于一家店铺,并且拿同样的薪水。可是叫阿诺德的小伙子青云直上,而那个叫布鲁诺的仍在原地踏步。对此他很不满意老板的不公正待遇。终于有一天他到老板那儿发牢骚了。老板一边耐心地听着他的抱怨,一边在心里盘算着怎样向他解释清楚他和阿诺德之间的差别。

"布鲁诺先生,"老板开口说话了,"你到集市上去一下,看看今天早上有什么卖的。"

布鲁诺从集市上回来向老板汇报说,今早到现在集市上只有一个农民拉了一车土豆在卖。

"有多少?"老板问。

布鲁诺赶快戴上帽子又跑到集上,然后回来告诉老板一共有40袋土豆。

"价格是多少?"

布鲁诺又第三次跑到集市上问来了价钱。

"好吧,"老板对他说,"现在请你坐在这把椅子上一句话也不要说,看看别人怎么说。"

老板让人叫来阿诺德,也叫他到集市看看有什么卖的。

阿诺德很快就从集市上回来了,并汇报说到现在为止只有一个农民在卖土豆,一共是40袋,价格是多少;土豆质量很不错,他带回来一个让老板看看。这个农民一个钟头以后还会弄来几箱西红柿,据他看价格非常公道。昨天他们铺子的西红柿卖得很快,库存已经不多了。他想这么便宜的西红柿老板肯定会要进一些的,所以他不仅带回了一个西红柿样品,而且把那个农民也带来了,他现在正在外面等回话呢。

此时,老板转向布鲁诺,说:"现在你肯定知道为什么阿诺德的薪水比你高了吧?"

管理启示:

组织内的分工是因人而异的,成员的重要性由能力和贡献来决定。能力有区别,贡献有大小,好的组织能让恰当的人在恰当的位置发挥恰当的作用。

三、人员培训

人员培训是指组织为适应业务发展和人才培育的需要,对员工进行有计划、有针对性的培养和训练,使其适应新的要求,更能胜任现职工作或将来能担任更重要职务。

(一)培训方法

培训的方法多种多样,组织应根据培训的目标选择适用的有效方法。一般地,可分为在职培训和脱产培训。

在职培训是受训人员在实际的工作中进行培训,省时省钱,而且见效快。培训时不脱离岗位,不影响工作。但这种方法往往缺乏良好的组织,不太规范,容易影响培训效果。

脱产培训是在专门的培训场所进行培训。由于培训对象是脱产学习,没有工作压力,时间集中,精力集中,其知识技能水平提高迅速。而且,这种方法可以暂时缓解冗员问题,但这种方法成本较高,所培训的内容常常与实际工作相脱节。

为了克服这两种方法的缺点,集中在职培训和脱产培训两者的优点,可以采用半脱产培训,这是一种兼顾培训质量和费用的一种行之有效的方法。

同时,人员培训也可分为岗前教育、新员工培训、在职员工职业教育、组织全员培训四种类型。岗前教育体现了先培训后就业、先培训后上岗的就业思想。为保证组织新员工的质量,需在就业前就给以适当的教育、培训。也就是说,对于刚被组织引进来的新员工需要经过一段时间的培训,以让其了解组织基本情况,达到相应职位上的基本要求。在职员工的职业教育则是整个社会继续教育、终身教育的重要组成部分,这是组织提高其成员素质的基本途径。为了尽快提高组织的整体素质,有必要进行组织全员培训,即组织全体人员都必须参加的各种层次的培训。

四、人员考核

(一)人员考核概述

人员考核是指组织定期对员工在工作岗位上的行为表现和业绩进行考察、评估和测度的过程,大体分为正式和非正式两种。

人员考核的目的、对象、范围复杂多样,因此考核内容也颇为复杂。但其基本内容,主要包括德、能、勤、绩四个方面。

(二)人员考核方法

人员考核的方法有很多,但是没有适合一切目的的通用方法。因为不同的组织有不同的性质,人员也有不同的工作特点,那么也就有不同的考核要素特征。例如:不同年龄、不同管理层次、脑力劳动者和体力劳动者等都有着不同的考核要素特征。所以,就要设计一种方法,既符合考核目的,又适合每一组织的独特的特点。下面对一些常见的考核方法分别进行介绍。

1.关键事件法

关键事件法是以记录直接影响工作绩效优劣的关键性行为为基础的考核方法。所谓关键事件,是指员工在工作过程中对其所在部门或企业有重大影响的行为。这种影响包括积极影响和消极影响。使用关键事件法对员工进行考核时,要求管理者将员工日常工作中非同寻常的好行为和坏行为记录下来,然后在一定的时期内,主管人员与下属见一次面,根据所作的记录来讨论员工的工作绩效。

2.目标考核法

目标考核法是根据被考核人完成工作目标的情况来进行考核的一种绩效考核方式。在考核之前,考核人与被考核人应该对需要完成的工作内容、时间期限、考核的标准达成一致。目标管理考核在制定过程中,让员工参与其中,可增强员工对组织的认同感和工作积极性。员工就会更好地工作以实现理想的结果。在时间期限结束时,考核人就可根据被考核人的工作状况及原先制定的考核标准来进行考核。

3.排序法

排序法是依据某一考核维度,如工作质量、工作态度或依据员工的总体绩效,将被考核者从最好到最差依次进行排列。在实际操作中,可以进行简单排序,也可以进行交替排序。简单排序是依据某一标准由最好到最差依次对被考核者进行排序;交替排序则是先将最好的和最差的列出,再挑出次好的和次差的,以此类推,直至排完。

4.评定量表法

评定量表法是考核中最常用的一种方法。这种方法主要是借助事先设计的等级量表来对员工进行考核。使用评级量表进行绩效考核的具体做法是:根据考核的目的和需要设计等级量表,表中列出有关的绩效考核项目,并说明每一项目的具体含义,然后将每一考评项目分成若干等级并给出每一等级相应的分数,由考核者对员工每一考核项目的表现作出评价和记分,最后计算出总分,得出考核结果。根据岗位工作分析,将考核岗位的工作内容划分为相互独立的几个模块,在每个模块中用明确的语言描述完成该模块工作内容需要达到的工作标准。同时,将考核结果分为几个等级,如优、良、合格、不合格等,考核可根据被考核人的实际工作表现,对每个模块的完成情况进行评价,总成绩便为该员工的考核成绩。该方法由于简单易操作,所以使用最普遍。在图表为每项职责确定的等级中,考核人员只需在他认为适当的级别上打上标记。更详细的考核评价可以填写在每个被考核因素旁边的用于书写评价的空格内。评定量表法有其缺点,首先,这种方法将不同的特征或要素组合在一起,而考核人员能选择另一个方格来画钩。其次,是在这些等级表中,有时使用的说明性文字容易致使不同考核者产生不同的理解,像主动性、合作精神、出色、一般、较差这些考核文字出现时,容易导致五花八门的理解。由于这些考核表设计起来比较容易,在各种各样的考核分级方式中被广泛采用。评定量表法示例如表3-3所示。

表3-3　评级量表法示例

部　门		工　号			
入厂日期		主要工作			
项目	内容	评分	出勤记录		
绩效 (25%)	目标达成度				
	工作质量				
	工作方法				
	进度快慢				
	绩效成长率		评分		
能力 (25%)	领导力		奖惩记录		
	业务能力				
	应变能力				
	执行力				
	判断力		评分		
品德 (25%)	人际关系		主管人员的评语		
	协调性				
	守法性				
	是否受下属尊重				
	对公司态度				
学识 (25%)	基本常识		总经理评语		
	专业知识				
	进取心				
	发展潜力				
	一般知识				
合　计					

5.360°绩效反馈体系

360°绩效反馈是一种较为全面的绩效考核方法,它是指帮助一个企业的员工(主要是管理人员)从与自己发生工作关系的所有主体那里获得关于本人绩效信息反馈的过程。这些信息的来源包括上级监督者自上而下的反馈、下属自下而上的反馈、平级同事的反馈、被考核者本人的自我评价和企业外部的客户和供应商的反馈。360°绩效反馈体系模式如图3-7所示。

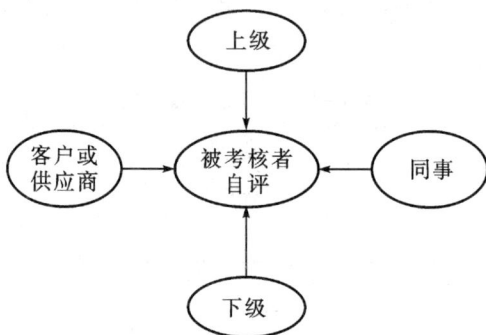

图 3-7　360°绩效反馈体系模式

学习评价

考核评价内容如表 3-4 所示。

表 3-4　人员配备考核评价表

内容		评价	
项目	评价内容	团队评价	教师评价
专业知识(30分)	人员配备的含义、任务		
	人员选聘的渠道		
	人员考核的方法		
专业能力(40分)	人员招聘、培训、考核的能力		
	人际沟通的能力		
综合素质(30分)	能够制定一般招聘和培训计划		
总计			
努力方向：		建议：	

任务三　组织文化与组织变革

一、组织文化概述

在现实世界中,文化遍布于我们的四周。当你去不同的国度、省、城市和村镇时,你都可能对当地绝无仅有的风俗习惯、生活方式、行为模式留下印象。同样,不同的组织有不同的文化。当你进入不同的组织,你就会感觉到组织所处的氛围,人们是如何说话行事;当你进入某个组织,你就会感觉到人们相互交往时具有某种约定俗成的行为规则,人们在工作时具有应用于某一工作群体的规范,这个组织具有某种占主导地位的价值观;等等。这种反映组织个性的东西,我们称之为组织文化。

随着组织文化概念的普及,各类组织越来越意识到其对经营管理的重要作用。诸如比尔·休利特和戴维·帕卡德创立的"惠普之道"、杰克·韦尔奇在通用电气进行的"文化革命"、戴尔公司以客户为中心的企业文化、沃尔玛的营销文化等。

(一)组织文化的含义

组织文化是在 20 世纪 70 年代末或 80 年代初从美国兴起的,经历了美、日比较管理、企业文化、组织文化三个阶段而发展推广开来的一种管理思潮。

组织文化可以从广义和狭义两个方面来理解。从广义上说,组织文化是组织中物质文化和精神文化的总和,包括了硬文化和软文化两类。就狭义来说,组织文化是指组织所创造的精神财富,它包括组织传统、价值观、组织精神、道德规范、行为准则等,其中价值观是组织文化的核心。本书采用的是狭义上的组织文化的含义。

组织文化是指组织全体成员共同接受的价值观念、行为准则、团队意识、思维方式、工作作风、心理预期和团体归属感等群体意识的总称。它是"我们在这儿办事的方式",很像一个人的个性。

(二)组织文化的结构

1.组织文化的物质层

组织文化的物质层是组织文化的表层部分,是形成行为层、制度层和精神层的条件,它能反映出组织的经营思想、经营管理哲学、工作作风和审美意识。它主要包括三个方面的内容:

(1)组织的整体产品。它具体指产品的样式、特色、外包装、售后服务等,是组织文化的具体反映。

(2)组织的环境与面貌。组织的自然环境、建筑风格、车间和办公室的设计及布置方式、工作区和生活区的绿化美化,组织污染的治理等都是组织文化的具体反映。

(3)组织的技术工艺设备特性。设备指组织的机器、工具、仪表、设施等,是组织的主要生产资料,它是组织得以正常运营的物质基础之一,也是形成组织经营个性的物质载体。组织的技术工艺设备的水平、结构和特性,会凝结和折射出一个组织文化的个性特色。

2.组织文化的行为层

组织文化的行为层是浅层的组织文化,又可称为组织行为文化,它是组织成员在生产经营、工作学习、宣传教育、人际关系、文体娱乐等活动中的行为所产生的文化现象。它主要包括组织领导和管理者的行为、组织模范人物的行为和组织成员的群体行为。

3.组织文化的制度层

组织文化的制度层也称组织的制度文化,是中层的组织文化,是指组织的规章制度、公约、纪律等制度形态的东西,它集中体现了组织文化其他层次对员工和组织行为的要求,规定了组织成员在共同的工作活动中所应当遵循的规范性、约束性的行为准则。它主要包括工作制度、责任制度、特殊制度和特殊风俗等。

4.组织文化的精神层

组织文化的精神层也称组织精神文化,是一种深层次的文化现象,主要是指组织的领导和员工共同信守的基本信念、价值标准、职业道德及精神风貌,它是组织文化的核心和灵魂,是组织文化核心。组织文化中是否具有精神层是衡量组织有无自己的组织文化的主要标志和标准。它主要包括组织经营哲学、组织精神、组织风气、组织目标和组织道德。

知识链接

海尔集团的文化体系

在风起云涌的企业文化建设中,海尔文化建设独树一帜,引领风骚。海尔文化具体表现和表述如下:

海尔精神:敬业报国,追求卓越。

海尔作风:迅速反应,马上行动。

海尔管理模式:日事日毕,日清日高。

海尔质量观:高标准,精细化,零缺陷。

海尔营销观:先卖信誉,后卖产品。

海尔服务观:用户永远是对的。

海尔技改观:先有市场,再建工厂。

海尔人才观:人人是人才,赛马不相马。

课堂讨论

请分组讨论《西游记》里唐僧所率领的取经队伍中各个成员所发挥的作用。

(三)组织文化的功能与塑造途径

1.组织文化的功能

(1)组织文化的凝聚作用。

组织文化是凝聚组织成员的感情纽带,它是组织全体员工共同创造的群体意识,能够把各方面层次、各层次的人都团结在本组织文化的周围,对组织产生一种凝聚力和向心力,从而使员工将个人的思想感情、利益与组织的荣辱安危结合在一起,对组织产生归属感和认同感,对组织的发展前途充满责任感和自信心。

(2)组织文化的激励作用。

良好的文化氛围能产生一种激励机制,使每个成员所作出的贡献都会及时得到其他员工及领导的赞赏和奖励,激励员工为实现自我价值和组织的发展不断进取。

(3)组织文化的约束作用。

组织文化的约束不是制度式的硬约束,而是弥漫于组织的软约束,使组织共同的价值体系、基本理念和行为规范在组织成员心理深层形成一种定势,进而产生一种响应机制,使成员协调和控制自己的行为意向,诱导人们认同和自觉遵守组织的行为规则。

(4)组织文化的导向作用。

组织文化能对组织整体和组织每个成员的价值取向及行为取向起引导作用,使之符合组织所确定的目标。组织文化统一组织全体成员的行动方向、深化大家对共同利益和目标的认识,将整个组织引向特别的领域或阶层,使整个组织朝向一个特定的方向发展。

(5)组织文化的辐射作用。

组织文化不仅会在组织内部发生作用,对组织的外部环境也会产生影响,通过各种渠道向社会发生辐射作用,从而提高本组织的知名度,使组织文化成为社会文化的一部分。

(6)组织文化的增值作用。

组织文化形成以后就成为该组织的无形资产,无形资产也会创造价值,优秀的组织文化可以调动员工的积极性和创造性,挖掘组织的潜能,树立良好的组织形象,得到社会的广泛支持,从而促进有形资产的增值。当有形资产受损时,作为无形资产的组织文化甚至可以补偿和替代有形资产,最大限度地减少组织的损失。

2. 组织文化的塑造途径

(1)分析、诊断。

首先应全面收集资料,对组织现存的文化进行系统分析,自我诊断。看看组织创建以来,已经形成了什么样的传统作风、行为模式和特点;现有文化中哪些是积极向上的,哪些是保守落后的;哪些是应该发扬的,哪些是应该摒弃的。

(2)条理化。

在分析诊断的基础上,进一步归纳总结,把组织最优秀的东西加以完善和条理化,用富于哲理的语言表达出来,形成制度、规范、口号、守则。

(3)自我设计。

在现有组织文化的基础上,根据本组织的特色,发动组织全体成员参与组织文化的设计。通过各种设计方案的归纳、比较、融合、提炼,集组织成员的信念、意识和行为准则于一身,融共同理想、组织目标、社会责任和职业道德于一体,设计出具有特色的组织文化。

(4)倡导、强化。

通过各种途径大力提倡新文化,使新观念家喻户晓,深入人心。在组织管理过程中,通过各种手段强化新的价值观念,使之约定俗成,得到广大成员的接受和认可。

(5)实践、提高。

用新的价值观指导实践,在活动中进一步把感性的东西上升为理性的东西,把实践的东西变成理论的东西,把少数人的看法变为全体员工的观念,不断提高组织文化的层次。

(6)适时发展。

在组织发展的不同阶段,组织文化应有不同的内容、不同的风格,应当根据形势的发展和需要,使组织文化在不断更新中再塑和优化。

案例链接

华为的组织文化

2012年,华为超过爱立信成为全球第一通信设备供应商。根据世界知识产权组织公布数据,2015年企业专利申请排名方面,华为以3898件连续第二年位居榜首。

2016年6月8日,《2016年BrandZ全球最具价值品牌百强榜》公布,华为排名上升20个位次,至第50位。是什么原因让一个1987年才成立的公司成为在全球知名品牌。

一、华为组织文化概述

1. 同甘共苦,荣辱与共

团结协作、集体奋斗是华为企业文化之魂。成功是集体努力的结果,失败是集体的责任,不将成绩归于个人,也不把失败视为个人的责任,一切都由集体来共担;"官兵"一律同甘苦,除了工作上的差异外,华为人的高层领导不设专车,吃饭、看病一样排队,付同样的费用。在工作和生活中上下平等,华为文化认为不平等的部分已用工资形式体现了。

2.双重利益驱动

华为人坚持为祖国昌盛、民族振兴、家庭幸福而努力奋斗的双重利益驱动原则。这是因为，没有为国家的个人奉献精神，就会变成自私自利的小人。随着现代高科技的发展，决定了必须造就集体奋斗不自私的人，才能结成一个团结的集体。同样，没有促成自己体面生活的物质欲望，没有以劳动来实现欲望的理想，就会因循守旧，固步自封，进而滋生懒惰。因此，华为提倡欲望驱动，以积极正派手段使群体形成蓬勃向上、励精图治的风尚。

二、华为"狼性文化"

华为像狼一样思考，像狼一样行动，狼性已经渗入华为管理的各个环节。华为的"狼性文化"可以用这样的几个关键词来概括：学习，创新，获益，团结。用狼性文化来说，学习和创新代表敏锐的嗅觉，获益代表进攻精神，而团结就代表群体奋斗精神。狼能够在比自己凶猛强壮的动物面前获得最终的胜利，原因只有一个：团结。即使再强大的动物恐怕也很难招架得了一群早已将生死置之度外的狼群的攻击。所以说，华为团队精神的核心就是互助。

华为的"狼性文化"并不是抽象的，也不是仅仅停留在语言上的口号，而是通过一系列的制度和机制将其落到实处，从而使得狼性文化能够深入人心，获得认同。以企业的核心竞争力——人才的管理为例，华为的制度保障了狼性文化的实施。从专业高效的人才选拔机制、到多渠道的魔鬼培训渠道、再到完善严格的制度化考核及物质激励和精神激励的有效实施，华为打造了自己的营销铁军，并为中国本土高瞻远瞩企业树立了一个可以学习和借鉴的典范。

三、国际化进程中的华为文化

华为是中国为数不多的"走出去"而且发展得不错的企业，其中一个重要的原因就是华为的企业文化促进了它的转型。最终通过文化的引领，华为建立起了以客户为中心、以奋斗者为本、坚持艰苦奋斗的核心价值观。

管理启示：

华为取得上述成就与其文化是分不开的。华为人深知文化资源生生不息，在企业物质资源十分有限的情况下，只有靠文化资源，靠精神和文化的力量，才能战胜困难，获得发展。

二、组织变革概述

组织变革是指各类组织对于管理理念、工作方式、组织结构、人员配备、组织文化等多方面进行不断调整、改进和革新的过程。当今，由于组织面对的是一个动态的、变化不定的大环境，为了组织的生存和发展，为了适应环境的变化，为了更有效地利用资源，最大限度地实现组织目标，组织必须不断地进行变革。

(一)组织变革的动因

推动组织进行变革的因素可以分为外部环境因素和内部环境因素。

1.外部环境

如果以系统的观点看，任何组织都是一个开放系统，它通过与其所在的环境不断地进行物质、能量、信息的交换而生存与发展。因此，组织外部环境的发展变化是组织变革的重要动因。

(1)宏观社会经济环境的变化，如政府法律和条例的修改。

(2)科技进步的影响。

(3)资源变化的影响。

(4)竞争观念的改变。

2.内部环境

(1)组织战略的重新制定或修订。

(2)组织中人员的年龄、教育程度、性别、思想、行为等的变化。

(3)组织运行和成长中的矛盾,如机构的庞大臃肿、运行机制僵化、腐败频出等问题。

(二)组织变革的过程

1.诊断组织状态

在管理实践中,组织变革的第一个步骤是,根据组织的表现和运行现状,准确地确定出组织所处的生命周期阶段,依据组织的生命周期理论和现实情况,认真寻找组织在运行和发展过程中存在的问题。将这些问题按其属性进行分类,按其重要性和急迫性进行排序,从中挑选出若干相对重要、对组织全局影响较大的问题,逐个认真分析、研究,找出产生这些问题的根源和解决这些问题需要改变的因素,并初步确定出组织变革的具体目标。

2.选择变革重点

在对组织状态作出诊断后,接着就是根据确定出的组织变革目标,结合本组织的实际情况,确定变革的突破口和重点。

3.分析限制因素

为了使组织变革获得成功,还应该认真分析变革的限制因素,即组织变革有哪些制约环节、需要具备什么条件。

(1)上级主管部门是否支持、组织内部是否具备变革的基础条件是两个必须考虑的限制因素。因为变革将会打破被变革组织的结构体系,实际上它是资源和利益的重新分配与组合,变革动作大、影响面宽,在变革的过程中会出现许多预想不到的问题和负面影响,风险性很大。如果没有上级主管部门的支持和认可是很难成功的。另外,群众的支持也是必需的。

(2)要分析组织是否能够承受变革的成本和代价,是否能够承受变革所需要的成本、变革引起的暂时不稳定而出现的损失等。

(3)要分析、选择组织实施变革的时机。

4.制订变革方案

在组织变革过程中,在进行了以上步骤之后,重要的工作就是制订组织变革方案。该方案应包括变革的目标、组织存在的严重问题和根源、变革的方式、变革的步骤和完成这些步骤的详细时间表等内容。

5.全面实施变革

组织变革最后一个步骤就是实施组织变革方案。依据变革方案,从变革的突破口开始,逐步进入组织的变革实施过程。

6.评价变革效果,及时进行反馈

由于环境变化的复杂性,再周密的改革方案都不能保证完全取得理想的效果。因此,在改革方案实施结束之后,必须对改革的结果进行总结,并及时反馈给组织和相关的改革推动者。

(三)组织变革的发展趋势

1.扁平化,使组织"扁平"

组织结构的扁平化是指组织通过精简管理层次、再造工作流程、增加授权、扩大管理跨度等措施减少组织层次的过程。其目的是提高组织的运作效率,增加组织的灵活性与适应性。

2.精简机构,使组织变"瘦"

伴随着同层次机构部门的精简,另一个行动是裁员。减少每个层次的管理人员,缩减各级各线多余人员,其直接效果是充分利用人力资源,节省人力成本,为组织消肿,使组织轻便、精干和效能。

3.团队建设,使组织变"灵"

团队建设是20世纪90年代流行的组织建设的工作手段和建设内容。团队建设的核心在于培养团队精神,强化整体利益,提供成员平等参与的机会,突出相互合作。团队使组织的灵活性大大增强,对外界环境的反应能力和应变能力大大提高。

4.在组织内部引入竞争机制,使组织"单位变小"

借鉴小组织灵活性和适应性强的特点,下放权力,扩大下级和基层的相对独立性,以亚组织的形式设计,使组织内部形成一个个富有顽强生存能力的精干组织单位,如学校分校、医院分院、工厂分厂、公司分公司等。

5.建立学习型组织,使组织"青春永驻"

在组织变化趋势方面,目前最具代表性的是学习型组织。学习型组织是指营造整个组织的学习气氛而建立起来的一种符合人性的、有机的、扁平化的组织。这种组织的主要特点是,通过组织成员持续的学习,来获取新知识、新技能,以促使组织的可持续发展。

学习型组织概念的产生有其深刻的社会原因。进入20世纪70年代,世界范围内的竞争日益激烈,可谓优胜劣汰、适者生存,组织要想长期生存必须具有可持续发展的能力。这种能力产生其最有效的方法就是加强新知识的获取,培养组织员工的创新能力。

知识链接

第五项修炼

彼得·圣吉在《第五项修炼》中提出学习型组织概念的同时,也对这种组织的特征给出了详细的描述。

学习型组织的建立需要进行所谓的五项内功要求,即自我超越、改进心智模式、规划共同的远景蓝图、团体学习、系统思考。

1.自我超越

自我超越是指充分挖掘自身的潜能,努力获取新知识和新技能,为了追求目标和理想,全身心地投入工作,逾越心理障碍,积极进取,不断创新,最大限度地自我实现的过程。组织中的每一个成员都必须进行自我超越的磨炼,要树立远大的个人理想和宏伟的目标,以极大的热情和自觉的意愿终身学习、终身奋进。

2.改进心智模式

心智模式是指在人的成长过程中,伴随着与周围世界的接触而在内心形成的处事模式。

它由许多理事待物的假设、成见、标准、经验交织所构成。改进心智模式就是组织成员打破既成的思维模式、解放思想、进行创造性思维的过程。组织的每一个成员要努力培养跳跃式的思维方式,并不断总结成功的经验;要全面反思自己对所经历的事情及其处理方式的内心假设,努力找出其中不合理的地方;更多地参与多人之间的面对面的询问与辩论,在互动过程中调整自身的思维与行动;经常对比自己认为正确的理论和实际使用的理论的差距,感悟内心模式与现实的不同并加以改进,逐渐培养起创造性的思维模式。

3.规划共同的远景蓝图

规划共同的远景蓝图是组织成员树立共同远大理想和宏伟目标的过程。这样做的目的就是将全体成员团结在一起,增加凝聚力和号召力,使大家从中得到鼓舞。具体地讲,在鼓励个人勾画远景、设计未来的同时,积极地塑造整体形象,培养组织成员的集体观念、责任感和荣誉感,逐渐使大家形成一个人人都向往的、经过努力可实现的、具有号召性和凝聚力的远景蓝图,并将这种远景蓝图融入组织的理念之中。

4.团体学习

团体学习是培养团体成员互相配合、整体搭配、共同实现目标能力的过程。团体学习可以互相交流思想和技术,激励大家的学习热情,做到取长补短、互相启发、共同创新,以获得高于个人智慧的团体智力和力量,并在相互学习过程中互相理解、增进情感、达成默契。

5.系统思考

系统思考是五项内功要求的核心,它可以使组织成员以系统的观点看待组织的生存和发展,并将每一个成员的智慧和行动融为一体。这种思考可以引导成员从看事件的局部到纵观整体,从看事件的表面到洞察其变化背后的深层结构,从孤立地分析各种因素到认识各种因素之间的互动关系和动态平衡关系。

综上所述,以上五个方面是一个有机的整体,缺一不可。在管理的过程中,要坚持不懈,始终如一地努力整体推进这五个方面。只有这样,才能逐渐形成学习型组织。

学习评价

考核评价内容如表3-5所示。

表3-5 组织文化与组织变革考核评价表

内容		评价	
项目	评价内容	团队评价	教师评价
专业知识(30分)	组织文化的含义、结构		
	组织变革的发展趋势		
	人员考核的方法		
专业能力(40分)	组织文化建设		
	组织变革方法		

内容		评价
综合素质(30分)	能够对组织文化和组织建设提出建设性意见和建议	
总计		
努力方向:		建议:

知识巩固

1. 组织设计的基本内容是什么?

2. 简述常见组织结构的类型,并分析其优缺点。

3. 影响管理幅度设计的主要因素有哪些?

4. 人员培训的方法有哪些?

5. 组织文化有的塑造有哪些途径?

案例分析

浪涛公司

浪涛公司是一家成立于1990年的生产经营日用清洁用品的公司,由于其新颖的产品、别具一格的销售方式和优质的服务,其产品备受消费者的青睐。公司在总裁的带领下发展迅速。然而,随着公司的发展,公司总裁逐步发现,一向运行良好的组织结构,现在已经不能适应该公司内外环境变化的需要。

公司原先是根据职能来设计组织结构的,财务、营销、生产、人事、采购、研究与开发等构成了公司的各个职能部门。随着公司的壮大发展,产品已从洗发水扩展到护发素、沐浴露、乳液、防晒霜、护手霜、洗手液等诸多日化用品。产品的多样性对公司的组织结构提出了新的要求。旧的组织结构严重阻碍了公司的发展,职能部门之间矛盾重重,在这种情况下,总裁总是亲自作出主要决策。因此,在2000年总裁作出决定,即根据产品种类将公司分成8个独立经营的分公司,每一个分公司对各自经营的产品负有全部责任,在盈利的前提下,分公司的具体运作自行决定,总公司不再干涉。但是重组后的公司,没过多久,公司内又涌现出许多新的问题。各分公司经理常常不顾总公司的方针、政策,各自为政;而且分公司在采购、人事等职能方面也出现了大量重复。在总裁面前逐步显示出,公司正在瓦解成一些独立部门。在此情况下,总裁意识到自己在分权的道路上走得太远了。

于是,总裁又下令收回分公司经理的一些职权,强调以后总裁拥有下列决策权:超过10万元的资本支出;新产品的研发;发展战略的制定;关键人员的任命等。然而,职权被收回后,分公司经理纷纷抱怨公司的方针摇摆不定,甚至有人提出辞职。总裁意识到了这一举措大大地挫伤了分公司经理的积极性和工作热情,但他感到十分无奈,因为他实在想不出更好的办法。

思考与讨论:

1. 浪涛公司组织结构调整前后的组织结构类型分别是什么?

2. 你认为本案例最能说明的管理原则是什么?

3. 如果你是总裁助理,请就如何处理好集权与分权的关系向总裁提出你的建议。

实训课业

实训项目:调研企业组织结构

1.实训目标

通过对一个企业的访问,了解企业组织结构的模式及设计该组织结构的依据。

2.实训内容

(1)分组寻找不同组织结构的代表企业。

(2)分别访问代表企业,考察该代表企业的组织结构。

(3)分析代表企业的组织结构,分析内容包括设计组织结构的依据、该组织结构的优缺点、组织部门的划分等。

3.实训要求

团队成员间做好分工协作,画出所访问企业的组织结构图,并为某一职务写一份说明书,撰写访问报告或小结。

4.实训评价

每个小组形成一份实训报告并进行汇报交流,通过互评、自评、教师评价综合评定成绩。

学习情境四
领导与激励

知识目标

1. 了解领导的定义、作用以及领导影响力的分类；
2. 理解领导与激励的概述；
3. 掌握领导与激励的理论；
4. 熟知领导的艺术和激励的方法。

能力目标

1. 能够应用领导的方式和理论的知识解决问题；
2. 培养根据实际生活如何做个善于沟通的领导者的能力；
3. 能够应用掌握激励的理论和使用激励的方法。

案例引读

油漆厂工人为什么闹事

钱兵是某名牌大学企业管理专业毕业的大学生，分配到宜昌某集团公司人力资源部。前不久，因总公司下属的某油漆厂出现工人集体闹事问题，钱兵被总公司委派下去调查了解情况，并协助油漆厂高厂长理顺管理工作。

到油漆厂上班的第一周，钱兵就深入"民间"，体察"民情"，了解"民怨"。一周后，他不仅清楚地了解到油漆厂的生产流程，同时也发现工厂的生产效率极其低下，工人们怨声载道，他们认为工作场所又脏又吵，条件极其恶劣，冬天的车间内气温只有零下8度，比外面还冷，而夏天最高气温可达40多度。而且他们的报酬也少得可怜。工人们曾不止一次地向厂领导提过，要改善工作条件，提高工资待遇，但厂里一直未引起重视。

钱兵还了解了工人的年龄、学历等情况，工厂以男性职工为主，约占92%。年龄在25～35岁的占50%，25岁以下的占36%，35岁以上的占14%。工人们的文化程度普遍较低，初高中毕业的占32%，中专及其以上的仅占2%，其余的全是小学毕业。钱兵在调查中还发现，工人的流动率非常高，50%的工人仅在厂里工作1年或更短的时间，能工作5年以上的不到20%，这对生产效率的提高和产品的质量非常不利。

于是，钱兵决定将连日来的调查结果与高厂长进行沟通。他提出了自己的一些看法："高厂长，经过调查，我发现工人的某些起码的需要没有得到满足，我们厂要想把生产效率搞上去，要想提高产品的质量，首先得想办法解决工人们提出的一些最基本的要求。"可是高厂长却不这么认为，他恨铁不成钢地说："他们有什么需要？他们关心的就是能拿多少工资，得多少奖金，除此之外，他们什么也不关心，更别说想办法去提高自我。你也看到了，他们很懒，逃避责任，不好好合作，工作是好是坏他们一点也不在乎。"但钱兵不认同高厂长对工人的这种评价，他认为工人们不像高厂长所说的这样。为进一步弄清情况,钱兵采取发放问题调查问卷的方式,确定工人们到底有什么样的需要,并找到哪些需要还未得到满足。他也希望通过调查结果来说服厂长,重新找到提高士气的因素。于是他设计了包括 15 个因素在内的问卷,当然每个因素都与工人的工作有关,包括报酬、员工之间的关系、上下级之间的关系、工作环境条件、工作的安全性、工厂制度、监督体系、工作的挑战性、工作的成就感、个人发展的空间、工作得到认可情况、升职机会等。调查结果表明,工人并不认为他们懒惰,也不在乎做额外的工作,他们希望工作能丰富多样化一点,能让他们多动动脑筋,能有较合理的报酬。他们还希望工作多一点挑战性,能有机会发挥自身的潜能。此外,他们还表达了希望多一点与其他人交流感情的机会,他们希望能在友好的氛围中工作,也希望领导经常告诉他们怎样才能把工作做得更好。基于此,钱兵认为,导致油漆厂生产效率低下和工人有不满情绪的主要原因是报酬太低,工作环境不到位,人与人之间关系的冷淡。

我们从上面的案例可以看出对组织中人的不同看法,将直接影响到管理者的管理行为。

思考:

1. 根据上面的案例思考一下高厂长对工人的看法属于什么理论?

2. 请根据钱兵的问卷调查结果,请你为该油漆厂出点主意,来满足工人们的一些需求?

任务一　领导理论与领导艺术

一、领导概述

(一)领导的定义

俗话说"擒贼先擒王",这里的"王"就是我们通常所讲的管理者。随着现在企业的发展,领导在现代企业管理中发挥的作用越来越大,并且作为企业家和原来的劳动力、资本、土地一起称为现在企业的四大生产要素。可见,领导的才能越来越被大家所重视。那么什么叫领导?怎样才叫一个好的领导者? 领导者应该具备哪些条件? 它和我们所讲的管理者有什么区别呢? 这些问题都是我们本章所要研究的内容,下面我们先从领导的定义讲起。

关于领导的定义,管理学者们的定义比较多。我们列举以下几种较为典型的概念:

• "领导是解决问题的初始行为。"

• "领导是对组织内群体或个人施加影响的活动过程。"

• "领导是影响人们为达成群体目标而努力的一种行为。"

• "领导是一种说服他人热心于一定目标的能力。"

• "领导是在机械地服从组织的常规指令以外所增加的影响力。"

• "领导是一种影响过程,即领导者和被领导者个人作用与特定环境的相互作用的动态过程。"

• "领导是一种动态过程,该过程是领导者个人品质、追随者个人品质和某种特定环境的函数。"

那么领导是什么呢? 我们认为,所谓领导就是指挥、引导、协调和鼓励个体、群体或组织,为实现所期望的目标而努力的活动过程。

对于这个定义,我们从以下三方面来理解。

1.领导者必须有下属

这里的下属也就是我们通常所说的被领导者。没有下属的领导不能叫领导,领导者的作用和才能只有通过对被领导者的指挥、引导和鼓励表现出来。

2.领导者具有影响力

领导者的影响力或各方面能力包括由组织赋予领导者的职位和权力,也包括领导者个人自身所具有的影响力和个人魅力。

3.领导者的目的是通过带领下属达到企业目标

领导者指导、指挥和鼓励自己的下属完成任务,从而完成组织的既定目标。

刚刚我们讲了领导的定义,现在我们把这个定义延伸一下,看看领导者是什么意思。领导者和领导的意思是不同的,领导者是组织中的一个角色或职务,是在领导过程中承担指引或发挥影响作用的个体。在领导者、被领导者和环境三个要素中,领导者占核心地位。在一个企业中,领导者是企业的法人代表,也是职工利益的代表者和维护者。

知识链接

管理学小知识:当代对领导方式研究的新成果

1.领袖魅力型领导

这是传统特性理论的新发展,也是对领导者进行素质研究的新成果。魅力是一种基于特殊的尊敬、钦佩和信任,对其追随者心理与情感所产生的具有强烈震撼作用的吸引、感召与影响的力量。由于领导者具有魅力而成为组织中的偶像化英雄,成为组织中的核心,从而能激励组织人员,营造团体气氛,提高工作绩效,更有效地实现组织目标。这是一种靠领导者个人魅力来团结带领组织成员去实现目标的方式。这种领导方式在一些东方国家更多地取得了成功。

魅力型领导者的素质或其取得成功的途径主要有以下方面:

(1)富有魅力的领导者必须有很高的、全面的自身素质,并异常自信,具有成为组织成员领袖的品格。

(2)富有魅力的领导者必须有战略头脑,为组织提出富有诱惑力的美好憧憬,成为凝聚组织成员团结奋斗、追求美好未来的精神支柱。

(3)富有魅力的领导者必须有高超的语言表达技巧,属于鼓励和唤醒组织成员的激情与冒险意识,以形成强大的追求憧憬实现的整体力量。

2.变革型领导

这是一种敢于突破传统、坚持创新、善于鼓动的领导方式。变革型领导与传统的交易型领导相对应。交易型领导方式把管理看成一种商业交易,领导者用奖励等手段同员工所提供的服务及其绩效交换,并相应采取传统方法,按部就班地进行管理。而变革型领导,则勇于创新,善于制造兴奋点,鼓舞人们致力于群体或组织的利益。

变革型领导主要体现在以下方面:

(1)变革型领导应富有领袖魅力。

(2)他们对追随者给以个性化关注。每个下属都是各不相同的,要把挑战型工作托付给值得托付的人,增加每个人的责任感,保持良好的沟通,为下属提供一对一的辅导。

（3）变革型的领导应有效激发下属的智力，引发设想，创造洞察力，鼓励下属提出高质量的解决方案，并交由下属独立完成。

（4）为组织提供具有诱惑力的远景，并有效地传达给组织的成员，增强其追随者的信任感，实现整体的团结奋斗。

（5）他们拥有一个积极的自我认识，勇于谋求成功，追求卓越，而不是仅仅避免失误。

3. 后英雄时代领导

后英雄时代领导是指通过不断拓展组织成员的能力，树立群体成员的英雄意识，使有效领导渗透于整个组织的一种领导方式。在传统的观念中，领导者是在危难时刻挺身而出的英雄。而在现代社会，科技飞速发展、市场急剧变化、竞争日趋激烈，任何社会组织，单靠个别杰出的英雄、明星是无法转危为安、长久发展的。因此，必须使有效的领导渗透于整个组织中，形成群体英雄的组织。

后英雄时代领导主要体现在以下方面：

（1）领导者的工作变成了组织各处扩展的领导能力，让组织成员对自己的行为负责，每个人都像企业家一样，能够代表企业采取行动。

（2）领导者要鼓励和创造持续的学习，要引导与发展每个人的能力，在竞争与挑战中，不断提高每个人的素质。

（3）要能描绘出伟大业绩的蓝图，要激励每个人，鼓舞士气，要创造一个人都能发现需要做什么并做好的激励性环境。

（4）要培育团队精神，树立英雄意识，对其成员给予充分信任，从他们中树立英雄。

在学习中，大家通常爱把管理者和领导者理解成相同的意思。认为领导者就是管理者。其实，这种认识是错误的。管理学中所讲的领导者和管理者是不同的，他们的区别主要体现在以下三个方面：

（1）领导者的范围比管理者的范围要广泛一些。管理者的影响力只仅仅来自于组织赋予管理者的职位和权力；但是领导者的影响力不但来自组织赋予领导者的职位和权力，还来自其自身的影响力和个人魅力。

（2）管理者是组织任命的，而领导者可以是组织任命的也可以是自发的。管理者是组织任命的，管理者的职务和权力也是组织任命的；但是领导者可以是组织任命的也可以是自由自发的。非正式性组织中最具有影响力的人就是个典型的例子，组织没有赋予他们任何职位和权力，他们也没有义务去负责组织的内部工作，但是他们却能够引导、激励和命令自己的成员。

（3）管理者必须履行一定的财务职能，但是领导者不一定。由于领导者可以是组织任命的也可以是自发产生的，所以领导者不一定履行一定的财务职能。

（二）领导的作用

领导者在群体中具有重要的作用。领导者的好坏直接影响着工作完成的状况，有效的领导者在群体中具有影响力和号召力，被领导者服从领导者的安排和指挥，来顺利完成既定目标。领导者在群体中主要发挥着以下三大作用。

1. 指挥、引导的作用

作为领导者首先要具有一定的影响力和号召力，群体中的人员自愿服从领导者的安排和指挥。同时，领导者要纵观全局、眼光长远，能从全局上运筹帷幄，领导大家看清目前的情况和形式,并且正确地分析形式和优劣状况,团结群众。在认清状况的前提下,对群体的行为进行指挥和指导,正确引导大家为实现企业目标而努力。

2.协调的作用

组织是由各个不同的成员组成的,群体也是由个性不同的个体组成的,每个个体在性格、作风、工作态度、个人才能等方面都不相同,那么作为领导者要发挥协调的作用,当人们思想或行为上发生分歧或矛盾的时候,领导者要正确、及时地协调矛盾,使大家团结一心,共同为实现组织目标而努力。

3.激励作用

群体或组织中的成员大多数都有积极的工作态度和意愿,但是在长期的劳动工作中,激情的退却,热情的消退在所难免。而且一定的外界环境,个人情绪等多方面因素也会对大家的工作热情产生一定影响,那么,在这样的情况下,领导者就要积极地关心群众,激发和鼓励大家的工作斗志,发掘和充实大家的工作动力,极大限度地调动大家的工作积极性,让大家在饱满的工作状况下完成工作,从而高效地完成组织目标。

(三)领导的影响力

1.领导影响力的分类

一个企业的成功离不开优秀的领导者,一个领导者要想发挥领导的功能及作用,关键在于领导的影响力。影响力是一个人在与他人交往的过程中,影响与改变他人心理和行为的能力。领导者的影响力有着举足轻重的作用。优秀的领导者通过发挥其影响力来团结组织内部员工,为更快更好地实现组织目标提供帮助。从影响性质角度来看,可将其分为强制性影响力和自然性影响力。

(1)强制性影响力。

强制性影响力也叫作权力影响力。这种影响力是社会和组织赋予个人的地位、职位、权力等构成的。只有领导者才具有这种影响力,他的特点是影响力具有强迫性、不可抗拒性,并以外部压力的形式表现出来,被影响者表现为服从、被动,这种影响力的激励作用是有限的。构成强制性影响力的要素有以下方面:

①职位因素。职位因素是领导职务本身给予的,一旦正式担任了领导,就会自然地获得这种领导者的力量,领导者在企业中担任的职务与地位不同,其产生的影响也不同。领导者的职位越高、权力越大,产生的影响力就越大,别人对他的敬畏感也就越强,从而领导者的言行便具有影响力。传统因素使人产生服从感,包括领导者对上级的服从感及领导者要求下属对自己的服从感。

职位因素造成的影响力与领导者本身的素质没有关系,他是社会组织赋予领导者的力量。

②资历因素。领导者的资格与经历也是造就影响力的重要因素。在领导者实现其领导行为之前,资历的影响力就存在着。资历反映一个人的过去生活的阅历与经历,一位资历较深的领导者会使被领导者产生敬重感。

以上影响力都不是领导者实际行为造就的,而是外界赋予的,他们的核心是职位赋予该领导者的权力。

(2)自然性影响力。

自然性影响力也叫作非权力影响力。这种影响力没有正式规范,没有上级的授予形式,是自然产生的影响力,通过领导者的个人魅力展现出来,优秀的领导者由于良好的素质,过硬的专业知识技能使被领导者产生顺从和依赖。

①品格、素质因素。品格、素质因素指反映在领导者一切言行之中的道德、品行、人格、作风等。优秀的品格会给被领导者带来巨大的影响力,也可以使别人产生敬重感。它是一个人本质的表现。反之,无论职位多高,能力知识多优秀,领导者倘若品格出现问题,那他就在组织中不具有任何影响力。

②能力、知识因素。领导者的才干、能力能给企业带来成功的希望,能使人们产生敬佩感。领导者有与职位相称的能力,对正确决策、提高工作效率、顺利完成目标有着重要的作用。这里的能力不单反映领导者能否胜任自己的工作,而且反映工作的结果是否成功,它是通过实践来表现的。

同样,知识是一种最宝贵的财富,知识本身就是一种力量。具有广博知识的领导者容易取得人们的信任,使领导者产生影响力,使人们产生信赖感。知识水平的高低主要表现在对自身和客观世界的认识上。现代企业中要求领导者树立在行政工作及生产指挥中的真正权威,为此领导者必须提高其业务知识能力,勤于学习,善于学习。领导者的知识面要广,除了专业知识外,其他各种各样的知识也是要学习和掌握的。

③感情因素。感情是人们对客观事物或人的反应。领导者在实现领导行为的过程中,会同下属产生一定的感情关系,或亲密,或疏远等。领导者与下属建立了好的感情关系,下属就会产生亲切感,相互之间的影响力也就大了。感情因素在非权力影响力中起的作用是很大的,领导者要使决策变为职工的自觉行动,如果没有感情影响力,仍然不能最大限度地发挥领导者的作用。因此,领导者要十分注意与被领导者的感情关系。

上述影响力都是由领导者自身的素质与行为造就的,它与权力无直接关系,这种影响力对别人产生的心理影响是自然的,较强制性的影响力会更有力量。

一个领导者,其影响力的大小对其实施领导职能,做好管理工作有着十分重要的影响。特别是非权力影响力,直接决定着领导效能。因为,即使一个领导者拥有了职位和权力,形成了强制性影响力,下级不得不服从领导者的命令,但如果这个领导者缺乏必要的非权力影响力,人们不敬重他,不信任他,执行他的命令必然是勉强的,消极的,有时甚至可能是做对的。这种领导者就成了人们过去所说的那种"有权无威"的领导者。

领导者能否建立起真正的权威,有效地进行领导,主要不在于其权力影响力,而决定于非权力影响力。领导者的职务和权力可以通过法定方式取得,但威望、威信却只能靠自己的努力建立起来。当一个领导者有了很高的非权力影响力,树立了很高的威望,下级对他真正心悦诚服,他的权力才能真正发挥作用,这也就是人们所说的,权力为下级所接受了。其管理效率也就必然是高的了。

2.如何提高领导的影响力

对一个领导者来说,提高自己的影响力应从如下几个方面着手。

(1)合理、合法地运用组织赋予的权力。

权力是领导的象征,拥有了权力,就拥有了一定的影响力。但一个领导者如果不是为组织的利益使用权力,而是以权谋私,滥用权力,其非权力影响必然建立不起来,并且其权力影响力也会大打折扣。要想建立权力影响力,必须合理、合法地运用组织赋予的权力。为此要做到:①大公无私,自觉地为人民服务,为人民谋利益;②奖罚分明,一视同仁,人人平等,不能拉帮结派,打击异己。

(2)注重修养,以身作则。

在领导者的非权力影响力形成的过程中,品格是第一位的因素。一个领导者只有具备了优秀的品格才能为下属所敬仰,为下级所尊敬。这就要求领导者必须严格要求自己,时时处处带头示范,以身作则。

(3)努力学习,丰富知识,提高能力。

在现代社会中,领导者必须具备丰富的知识和高超的能力,否则就完不成管理任务。从领导非权力影响力的形成来看,好的领导者必须具备丰富的知识和卓越的能力,这样才能为下级所佩服和信赖,才会相信其指挥的正确性,自觉地服从其领导。所以,领导者必须努力学习,不断地汲取新知识,增长才干,提高能力,不断地提高处理各种业务的能力。团结组织内成员,又快又好地完成组织任务、目标。

(4)密切联系群众,与群众打成一片。

一个人权力再大,能力再强,如果高高在上,脱离群众,也会成为孤家寡人,得不到群众的支持和拥戴,这样就难以带领群众一起奋斗,难以形成强大的非权力影响力,难以提高影响力。因此,领导者必须重视联系群众,主动地与群众、与下级交流感情,和他们打成一片。只有这样,人们才会诚心诚意地拥护并支持你,上下齐心地实现组织的目标。

(四)领导的艺术

1.如何选择领导者

(1)组织的性质。

不同的组织具有不同的功能,所承担的任务也不相同。比如,学校的目的是培养出合格的学生;军队的任务是保卫国家;政府机关的任务是对社会经济活动进行管理;企业的目的是获得经营利润。组织目的的差别也决定了组织机构和行为模式、管理方式的差别。因此,所要求的领导体制也就不可能完全相同,我们要根据该组织的目的选择合适的领导者,完成组织的既定目标。

(2)组织的规模。

组织的规模又称为组织的大小。规模是决定管理复杂性和幅度的基本因素。规模越大,领导者所面临的问题就越复杂,所要掌握、分析的信息量就越大。在这种情况下,大多数的个人能力和知识是难以胜任的,如大型或特大型企业职工就有几十万人,分支机构数十个甚至上百个,如果没有选择合适的领导者,就常常会使决策考虑不周,或因领导人精力限制,心有余而力不足出现失误。当组织规模较小时,组织内部员工数量相对较小,领导不同状况的企业对领导干部的素质和能力的要求也不同。

(3)领导干部的素质和能力。

领导是个名词也是个动词,在这里领导是一种管理活动,是由管理者来完成的。不同的企业状况对领导干部的素质和能力的要求不同。大规模的企业最高行政领导人能力和素质的要求最高,它要求最高行政负责人具有全面的知识、充沛的精力、丰富的经验和超人的能力。这是常人很难满足的条件。而规模较小的企业,对领导者的要求相对来说要低一些。因此,作为一个优秀的领导者要不断提高自己的素质和能力,适应不同规模的企业在不同时期的发展变化。

2.如何才能做个好的领导者

如何才能成为一个好的领导者呢？这是我们一直探究的问题。很多人认为：好的领导者离不开优良的个人品德和品质，以及一定的个人专业知识和能力。其中，领导者的品质可以是天生的，也可以是后天通过培训、学习慢慢培养出来的；领导者的专业知识和技能是通过后天不断地学习、培训和实践逐步培养和锻炼出来的。

那么，究竟哪些品质是一个好的领导者必须具有的呢？

斯拖格第认为：与领导有关的品质包括五种身体特征（如精力、外貌、身高等）、四种智能特征、十六种个性功能特征（如适应性、进取性、决断力等）、六种与工作有关的特征（职业成就、创造性等）、九种社会特征（如合作性、人际关系等）。

吉沙利提出了自己的品质理论，并就每个品质测算出了相对的重要性，如表4-1所示。

表4-1 吉沙利的品质理论

品质	重要性比重
监督能力	100
职业成就	76
智力	64
自立	63
自信	62
决断力	61
冒险	54
人际关系	47
创造性	34
不慕财富	20
对权力的追求	10
成熟	5
男性化或女性化	0

综合前人的观点，我们提出作为一个好的领导者必须具有以下三方面基本素质，即思想素质、业务素质、身体素质。

（1）思想素质。

作为一个好的领导者应当具有一定的事业心、责任感和创业精神，在工作上有良好的思想和工作作风，公正严明，实事求是地处理问题。同时，应当具有较高的情商，具有影响他人的个人魅力，平等待人，和蔼可亲，让组织内部的人员产生信任感和依赖感。

（2）专业素质。

作为一个好的领导者必须既有管理现代企业的知识和技能，同时还要具有较强的分析、判断和概括能力，决策能力，组织、指挥和控制能力，沟通、协调企业内外各种关系的能力和不断探索和创新的能力。领导者通过自己的专业素质带领整个组织完成既定目标，协调整个组织的工作。

（3）身体素质。

作为一个好的领导者要负责指挥、协调组织活动的进行，是一项不仅需要足够的思想素质和专业素质,而且还需要消耗大量体力的工作。因此,领导者在工作活动中,必须具有强健的身体、充沛的精力来完成整个工作任务。

综上所述,可以看出,要成为一个好的领导者,必须具有良好的思想素质、专业素质和身体素质。

二、领导理论

(一)领导方式的基本类型

前面介绍了如何成为一个好的领导者,接着来介绍好的领导者如何充分利用他们的这些素质来选择有效的领导方式。下面来介绍管理学中常见的领导方式和经典理论。

领导方式可以分为三大类型,即专权型领导、民主型领导、放任型领导。

1. 专权型领导

专权型领导是指领导者个人决定一切,布置任务后让下属执行,这种领导者要求下属绝对服从,并认为决策是自己一个人的事情。

2. 民主型领导

民主型领导是指领导者发动下属讨论,共同商量,集思广益,然后决策,要求上下融合,合作一致地工作。

3. 放任型领导

放任型领导是指领导者放任下属不管,下属愿意怎么做就怎么做,完全自由。领导者的职责仅仅为下属提供信息并与企业外部进行联系,以此有利于下属的工作。

(二)特质论

特质论是领导方式理论当中的重要内容。特质论认为,有一组能用来识别领导者是否有成效的个人特质与特征。这种特质与特征主要是指领导者个人所具备的品德、能力、知识、修养和领导艺术等。

心理学家和管理学家们对于领导者应该具有哪些特质有过许多表述,这里介绍有代表性的两种。

1. 六类特质论

六类特质论是美国学者西拉季等人提出的,他们认为领导者的特质可分为下列六类:体质特征、社会背景、智力、性格、与工作相关的特征和社会特征,如表4-2所示。

表4-2 研究领导者的特质的实例

体质特征	社会背景	智 力	性 格	与工作相关的特征	社会特征
年龄 体重 身高 外貌	教育 灵活性 社会地位 同事关系	判断力 果断性 说话流利 进取性	独立性 自信 支配、依赖 进取性 急性、慢性	成就的需要 创造性 坚持 责任的需要 对人的关心 对成果的关心 安全的需要	领导能力 合作精神 与人共事的技巧 正直的诚实 权力的需要

2.十大条件论

十大条件论是美国普林斯顿大学教授鲍莫尔提出的,他认为企业领导人应具有下列十大条件:

(1)合作精神。愿意与他人共事,能赢得别人的合作,对人不用压服,而用说服和感服。

(2)决策才能。能根据客观实际情况而不凭主观想象作出决策,具有高瞻远瞩的能力。

(3)组织能力。善于发现下级才智,善于组织人力、物力和财力。

(4)恰当授权。能把握方向,抓住大事,而把小事分散给下级去处理。

(5)善于应变。能随机应变,不墨守成规。

(6)勇于负责。对国家、职工、消费者以及整个社会,都有高度的责任心。

(7)勇于创新。对新事物、新环境、新技术、新观念,都有敏锐的感受力。

(8)敢冒风险。有雄心,对企业发展不利的风险敢于承担,能开创新局面。

(9)尊重他人意见。能听取别人的意见,并能吸取合理的意见,不狂妄自大,能器重下级。

(10)品德超人。品德为社会和企业内的人们所敬仰。

然而,经过多年的调查研究,研究者们对成功领导者的性格、品质特征难以取得统一的意见。其原因有:用来表述性格、心理特征等概念的内涵不清,有时在语义上相互交叉和矛盾。而且根据这些特征,实际上还是难以挑选领导人,甚至还难以区分领导者和被领导者。彼得·德鲁克说过:"有效的管理者,他们之间的差别就像医师、教员和音乐家一样各有不同的类型。至于缺少有效性的管理者,也同样各有各的不同类型。因此,有效的管理者与无效的管理者之间,在类型、性格及才智方面,是很难加以区别的。"

(三)行为论

领导行为理论是一种着重研究领导者如何以自己的不同行为和作风来影响被领导者及分析判断领导是否有效的理论。从 20 世纪 40 年代起,心理学家和行为学家们对领导者在领导过程中所采取的领导行为及不同领导行为对职工的影响进行研究,以期寻求最佳的领导方式,最终形成了以下四种具有代表性的领导行为理论。

1.领导行为四分图

1945 年,美国俄亥俄州立大学的学者们通过对 1000 多个描述领导行为的特征不断研究,首先开创了从领导行为方式来探讨领导行为模式的研究,并最终将其归纳为"抓组织"与"关心人"两大类。"抓组织"就是以工作为中心,领导者为实现工作目标,规定了下级应完成的任务。其中包括组织机构的设置、明确职责和相互关系、确定工作目标、建立信息网络。"关心人"就是以人际关系为中心。它包括建立相互信任的气氛、尊重下级意见、注意下属的感情和问题等。用这两个标准进行划分,将其设计成为领导行为四分图,如图 4-1 所示。

这项研究发现"高组织、高关心人"的领导行为将收到最佳效果。后来,一些学者补充修正了这一理论:他们以无故旷工、事故、过失记录、营业额、流动率为指标,考察企业 11 个月后发现,生产部门"抓组织"与效率有明显的正比关系,"关心人"与效率有反比关系;而非生产部门恰好相反。因此,从指标整体来看,"关心人"是更有效的领导方式。

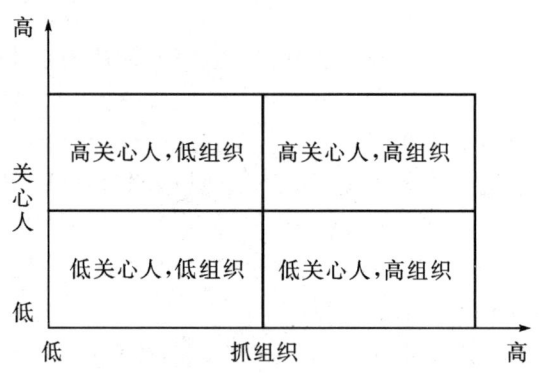

图 4-1 领导行为四分图

2. 管理方格理论

美国得克萨斯大学的两位管理学家罗伯特·布莱克(Robert R. Blake)、简·穆顿(Jane S. Mouton)在 1964 年出版的《管理方格》一书中提出领导管理方格图,又称领导管理坐标图。

在两个维度基础上,管理方格图将横坐标作为组织关心生产要素,纵坐标作为关心人要素,画出坐标图且每个坐标细分为 9 个刻度,用坐标线画出 $9 \times 9 = 81$ 种方格组合。该理论认为,任何一个领导者的行为都或多或少地体现在两个要素上,相应的都会投射到坐标图上,如图4-2所示。

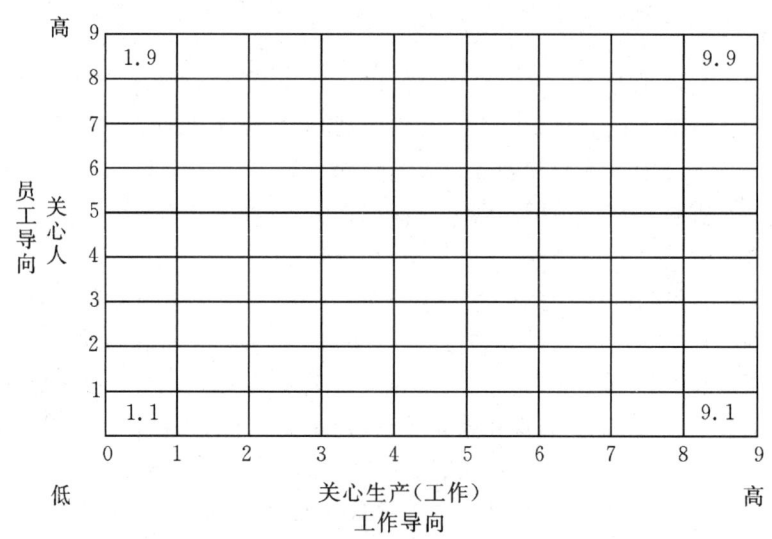

图 4-2 领导管理方格图

要评价领导者,则按其关心人与关心工作的程度找到交叉点。例如,某领导者关心工作的程度为 1,关心人的程度为 9,那么他就是(1,9)型领导者。

在管理方格图的基础上,他们提出了五种领导方式的类型。

(1)(1,1)型领导方式。

(1,1)型领导方式又称为"贫乏管理型"或"虚弱管理型"。该类型的领导者不关心人,也不关心生产,他们的特征是身在其位,不谋其事。他们宁可熬时间,也不做有益于同事和组织的贡献;他们所求不多,但所给甚微。"我不是决策人,只是工作在这里"是该类型领导者推卸责任的一种说法。这种领导方式并未得到大家的认同。

(1,1)型领导者能胜任单调、重复而又没有挑战性的工作。他们的下属可能将其对自己的忽视视为认可,但一旦看清一切之后,可能会失望离去。在竞争激烈的情况下,可能会导致生产效率的一蹶不振。

(2)(9,1)型领导方式。

(9,1)型领导方式又称为"任务管理型"。这种类型的领导只关心生产,不关心人。他们追求成功,把提高生产率放在第一位,喜欢运用控制、监督、统治等权力行事;他们意志坚强,作出决策后决不改变,在管理中表现得独断专行。

(9,1)型领导的问题很明显,他们使被领导者变得冷漠疲劳,公开或暗地里反对领导者,在竞争激烈的有限时间里可能取得较高的生产率。但由于不关心人,不能提高职工的士气,最终会导致生产效率的下降。

(3)(1,9)型领导方式。

(1,9)型领导方式又称为"乡村俱乐部式管理"。这种类型的领导只关心人,不关心生产。该类型的领导者最大的特点是重视下级的态度和情感,他们渴望被认可,被拥戴,不将自己的意志强加于人,对下级过多赞扬,并且能够容忍下级的各种行为;他们鼓励下级之间的交往,从而在组织中形成了一种懒散的乡村俱乐部式的气氛。

(1,9)型领导的优点是可以提高职工的满意度,但他们不重视效率,随便为职工减压,生产效率无论从长期或短期看都不可能提高。

(4)(5,5)型领导方式。

(5,5)型领导方式是一种管理上的"中庸之道"。这种类型的领导者追求问题的"平衡"解决,在对待组织目标上,他们寻求职工与组织均能妥协的目标,但并不一定是最佳目标;在关心人上,他们注意听取下级意见,并能采纳,但采纳的目的是为了分散责任,搞好关系。

(5,5)型领导比(1,9)、(9,1)型领导好一些,对一些日常事务繁杂、规则方法比较健全的企业比较适用,但易使下属变得圆滑,看上级的眼色行事。从长远看,这种领导类型是无法立足于竞争社会的。

(5)(9,9)型领导方式。

(9,9)型领导方式即"团队管理型"。这种类型的领导者既关心人,又关心生产,能切合实际地分析问题,善于将组织需求与个人需求统一起来,使职工积极、高效地完成生产任务。他们乐于学习、掌握新知识和有效方法,被认为是处在自我实现层次较高的人。

(9,9)型领导方式是最完善的领导方式。他们能激发职工的创造热情,发挥个人能力,进而更好地实现组织目标,是组织共同追求的领导方式。

3.领导连续流理论

美国学者坦南鲍姆和施密特认为,领导方式是多种多样的,从专权型到放任型,存在着多种过渡类型。根据这种认识,他们提出了"领导连续流理论"。图4-3概括描述了他们这种理论的基本内容和观点。

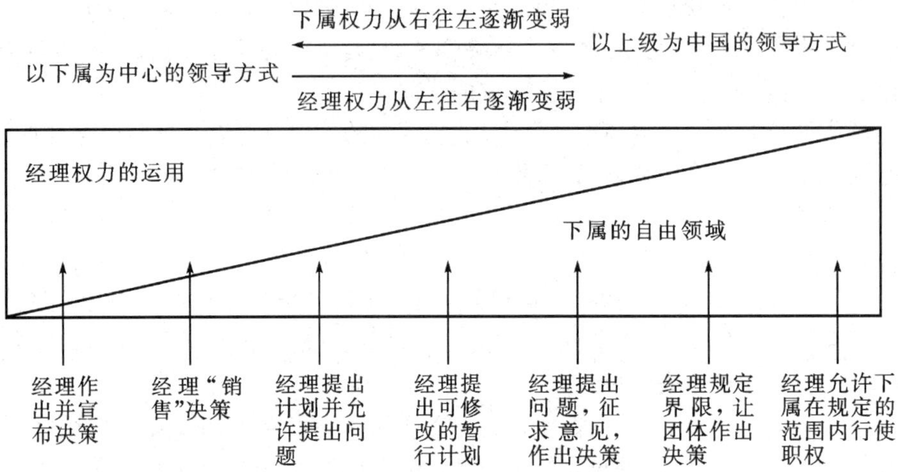

图 4-3　领导连续流理论图

图 4-3 中列出了以下七种典型的领导方式。

(1)经理作出并宣布决策。

在这种方式中,上级确认一个问题,考虑各种可供选择的解决方式,从中选择一个,然后向下属宣布,以便执行。他可能考虑,也可能不考虑下属对他的决策的想法。但不管怎样,他不给下属参与决策的机会,下级只有服从他的决定。

(2)经理"销售"决策。

在这种方式中,如同前一种方式一样,经理承担确认问题和作出决定的责任,但他不是简单地宣布这个决策,而是说服下属接受他的决策。这样做是表明他意识到下属中可能有某些反对意见,他企图通过阐明这种决定给下属带来的利益以减除这种反对。

(3)经理提出计划并允许提出问题。

在这种方式中,经理作出决策,并期望下属接受这个决策,但他向下属提供了一个有关他的想法和意图的详细说明,并允许下属提出问题。这样,他的下属可以更好地了解他的意图和计划。这个过程使经理及其下属能深入探讨这个决策的意义和影响。

(4)经理提出可修改的暂行计划。

这种方式中,允许下属对决策发挥某些影响作用。确认问题和决策的主动权操纵在经理手中。他先对问题进行考虑并提出一个计划,但只是暂定的计划,然后把这个计划交给有关人员征求意见。

(5)经理提出问题,征求意见,作出决策。

在这种方式中,虽然确认问题和进行决策仍由经理来进行,但下属有建议权。下属可以在经理提出问题后,提出各种解决问题的方案,经理从他自己和下属提出的方案中选择满意者。这样做的目的是充分利用下属的知识和经验。

(6)经理规定界限,让团体作出决策。

在这种方式中,经理把决策权交给团体。这样做之前,他解释需要解决的问题,并给要作的决策规定界限。

(7)经理允许下属在规定的范围内行使职权。

在这种方式中,团体有极度的自由,唯一的界限是上级所作的规定。如果上级参加了决策过程,也往往以普通成员的身份出现,并执行团体所作的任何决定。

坦南鲍姆和施密特认为,上述方式孰优孰劣没有绝对的标准,成功的经理不一定是专权的人,也不一定是放任的人,而是在具体情况下采取恰当行动的人。当需要果断指挥时,他善于指挥;当需要职工参与决策时,他能提供这种可能。只有这样,才能取得理想的领导效果。

4. PM 行为理论

该理论是日本大阪大学的心理学教授三隅二不二于 1958 年提出的。PM 理论是指执行任务(performance directed)为主的领导方式和维持群体关系(mainte-nanee directed)为主的领导方式。

P 的行为特征是将组织中的每一个成员的注意力引向目标,使问题明确化,拟定工作程序,运用专门的知识评定工作的成果。

M 的行为特征是维持和睦的人际关系,调解成员之间的纠纷,为少数派提供发言的机会,促进成员的自觉性和自主性,增进成员之间的相互了解与交流。

三隅二不二设计了关于 PM 行为特征的具体内容量表,共分为八个方面,每个方面下设五个问题。对领导者进行测试,将其具体得分情况在一个二维坐标图中进行表示,如图 4-4 所示。如某领导者的 P 项得分为 27,M 项得分为 27,则该人为 PM 型领导。

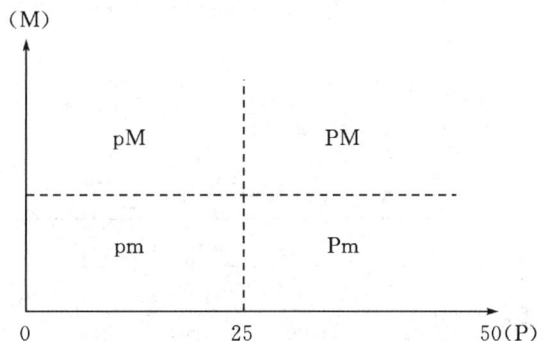

图 4-4 PM 行为特征图

调查发现领导者的 PM 类型可分为 PM、pM、Pm、pm 四种类型。

从领导行为的直接效果(以生产效率、对组织的信赖度、团结力描述)看,P 型和 M 型领导都只能取得中等的生产效率,对组织的信赖度与团结力各占第二位和第三位。Pm 型的领导行为管理效果最差,PM 型的领导行为管理效果最好,如表 4-3 所示。

表 4-3 四种领导类型的管理效率

领导行为的 PM 类型	生产效率	对组织的信赖度	团结力
PM	最高	最高	最高
Pm	中间	第二位	第三位
pM	中间	第三位	第二位
pm	最低	最低	最低

四、权变论

权变论又称情景或环境论。领导行为研究成果表明,领导的有效性不仅与领导者的行为和素质有关,而且与领导者所处的环境的关系更大。权变理论正是着重研究领导者行为在一定环境下成为有效的那些环境变量的理论,它指明有效的领导依环境的变化而变化。这里主要介绍菲德勒模式、途径—目标理论和生命周期论。

1.菲德勒模式

菲德勒是第一个把人格测量与情景分类联系起来研究领导绩效的心理学家,他经过大量的调查和长达15年的研究,提出了一个"有效领导的权变模式",通常也叫菲德勒模式。他认为,领导效果的好坏受三种情景因素的影响:一是领导者与被领导者的关系;二是工作任务是否明确;三是领导人所处地位的固有权力以及取得各方面支持的程度(地位权力)。菲德勒认为,对领导效果来说,如果这三个环境因素都是好的,那就是最有利的条件;反之,三个因素都不好,那就是最不利的条件。

就每个条件来说,又都有好坏之分:上下关系有好坏;工作任务有明确与不明确;地位权力有强有弱。

菲德勒对1200个群体进行调查分析证明,在最有利环境条件下和最不利环境条件下,采用以关心任务为中心的领导方式,效果最好;处于中间状态的环境条件下,采用以关心人为中心的领导方式,效果较好。

根据上述三个环境因素条件的变化和相互不同的搭配,可有八种领导方式,如表4-4所示。

表4-4 八种领导方式

领导关系	好				差			
任务结构	明确		不明确		明确		不明确	
职位权力	强	弱	强	弱	强	弱	强	弱
情景类型	1	2	3	4	5	6	7	8
领导所处的环境	有利				中间状态		不利	
有效的领导方式	任务型				关系型		任务型	

搭配这八种领导方式,说明环境因素决定领导方式。比如情景1,在领导者与被领导者关系较好、任务也较明确、职权又较强的环境下,就应采用以关心工作任务为中心的专制的领导方式。又比如情景8,在领导者与被领导者关系不好、任务又不明确、职权又比较弱的情况下,也应采用以关心工作任务为中心的领导方式。再比如情景4,在领导者与被领导者关系好、任务不明确、职权又比较弱的环境下,则应采用以关心人为中心的领导方式。

菲德勒模式指出,要提高领导的有效性,要么改变领导方式,要么改变领导者所处的环境。在环境因素最好或最坏的条件下,应选择以关心工作任务为中心的领导人;反之,应选择以关心人为中心的领导人。

2.途径—目标理论

途径—目标理论是由加拿大多伦多大学教授埃文斯和豪斯提出的。这种理论认为,领导者的有效性取决于其激励下属达到组织目标的能力,以及使职工在工作中得到满足的能力。这要求领导帮助职工排除达到目标的障碍,在领导过程中提供或创造各种满足职工需要的机会。

途径—目标理论认为,有四种领导方式可供同一领导者在不同环境下选择使用。这四种领导方式如下:

(1)指令性方式。领导者发布指示,决策时没有下级参与。

(2)支持性方式。领导者对下级很友善、关心,从各方面给予支持。

(3)参与性方式。领导者在决策时征求并采纳下属的合理化建议。

(4)以成就为目标。领导者向下属提出挑战性的目标,并相信他们能够达到目标。

途径—目标理论认为,最有效的领导方式必须考虑到情景因素,根据下级的特点和任务的性质等。选择不同的领导方式。例如,当下级觉得他们有能力完成任务,很需要荣誉和交往时,就应选择支持性领导方式;而当工作任务模糊不清、职工无所适从时,他们希望指令性的领导方式,帮助他们对工作作出明确的规定和安排;当工作内容已经明确或者是一些比较熟悉的例行性的工作,领导者仍然不断地发出指令,就会使职工感到厌烦,引起职工的不满。因此,这时领导者最好采取支持性的领导方式。

3.生命周期论

心理学家卡曼创造了三度空间领导效率模型。

这个理论认为,领导者的行为要与被领导者的成熟度相适应,随着被领导者的成熟度逐步提高,领导的方式也要作出相应的改变。这里所说的成熟度,主要是指有成就感,有负责任的意愿和能力,有工作经验和受过一定的教育等。其中,年龄是一个成熟的因素,但不是唯一的因素。因为这里的成熟度主要是指心理的成熟度,而不是生理的成熟度。

一般说来,职工成熟度的平均水平有这样的一个发展过程:不成熟→初步成熟→比较成熟→成熟。在这四个阶段中,领导方式不能一成不变,否则将影响到领导的成果。

卡曼指出,随着职工年龄的增长、技术的提高,由不成熟逐渐向成熟发展,因而领导行为也应该按照下列顺序逐渐推移,高工作、低关系→高工作、高关系→高关系、低工作→低工作、低关系,如图4-5所示。

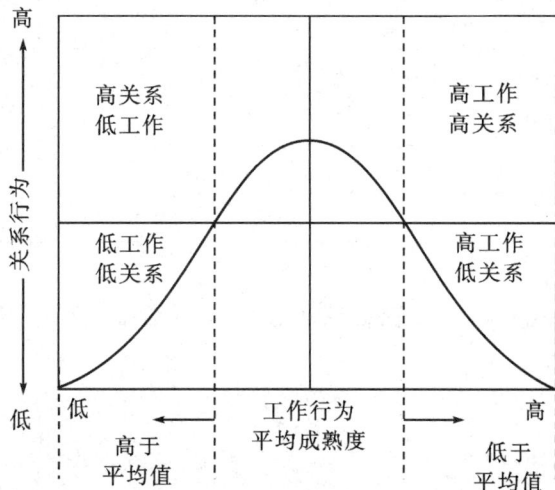

图4-5　生命周期论模式图

图中横坐标表示以工作为主的工作行为,纵坐标表示以职工为主的关系行为。同时引进了第三个因素:成熟度。工作行为表示领导者用单向沟通模式来指示下属人员干什么、怎么干等。关系行为表示领导者用双向沟通方式来指导下属,并照顾职工的福利。就是说,当被领导者的成熟度处于不成熟阶段时,可以采用高工作、低关系的专制领导方式,即命令式最为有效。

当被领导者的成熟度进入初步成熟阶段时,可以采取工作行为和关系。行为都略高的方式,即说服式最为有效。领导者与下属通过双向沟通方式,相互交流信息,相互支持。因此,领导者应该采用高工作和高关系的领导方式。

被领导者的成熟度发展到成熟阶段时,领导者应采取低工作和低关系的领导方式,即授权式最为有效。领导者给下属以权力,领导者只起监督作用,通过充分授权、高度信任来调动下级的积极性。

课堂讨论

通过前面对各种领导的理论与观点的学习,你可以看到,随着研究者对组织领导的不断深入的研究,对它的认识日益深化,分小组讨论如何进行"有效的领导"。

学习评价

学习评价内容如表4-5所示。

表4-5 领导概述与领导理论考核评价表

项目	评价内容	团队评价	教师评价
专业知识(30分)	领导的定义		
	领导的艺术		
	领导的理论		
专业能力(40分)	领导的作用		
	领导的影响力		
综合素质(30分)	如何选择领导者		
	如何做一个好的领导者		
	领导理论的实际应用		
总计			
努力方向:		建议:	

任务二 激励理论与激励方法

一、激励概述

(一)激励的定义

企业是个集合体,企业管理既是对人的管理,也是通过人进行的管理。那么怎样才能使组织内部员工保持旺盛的士气,高扬的热情呢?那么就需要管理者通过激励功能来提高人的积极性。本任务就开始研究什么是激励,以及一些管理学中常见的激励理论。

美国管理学家贝雷尔森和斯坦尼尔给激励下的定义是:"一切内心要争取的条件、希望、愿望、动力等都构成了对人的激励。它是人类活动的一种内心状态。"

管理学家詹姆斯在所著的书里写道:"人的一切行动都是由某种动机引起的,动机是人类的一种精神状态,它对人的行动起激发、推动、加强的作用,因此称为激励。"

综合前人的理解,我们给出激励的定义:激励就是通过对员工的需要给予适当的满足,激发员工的工作动机,使之产生实现组织目标的特定行为的过程。

(二)激励的作用

1.通过激励来挖掘人的潜力

人的潜在能力与平时所表现出来的能力有时存在很大差别,人的潜力在一定情况下被激发出来会大大超出平时的表现。人的工作积极性越高,潜在能力就越容易发挥出来。所以,挖掘人的潜在能力关键就在于有效地激励制度和激励方法。

2.通过激励可以为组织吸引优秀人才

有效的激励制度不仅可以充分调动组织内现有的人力资源,而且还有助于吸引组织外的人才流向我们的组织。因为人人都愿意自己的才能得到充分的发挥,并得到公正的满足。有效激励的实质就是能够合理地满足人们的需要,这样的激励制度自然会吸引那些想把自己的才能充分发挥出来的人才。

3.通过激励可以激发员工的创造性

有效的激励不仅可以调动职工的劳动积极性,而且还会促进职工在工作中发挥自己的创造能力,去努力克服工作中的困难,完成任务。这种创造性的工作态度和热情对组织任务的完成和组织的发展具有重大意义。

(三)激励的原则

在管理学的实际应用中,没有适用于一切人和一切环境的激励制度和激励方法。在管理中,激励是充分展示管理者管理艺术的管理活动。在管理过程中,激励必须因时、因人、因地而异。但这并不等于说激励就没有一定的规律可循,激励也必须遵循如下的一些基本原则。

1.理解人、尊重人的原则

激励的根本目的是要调动人的积极性。激励是做人的工作的艺术,激励得当,人们的工作会热情高涨;反之,人们的情绪会低落,组织的目标就难以实现。做好人的工作,其前提必须理解人、尊重人。一个人的工作态度好、热情高;或者恰恰相反,工作积极性不高、效率低,都有一定的原因。了解人就是要认识人,抓住这种原因。其次,做好激励工作,还必须理解人。仅仅了解人,知道了事情为什么是这样还不够,还应该站在当事人的立场上考虑问题,由此才能找到解决问题最有效的办法。最后,激励还必须尊重人。无论是正激励的表扬,还是负激励的批评,都必须考虑受激励者所处的情境,采取合适的方式。只有真正地尊重他人,激励才会为人们所接受。

2.时效原则

唐朝柳宗元在《断刑论》中就指出:"赏务速而后有劝,罚务速而后有惩。"这句话表明了表扬和批评都要及时,即:时效原则指奖励必须及时,不能拖延。一旦时过境迁,激励就会失去作用。实践也一再证明,应该受表扬的行为得不到及时的鼓励,会使人气馁,丧失积极性;错误的行为受不到及时的惩罚,会使错误行为更加泛滥,造成积重难返的局面。因此,把握好激励的时间也是一种艺术。

3.奖惩分明、一视同仁的原则

奖赏与惩罚应当分明,这不仅指对该奖的人给予奖赏,对该罚的人给予惩罚;而且还包含着对同一个人的功过应当严格区分,分别处理,有功该奖,有过当罚,不能以功抵过,扯平完事。做到赏罚分明,一个密切相关的问题就是赏罚必须一视同仁,人人平等。赏罚必须是对事不对人,才有可能做到人人平等。

4.物质奖励与精神奖励相结合的原则

物质利益是人们行为的基本动力,但不是唯一的动力。因此,在现实生活中,人们的需要是多方面的,既有物质性的,也有精神方面的,只不过对于不同的人而言,两种需要的强度有所不同。所以,奖励必须注意物质奖励与精神奖励相结合。无论片面地强调哪一方面都不正确。我们必须把物质奖励与精神奖励二者结合在一起。

(四)激励的方法

激励的方法指在关怀、尊重、体贴、理解的基础上,以诚挚的感情,入情入理的分析,实事求是的科学态度,对受激励的对象以启发和引导,调动其内在的积极因素,使组织内部员工积极向上,努力进取。我们把激励的方法可分为精神激励法和物质激励法两大类。

1.精神激励法

精神激励法主要从组织内部员工的情感和个人心理方面进行激励。其主要包括以下几种:

(1)情感激励。

情感是人们对于客观事物是否符合人的需要而产生的态度和体验。它是人类所特有的心理机能。当客观事物符合人的需要时,就会产生满意愉快欢乐等情感。反之,就会产生忧郁、沮丧等消极情感。管理激励工作必须注重"情感激励",管理中晓之以理、动之以情,给人以亲切感、温暖感,用真挚的感情去感染人,满足人的感情需要。

(2)榜样激励。

所谓榜样激励,也就是典型激励。典型是公开树立起来的旗帜,典型的力量是无穷的,在实际工作中,在组织内部发挥典型的引导作用,使好人好事得到社会和众人的承认和尊重,使人们向先进看齐,以先进为榜样,培养健康、向上的情操。

(3)尊重激励。

自尊心是一种高尚纯洁的心理品质。它是人们潜在的精神能源,前进的内在动力。人们有自我尊重、自我成就的需要,总是要竭力维护和努力争取自己的面子、威信、尊严。一个人的自我尊重需要如果得到满足,就会对自己充满信心,对他人、对社会满腔热情,感到生活充实,人生有价值。反之,一个人的自尊心受挫,就会消极颓废,自暴自弃,畏缩不前。

(4)表扬激励。

表扬激励就是对好人好事给予公开赞扬,对人们身上存在的积极因素和积极表现及时肯定、鼓励和支持。从心理学特点来讲,人们都喜欢接受表扬,不愿接受批评。从每个人的自身来看,积极因素总的来说始终是占主要方面的,消极因素是占次要方面的。表扬激励有利于调动积极因素,把消极因素转化为积极因素,把大多数人的积极性调动起来,促进工作的开展。

2.物质型激励法

物质型激励法指的是通过满足人们对物质利益的需求,来激励人们的行为,调动人们的工作积极性的方法。物质利益是人们生存和发展的基础,是最基本的利益。当然,不同的人对物质利益的要求是不同的,有的强烈,有的淡薄。但总的来说,它仍是现阶段最重要的个人利益之一。所以说,物质型激励方法也是管理中重要的常见的激励方法。

物质型激励方法主要有以下几种。

(1)晋升工资。

晋升工资就是提高职工的工资水平。工资是人们工作报酬的主要形式,它与奖金的主要区别在于工资具有一定稳定性和长期性。工作有成效的职工如果获得晋升工资的奖励,毫无疑问是重大的物质利益。因此,晋升工资的激励方法一般是用于一贯表现好,长期以来工作成绩突出的职工。

(2)发奖金。

奖金是针对某一件值得奖励的事情给予的奖赏。奖金与工资不同,它的灵活性大,不具有长期性、稳定性,一件事情该奖,目标达到了,奖金发放了,也就结束了,所以说奖金也是一种重要的物质型激励手段,适用于特殊事情的激励。

二、激励理论

(一)X理论和Y理论

激励就是调动人的积极性。采用什么样的激励手段与对激励对象的理论假定有关。对人性的假定理论中,最有名的是道格拉斯·麦格雷戈的人性理论。通过观察管理者处理员工关系的方式,麦格雷戈提出了有关人性的两种截然不同的观点:一种是基本上消极的X理论;一种是基本上积极的Y理论。

1.X理论基于以下四种假设

(1)员工天生不喜欢工作,只要有可能,他们就会逃避工作。

(2)员工只要有可能就会逃避责任。

(3)大多数员工安于现状,没有雄心大志。

(4)由于员工不喜欢工作,因此必须采取强制措施或惩罚办法,迫使他们实现组织目标。

2.Y理论基于以下四种假设

(1)员工视工作如休息、娱乐一样,是自然的、不可缺少的。

(2)一般而言,每个人都能够承担责任,而且还会主动寻求承担责任。

(3)若员工对某项工作作出了承诺,他们就会进行自我控制,积极努力去完成任务。

(4)大多数人都具有作出正确决策的能力。

麦格雷戈认为,Y理论的假设相比X理论更接近理实,更实际有效。因此,他建议让员工积极参与决策,为员工提供富有挑战性和责任感的工作,在组织中建立良好的人际关系,这些都有助于调动员工的工作积极性。

(二)需求层次理论

美国心理学家马斯洛 1943 年在其出版的《人类激励理论》一书中,首次提出了需求层次理论,1954 年他又在其代表作《动机与个性》中,对该理论作了进一步阐述。

马斯洛将人类的需要分为以下五个层次。

1. 生理需要

生理的需要是人类为了维持其生命最基本的需要,也是需要层次的基础。如果衣食住行等这类需要得不到满足,人类的生存就成了问题。马斯洛认为,当这些需要还未得到满足之前,其他需要就不能激励他们。

2. 安全需要

当一个人的生理需要得到一定满足以后,他就想得到安全需要。如就业安全、生产过程中的劳动安全、社会生活中的人身安全、未来生活有保障、免除战争和意外灾害等。

3. 社交需要

当生理需要和安全需要得到一定满足之后,社交的需要就会占主导地位。因为人是有感情的社会动物,希望与其他人进行交往,在社会生活中受到别人的注意、关心、接纳、支持,在感情上有所归属,属于某一个群体,避免孤独。

4. 尊重需要

当一个人开始满足归属需要后,他还会产生尊重的需要。即希望别人尊重自己的人格,对自己的工作、人品、能力给予承认;希望自己在组织中有较高的地位和威望,能够得到别人的尊重。

5. 自我实现需要

马斯洛认为这是最高层次的需要。自我实现需要就是希望在工作中有所成就,实现自己的理想和抱负,最大限度地发挥个人潜力,实现自我价值。

以上五种需要的关系如图 4-6 所示。

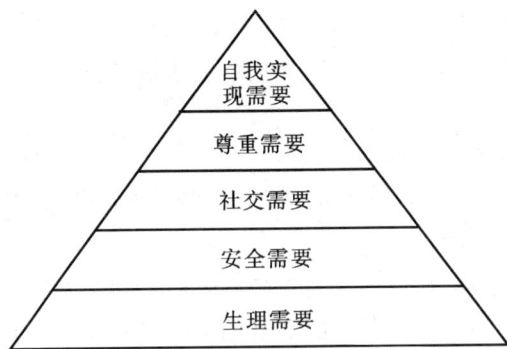

图 4-6 马斯洛的人类需要层次

马斯洛将这五种需要划分为高低两级。一般来讲,生理和安全需要属于较低层次、物质方面的需要;社交、尊重和自我实现的需要,则属于较高层次、精神方面的需要。马斯洛认为,人的需要遵循递进规律,在某一层次的需要得到相对满足之后,下一个层次的需要就会占据主导地位,成为驱动行为的主要动力。

马斯洛的需求层次理论为研究人的行为提供了一个比较科学的理论框架,成为激励理论的基础,对管理实践起到了积极的推动作用。

(三)双因素理论

20 世纪 50 年代后期,美国心理学家赫茨伯格等人在匹兹堡地区的一些企业进行了一次大规模的调查研究。他们设计了许多问题,如"什么时候你对工作特别满意""满意和不满意的原因是什么"等向一批工程师和会计师征询意见。赫茨伯格在研究了调查结果后提出了"激励—保健因素"理论,简称双因素理论。他把企业中影响员工积极性的因素,按其性质划分为两类:一类是起调动积极性作用的"激励因素",另一类是只能消除或减少不满情绪的"保健因素"。

赫茨伯格认为,使职工感到不满意的因素与使职工感到满意的因素是不同的。使职工感到不满意的因素往往是由外界环境引起的,使职工感到满意的因素通常是由工作本身产生的。赫茨伯格在调查中发现造成职工非常不满的原因主要有公司政策、行政管理和监督方式、人际关系、工作条件、地位、安全、工资水平等。这些因素只能消除职工的不满,但不能使职工变得非常满意,也不能激发他们工作的积极性,促进生产率的增长。赫茨伯格把这一类因素称为保健因素,意即只能防止疾病,不能医治疾病。

赫茨伯格在调查中还发现使职工感到满意的原因主要有工作富有成就感、工作成绩得到认可、工作本身有挑战性、负有重大的责任、在职业上能够得到发展等。这类因素的改善,能够激励职工的积极性和热情,从而提高生产率。如果处理不好,也能引起职工的不满,但影响不是很大。赫茨伯格把这一类因素称为激励因素。

赫茨伯格认为,传统的满意与不满意的观点是不正确的。满意的对立面应该是没有满意,不满意的对立面应该是没有不满意。这种观点与传统观点的比较如图 4-7 所示。

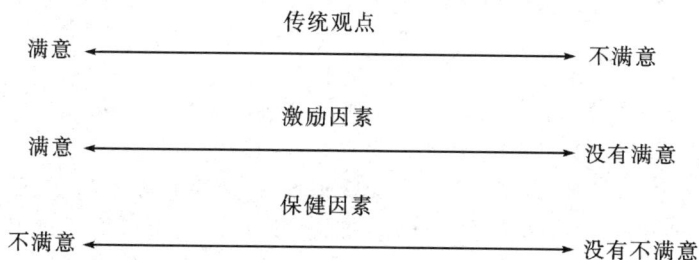

传统观点

满意 ←——————————————→ 不满意

激励因素

满意 ←——————————————→ 没有满意

保健因素

不满意 ←——————————————→ 没有不满意

图 4-7 传统观点与赫茨伯格观点的比较

自 20 世纪 60 年代以来,双因素理论在管理界越来越为人们所注意。根据这种理论,调动人的积极性,要提供使人感到具有价值实现意义的工作,工作内容具有挑战性,注意对人进行精神鼓励,注意给人以成才、发展、晋升的机会,而不能只把眼光局限在提高工资水平,改善生活条件上。从这个意义上来说,赫茨伯格的双因素理论与马斯洛的需求层次理论是相通的。激励因素就是人的高层次需要,而保健因素只是人的低层次的需要。

(四)期望理论

期望理论是美国心理学家弗隆 1964 年在其《工作与激励》一书中提出来的。这种理论一出现,就受到管理学家和实际管理工作者的普遍重视。

期望理论的基础是,人们之所以能够从事某项工作并达成组织目标,是因为这些工作和组织目标会帮助他们达成自己的目标,满足自己某方面的需要。弗隆认为,某一活动对某人的激发力量取决于他所能得到结果的全部预期价值乘以他认为达成该结果的期望概率。用公式表示为:

$$M = V \times E$$

式中:M——激发力量,这是指调动一个人的积极性,激发出人的内部潜力的强度,它表明人们为达到设置的目标而努力的程度;V——效价,指达到目标后对于满足个人需要的价值大小;E——期望值,这是指根据以往的经验进行的主观判断,达到目标并能导致某种结果的概率。

按照以上模式,激励对象对目标的价值看得越大,估计实现的概率越高,则激发力量越大,即可以调动更大的积极性。反之,如果目标对激励对象缺乏价值,加之实现概率小,就不会产生激发力量。这表明管理者必须想方设法把个人目标与组织目标结合起来,使员工从达到组织目标中看到自己的利益,从而才能有效地调动员工的积极性。

(五)公理理论

公理理论又称社会比较理论,它是美国的心理学家亚当斯于 20 世纪 60 年代首先提出来的。该理论主要解决分配过程中的公平程度对员工积极性的影响。

亚当斯认为,当一个人做出了成绩并取得报酬以后,他不仅关心自己所得报酬的绝对量,而且关心自己所得报酬的相对量。因此,他要进行种种比较来确定自己所获得的报酬是否合理,比较的结果将直接影响其今后工作的积极性。有两种比较的方法:一种是横向比较,即用自己与他人的所得报酬相比,通常是用自己所得的报酬与投入比和组织内其他人所得报酬与投入比来衡量。所得报酬包括工资、奖金、工作安排以及获得的赏识等。所谓投入指个人的教育、能力、努力、贡献等。只有当两者相等时,他才认为公平,用方程式表示为:

$$\frac{O_p}{I_p} = \frac{O_c}{I_c}$$

式中:O_p——比较者所获报酬;I_p——比较者的投入;O_c——被比较者所获报酬;I_c——被比较者的投入。

当方程式没有满足时,如 $O_p/I_p < O_c/I_c$,比较者就会产生一种不公平感。在这种情况下,比较者可能要求增加自己的收入或减少自己今后的努力程度,也可能要求组织减少被比较者的收入或让其今后增加努力程度。如果 $O_p/I_p > O_c/I_c$,比较者可能要求减少自己的报酬或在开始时自动多做些工作,但久而久之,比较者会重新估计自己的技术和工作情况,觉得自己确实应当得到那么高的报酬,于是对工作的投入便又会回到过去的水平。

除了横向比较外,另一种方法是纵向比较,即用自己目前所得的报酬与投入的努力,同自己过去所得的报酬与投入的努力进行比较。如果现在所得的报酬与过去所得的报酬相当,一般不会产生不公平感;如果比过去所得的报酬低了,就会产生不满情绪,从而影响工作的积极性。

公平理论揭示了公平分配对激励的重要作用。作为组织的管理者应注意对员工进行正确的引导,尽量准确考核员工的绩效,做到在客观上让多数人认为公平。

(六)三种需要理论

美国哈佛大学教授麦克莱兰从另一个侧面研究论述人们的高层次需要,提出了三种需要理论,又称为成就需要理论。

麦克莱兰把人的高层次需要设定为权力、归属和成就的需要,并以成就为主导。

1.权力需要

权力需要是影响或控制他人且不受他人控制的欲望。具有较高权力需要的人对影响和控制他人表现出极大的兴趣,这种人总是追求领导者的地位。组织管理者的权力可以分为两种:①个人权力。追求个人权力的人表现出来的特征是围绕个人需要行使权力,在工作中倾向于自己亲自操作。②职位权力。职位权力要求管理者与组织共同发展,自觉接受约束,从体验行使权力的过程中得到一种满足。

2.归属需要

归属需要指建立友好亲密的人际关系的愿望。具有高归属需要的人努力寻求友谊,喜欢合作性而非竞争性的环境,希望有相互理解和彼此沟通的关系。注重归属需要的管理者由于讲究交情而违背管理工作原则,从而会导致组织效率下降。

3.成就需要

成就需要就是达到标准,追求卓越,争取成功的内驱力。具有高成就需要的人,对工作的成功有强烈的要求,他们喜欢设立具有适度挑战性的目标;他们希望得到有关工作绩效的及时明确的反馈信息;他们寻求能发挥其独立处理问题能力的工作环境;他们愿意接受工作的挑战,并能承担成功与失败的责任。

三种需要理论对于我们把握管理者的高层次需要具有积极的指导意义。对于具有高成就需要的管理者,组织可以分配给他们具有挑战性和一定风险的工作任务,以满足他们的成就需要,激发他们的工作积极性。而对于低成就需要的管理者,组织可以分配给他们一些例行的工作任务。

(七)强化理论

强化理论是美国心理学家斯金纳提出来的。所谓强化是指通过不断改变环境的刺激因素来达到增强、减弱或消除某种行为的过程。

斯金纳把强化归纳为以下四种类型。

1.正强化

正强化就是鼓励那些组织上需要的行为,从而加强这种行为。一般表现为给予某人认可、赞赏、晋升、奖金、学习和成长的机会等。

2.负强化

负强化就是预先告知某种不合要求的行为或不良绩效可能引起的后果,从而减少或削弱所不希望出现的行为。

3.自然消退

自然消退有两种方式:一种是对某种行为不予理睬,以表示对该行为的轻视或某种程度的否定,使其自然消退;另一种是对原来用正强化建立起来的认为是好的行为,由于疏忽或情况改变,不再给予正强化,使其出现的可能性下降,最终完全消失。

4.惩罚

惩罚是用批评、降薪、降职、处分、罚款等带有强制性、威胁性的手段,来消除某种行为的重复发生。

(八)综合激励理论

美国心理学家、管理学家波特和劳勒在期望理论的基础上,讨论了绩效与满足感之间的关系,提出了一个比较完备的激励模式,较好地说明了整个激励过程,如图4-8所示。

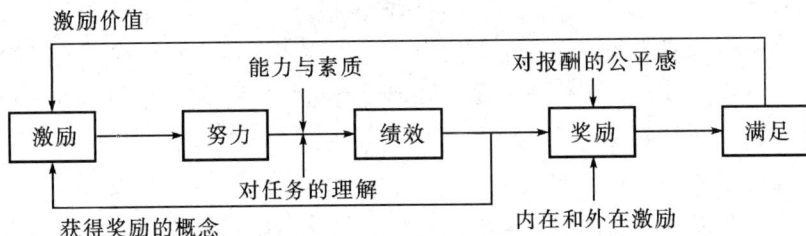

图4-8 综合激励理论的激励过程示意图

从图4-8可知,模式中激励价值、获得奖励的概率以及努力程度是弗隆期望理论的基本公式,能力与素质、对完成任务的理解、工作绩效、内在激励、外在激励、满足则是目标理论的补充。波特和劳勒强调的是绩效本身能导致满足感,同时加入了一个中间因素"对报酬的公平感",使激励理论的内容更加丰富。从图中我们可知,激励可分为内在激励和外在激励,内在激励的内容包括劳动报酬、工作条件、企业政策等,外在激励的内容包括社会、心理特征等因素,如认可、人际关系等。激励过程是内部激励和外部激励综合作用的结果。

波特和劳勒的激励模式告诉我们,激励不是简单的因果关系,并不是设置了激励目标就一定能获得所需要的行动与努力。要形成激励目标需要从努力→绩效→奖励→满足以及对反馈的努力这样的良性循环,因此激励成功取决于多方面的因素。

课堂讨论

通过前面对各种激励的理论与观点的学习,人是需要激励才能工作有积极性的,请分小组讨论如何进行"有效的激励"并设计出某公司的激励体系。

学习评价

学习评价内容如表4-6所示。

表4-6 激励概述与激励理论考核评价表

项目	评价内容	团队评价	教师评价
专业知识(30分)	激励的定义		
	激励的方法		
	激励的理论		
专业能力(40分)	激励的作用		
	激励的原则		

项目	评价内容	团队评价	教师评价
综合素质(30分)	如何激励自己		
	如何激励员工的积极性		
	激励理论的实际应用		
总计			
努力方向:		建议:	

知识巩固

1.领导的"四分图理论"和"管理方格理论"对于我们今天的管理工作起什么指导作用?

2.简述马斯洛的人类需求层次理论的内容。

3.简述激励的定义、作用与方法。

4.在生活中的非正式组织有哪些?试以其中一个为例来谈谈如何正确引导非正式组织。

5.结合自己生活、工作,谈谈作为管理者在与下属沟通时应该注意哪些沟通技巧?

案例分析

中国台湾塑料工业股份有限公司王永庆的激励机制

王永庆对员工施加巨大的压力,同时对下属的奖励也极为慷慨。台塑的激励方式有两类:一类是物质的,一类是精神的。台塑的金钱奖励以年终奖与改善奖金最有名。王永庆私下发给干部的奖金称为"另一包"(因为是公开奖金之外的奖金)。"另一包"又分两种:一种是台塑内部通称的黑包;另一种是给特殊有功人员的杠上开包。1986年黑包发放的情况是:课长、专员级为新台币10万～20万;处长、高专级为20万～30万;经理级为100万。同时给予特殊人员200万～400万的杠上开包。业绩突出的经理们每年薪水加红利可达四五百万元,少的也有七八十万。此外还设有成果奖金。对于一般职员,则选取"创造利润,分享员工"的做法。员工们都知道自己的努力会有代价的,这极大地激发了他们工作的积极性。

除了以上两套管理方法,在人员选拔、使用上王永庆也自有一番心得。他认为人才往往就在你身边,求才应该从企业的内部去寻找。他说:"寻找人才是非常困难的,最主要的是,自己企业内部的管理工作先要做好,管理上了轨道,大家懂得做事,高层经理人才有了知人之明,有了伯乐,人才自然就被发掘出来了。自己企业内部先行健全起来,是一条最好的选择人才之道。"王永庆分析指出:"身为企业家,应该知道哪一个部门需要何种人才?"例如,这种单位欠缺一个分析成本的会计人员,或是电脑的程序设计人员;究竟是哪一种成本分析,重要的是哪一部门的电脑专家,困难在哪里等。任用人才时应首先确定工作职位的性质与条件,再决定何种类型的人来担任最合适,然后寻求担任此职位的人才。

(资料来源:人大经济论坛.管理学世界500强企业管理案例.)

讨论与思考:

1.根据本章案例,谈谈王永庆值得学习的激励机制有哪些?

2.通过这些激励机制的学习,谈谈对我们生活工作中的管理有什么影响?

二 实训课业

实训项目:突发事件处理

1. **实训目的**

通过实训培养学生现场的指挥能力,提高处理突发事件应变的能力。

2. **实训内容**

运用本情境所学的知识,实际处理身边发生的管理问题。凌晨3:10,女生宿舍8号楼的卫生间水管突然爆裂,此时楼门已经关闭,人们都沉睡在梦中,只有邻近的几个学生宿舍惊醒。水不断地从卫生间顺着走廊涌出,情况非常紧急,假如你身处其中,如何利用你的指挥能力化险为夷。

3. **实训要求:**

全班按6~8人划分学习小组,小组成员进行角色分工及工作安排,讨论分析明确本次处理突发事件的方案。

4. **实训评价**

每个小组形成一份实训报告并进行汇报交流,通过自评、互评和教师评价综合评定成绩。

学习情境五
沟通与合作

知识目标

1. 掌握沟通的定义；
2. 理解沟通的过程；
3. 了解沟通的障碍。

能力目标

1. 掌握消除沟通障碍的方法；
2. 培养学生演讲的能力与技巧；
3. 训练团队管理与建设的能力。

案例引读

摩拜单车创始人胡玮炜的 32 分钟演讲

胡玮炜，一席第 429 位演讲者。从 2016 年的 5 月份开始邀请胡玮炜，到 12 月 20 日演讲视频上线，一席花了 7 个月才请动了她。但这完全不是一个估值近 10 亿美金公司创始人的耍大牌，相反正是因为她的低调，正如她所说"摩拜单车还是一个新生儿，还处在一个婴儿期，我如果过多演讲，会有一种幻觉，似乎是一种成功的幻觉，其实我们真的刚刚起步"，胡玮炜说出了她当时的顾虑。

胡玮炜非常的感性：上一位演讲者骆老师在台上讲他在城市里面的观察和细微的感受，她坐在台下一边听一边感动地流眼泪，上台后都还未抚平内心的激动。但也许正是这样感性的人，才能喊出"骑行改变城市"这样性感的口号。

她说："一个城市如果适合自行车骑行的话，它的幸福指数一定是非常高的。因为首先它应该有自行车道，然后有绿树，因为如果没有绿树夏天会非常热。空气也应该良好，这样人们才愿意去骑行。我们是坐等有一天能够变成这样，还是说每一个人可以付出一点力量，让这样的事情发生？"

无论是在上海还是在北京，胡玮炜都买过属于自己的自行车，但总是不到一个月她就放弃了——要么就是被偷了，要么就是我真的觉得在城市里面骑行其实是非常不方便的。她说："我希望我像一个机器猫一样，当我想要一辆自行车的时候，我就能从口袋里掏出一辆自行车骑走。因为在大城市里面，可能我无数次从地铁站出来，在高峰期的时候根本打不到车。我可能会坐一辆黑摩的，但是非常危险。那个时候我就特别希望有一辆自行车。"这是胡玮炜 2014 年的时候做梦都在想的事情。

2016 年，资本趋冷，但共享单车却杀出重围。如今，共享单车的火爆程度从单车的投放密集度就能看出来，在一、二线城市，几乎每个地铁口都会聚集大片颜色各异的共享单车。

摩拜在市场中获得如此成就,但创始人胡玮炜创办摩拜的最初却从没考虑过这个公司能不能做大。她的初心非常简单,就是要让一个城市更适合骑行,让更多人在0~5公里的出行范围内选择绿色出行。她说:"如果我失败了,就当做公益。"

思考:

1.胡玮炜不是一个口齿伶俐、特别能说的创业者,偶尔还会紧张至磕磕巴巴,但她在一席的演讲令人动容。你认为有哪些因素会影响到演讲的效果?

2.在演讲中应该注意哪些问题?

任务一　沟通与协调

一、沟通概述

沟通是人与人之间、人与群体之间思想与感情的传递和反馈的过程,以求思想达成一致和感情的通畅。沟通在很多组织中起着重要的功能。缺乏沟通途径,信息就不能传递。沟通是管理工作中的一个重要部分,组织的领导、激励,甚至冲突行为等都与沟通有不可分割的关系。

每天我们都可能与数个以至于数十个员工或同事进行沟通,但许多时候,我们很容易犯沟通方面的问题。所以,了解沟通过程(communication process)能让我们和别人沟通时效果更佳。

二、沟通过程

沟通过程是指沟通主体对沟通客体进行有目的、有计划、有组织的思想、观念、信息交流,使沟通成为双向互动的过程。由界定来看,沟通过程应包括五个要素,即发送者、接收者、沟通媒介、沟通环境、沟通渠道。

1.发送者

发送者即沟通主体,是指有目的地对沟通客体施加影响的个人和团体,诸如党、团、行政组织、家庭、社会文化团体及社会成员等。沟通主体可以选择和决定沟通客体、沟通媒介、沟通环境和沟通渠道,在沟通过程中处于主导地位。

2.接收者

接收者即沟通客体,包括个体沟通对象和团体沟通对象;团体的沟通对象还有正式群体和非正式群体的区分。沟通对象是沟通过程的出发点和落脚点,因而在沟通过程中具有积极的能动作用。

3.沟通媒介

沟通媒介,即沟通主体用以影响、作用于沟通客体的中介,包括沟通内容和沟通方法。沟通主体与客体间的联系,保证沟通过程的正常开展。

4.沟通环境

沟通环境,既包括与个体间接联系的社会整体环境(政治制度、经济制度、政治观点、道德风尚、群体结构),又包括与个体直接联系的区域环境(学习、工作、单位或家庭等),对个体直接施加影响的社会情境及小型的人际群落。

5.沟通渠道

沟通渠道,即沟通媒介从沟通主体传达给沟通客体的途径。沟通渠道不仅能使正确的思想观念尽可能全、准、快地传达给沟通客体,而且还能广泛、及时、准确地收集客体的思想动态和反馈的信息,因而沟通渠道是实施沟通过程,提高沟通功效的重要一环。沟通渠道很多,诸如谈心、座谈等。

沟通过程如图 5-1 所示。

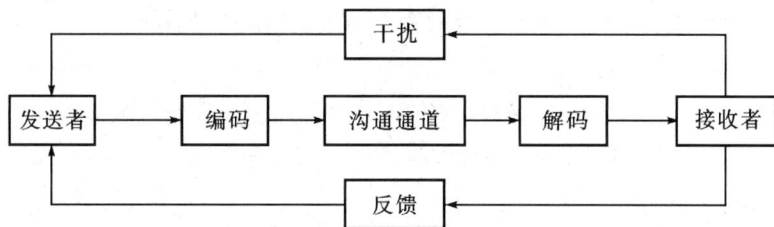

图 5-1

三、沟通的障碍

从图 5-1 中,我们可以发现,在沟通过程中,很多时候会受到干扰(interference),因而对沟通造成障碍,影响沟通的效果。

(一)发送者和接收者的障碍

1.词不达意

词语运用不当很容易造成沟通上的误会。例如,一些行业上的专业术语(jargon),外行人往往无法理解。

2.知识差距

一些过于复杂的意思,在信息发送者和信息接收者知识水平差距较大的情况下,其中一方常常无法理解对方的意思。例如,向一般市民大众解释联系汇率的运作,就会有沟通障碍。

3.主观过滤

人往往把自己喜欢听的话接收,而对自己不利或者不认同的信息充耳不闻。多数人都会从个人的角度去理解事物,或者根据自己的经验和习惯对事情作出判断,这个过滤过程(filtering process)虽然有助于更快地理解和判断事物,但是也会因为有"先入为主"的思想而影响到信息接收的准确性或完整性。

4.评估角度差异

在传递信息的过程中,我们往往会不经意地添加或者遗漏一些事情,即使信息的发送者据实报道,接收者也可能从不同的角度来理解,而造成信息的偏差。

5.个人情绪的影响

人是情感动物,所以在极度的兴奋、悲伤、恐惧、精神不集中的情况下,都会对沟通造成一定的障碍。

(二)沟通通道的障碍

沟通通道的问题也会影响到沟通的效果。沟通通道障碍主要有以下几个方面：

1.选择沟通媒介不当

比如对于重要事情而言，口头传达效果较差，因为接受者会认为"口说无凭""随便说说"而不加重视。

2.几种媒介相互冲突

当信息用几种形式传送时，如果相互之间不协调，会使接受者难以理解传递的信息内容。如领导表扬下属时面部表情很严肃甚至皱着眉头，就会让下属感到迷惑。

3.沟通渠道过长

组织机构庞大，内部层次多，从最高层传递信息到最低层，从低层汇总情况到最高层，中间环节太多，容易使信息损失较大。

4.外部干扰

信息沟通过程中经常会受到自然界各种物理噪音、机器故障的影响或被另外事物干扰所打扰，也会因双方距离太远而沟通不便，影响沟通效果。

四、消除沟通障碍的方法

(一)语言表达方式的选择

使用具体、明确、简单易懂的语言表达，从而达到清楚传递信息的效果。

(二)沟通技巧的培养

应该加强培养基本的沟通技巧（如听、说、读、写）。当信息的接收者和发送者都有良好的表达能力时，沟通过程就会容易很多，沟通效果也会比较好。

(三)留意身体语言

在面对面沟通时，应该多注意对方的身体语言，例如面部表情、语速、语调、神情、目光、姿势等，这都是可以提供丰富的信息，有助于我们理解对方所表达的信息的真伪以及重要性。

(四)慎选沟通媒介

每一种沟通媒介都各有利弊，在不同的环境或者不同的沟通目的下，应该选择更适合的沟通方式。

(五)良好的环境

沟通时要选择适当的气氛和环境，尽量避免嘈杂的声音、电话等外来的干扰。

(六)适当的重复

很多时候，人们会把某些信息内容忘记。发送信息者在适当的时候应该向信息接收者重复重要的信息，加深接收者的记忆及理解，以减少误会或混淆。

五、管理演讲的作用与要领

(一)管理演讲的作用

在管理实践中，管理者总会有各种机会需要作商务或管理演讲。如各种商务会议、新品的新闻发布会、策划案的说明会,或者在本部门工作的部署、动员、宣讲、总结等演说或讲话。所以说,演讲与口头的表达能力,是管理者最重要的基本功之一。

(二)演讲的准备

1.搜集相关信息

(1)明确沟通目的并选择话题。根据目的选择话题,最好是自己熟悉的,才能拥有大量题材。

(2)考虑听众的需求。首先了解下自己的听众,他们的思想水平、文化程度、职业状况、兴趣爱好等基本情况。在话题选择、表达方式上要考虑到听众的理解能力,选择他感兴趣或容易引起共鸣的例子或话题。

(3)演讲现场与环境的相关信息。

2.编写大纲或讲稿

编写大纲或讲稿是非常必要的,这是演讲的蓝本。最重要的是要富有新意的构思。可以先拟定提纲,再写出全稿,非正规的演讲也可以只作大框架的构思。

3.演讲的心理准备及练习

想要发言时充满信心,演讲时就使用你觉得自在的方法。这有助于演讲者控制面对听众时的紧张情绪,减轻演讲者的担忧。如果可能的话,可先在实际演讲会场进行试讲。深吸一口气,并保持微笑。

(三)演讲内容设计

1.明确演讲的目的和听众组成

(1)演讲目的。

①传道:传授知识,需要丰富的内容作支撑。

②激励:需要激情与煽动的语言。

③销售:需要一些对听众有帮助的内容与能产生共鸣的故事。

④说明:说明一个事情,需要有条理地把事情说清楚。

⑤宣传:需要听众感兴趣的话题。

(2)听众的素质。

不同的听众由于他们的收入、地位、年龄、文化程度、职业等因素各不相同,这些因素会影响到他们感兴趣的话题和对演讲者所讲内容的理解程度。提前了解听众的这些信息,对演讲者准备演讲很重要。

2.确定演讲的主题

主题尽可能简单明了,让听众一看就知道讲的内容是什么,以及对他有什么好处。

3.写好演讲提纲

演讲大纲包括开场白、主体内容和结尾三个部分。一般开头与结尾占演讲时间的 20% 左右,而 80% 左右的时间为主体内容。

演讲大纲写好后,重点就是内容的小提纲,把需要讲的重点(即小主题)列出来。一般一次演讲 90 分钟,则主体内容可以讲 3~6 个重点,最好不要超过 6 个,过多的重点或小主题会使听众思维混乱,反而无法把握演讲的重点。

4.收集演讲素材

根据提纲内容,收集演讲素材。演讲素材分为以下两部分:

(1)核心素材:必须要的故事或者内容。用来增加演讲主体部分的说服力,让听众在主体部分获得新鲜感、信服感和满足感。

(2)辅助素材:为了更详细说明一个重点,需要用到一些素材。例如以讲故事、举例子、列数据、谈亲身经历等方式来增加演讲内容的可信度和感染力,使听众能作出逻辑性或情绪性的回应。

5.写演讲稿

明确演讲稿的设计步骤以后,还要知道演讲稿的结构及时间分配:开场白 5～10 分钟;内容部分每个小关键点 10～20 分钟,如果是 90 分钟演讲稿,则讲 3～6 个关键点即可;结尾部分5～10 分钟。

下面分享三个写演讲稿的方式,大家可以按这个方式收集材料并设计演讲稿的内容:

方式一:提出要点＋讲 1～3 个故事或案例→得出结论。

方式二:提出要点＋讲 1～3 个故事或案例→提出解决方案。

方式三:讲 1～3 个故事或案例＋得出要点→发表个人观点。

课堂讨论

每个团队设计一个主题,团队成员经讨论进行简单的构思,提出简略的演讲思路,并完成演讲大纲的撰写,最后每个团队派一位成员来完成你们选题的演讲。

知识链接

演讲前的准备与演讲技巧

1.成功的演讲有两个诀窍

准备和练习。在你开始演讲的准备工作之前,先要确定演讲的目的。准备工作的每一个步骤始终要围绕这个目的进行。只有这样,才能保证你的准备工作有针对性且高效率。你积极的态度、活力和热情将增强你演讲的说服力。

2.排列类似观点,突出演讲主题

要想发言充满信心,演讲时使用你觉得自在的方法,这有助于你控制面对听众时的紧张情绪。对着镜子试讲,可能的话,在实际演讲会场进行试讲。确保你所讲的内容切题,要有激情,要抑扬顿挫,并和听众保持目光接触。如果听众中有人对你所讨论的问题有专业知识,就请他们发表意见。可以请听众来回答某些较难的问题,增加互动。

3.确保听众在离开会场时感到确有收益

在准备演讲内容时,自我提问,会有多少人来听演讲?听众的平均年龄是多少?听众的男女比例怎样?听众了解你的主题吗?听众是自愿来的,还是别人要求他们来的?听众有何共同点?听众有何文化特点?

4.不断提醒自己,要和听众交谈,而不是对听众发话

设想一下听众对你发言时所提出的敏感问题会有何反应,并且要意识到他们的这种反应会影响此后的演讲。进一步调查演讲的组织者是你了解听众的主要信息来源。如果你的演讲

是大会发言的一部分,你就要先索取一份会议代表名单。如果是对可能成为新客户的人作介绍,就要向相关行业的有关人士了解他们的情况。在公众集会上发言之前,要花时间查阅当地报刊,以了解听众可能关心的问题。要充分利用这些预备知识。如果你的发言与听众直接有关,并且发言反映出你已做了调查工作,听众就会愉快地接受你。

5.善于随机应变

听众数少,你和听众就有充分机会进行交流。你可以边演讲边回答听众提问,也可以就有关问题征求听众的意见。听众人数多,你与听众的沟通只可能以单向交流为主,发言方式就应完全不同。你的发言一定要简明扼要,明白易懂。这样,听众就能对你的演讲始终充满兴趣。

六、协调

协调是指通过各种管理与沟通手段,解决工作运行中的各种矛盾,使得经营管理活动能够平衡有效进行的管理行为。

(一)协调工作的类型

根据在平时工作中经常遇到的协调内容,可以将协调工作分为以下四种类型:

1.纵向工作协调

如贯彻落实上级文件指示和工作部署中的协调,处理下属单位各类请示中的协调,对下属单位催办、检查中的协调等。其目的是为了上承下达、理顺关系,使局部利益和全局利益统一起来,朝着共同的目标方向迈进。

2.横向工作协调

如与本单位各部门之间的关系协调,与没有隶属和指挥关系上级单位的关系协调与同级兄弟单位和部门之间的关系协调等。其目的是处理好左邻右舍的关系,创造一个良好的工作环境。及时沟通信息协同动作在互惠互利的原则下,求得共同的发展和进步。

3.专项工作协调

如目标、计划的协调,政策、规定的协调,工作节奏的协调,重大活动的协调等。其目的主要是处理一些专门关系以及矛盾纠纷,使职责明确,关系更加顺畅。

4.人事关系协调

如对内部人事关系的协调有:本单位领导成员之间、科(股、处)长之间、干事与干事之间的平行关系协调;科(股、处)长与领导之间、干事与领导之间的对上关系协调;领导与干事之间、科(股、处)长与干事之间的对下关系协调等。其目的是调动积极因素,克服消极因素,发挥主观能动性和创造性,提高工作效率,实现工作目标。

(二)协调工作的原则

在企业中,协调工作主要应遵循两条法则:一条是"黄金法则",其内涵是"你想别人怎样对待你,你也要怎样对待别人"。同样的,在一些具体的细节协调时,也要学会换位思考,"己所不欲勿施于人"。一条是"白金法则",其内涵是"别人希望你怎样对待他们,你就怎样对待他们",也就是我们经常讲的"急别人所急,想别人所想,帮别人所需"。

协调工作的原则具体可以归纳为以下几点:

1.全局性原则

全局性原则就是要一切从全局出发,维护整体利益。顾全大局,这是做好协调工作的核心,离开了这一点,协调方法再多再好,也难以协调到点子上。这就要求各个部门不打"小算盘",不能单纯为本部门利益去协调,更不能为个人得到点什么去协调。特别是在反映情况时,必须客观公正,不能带个人成见,掺杂个人感情成分。要坚持局部服从整体,眼前服从长远,一般工作服从中心工作的原则。

2.求实性原则

求实性原则就是要坚持实事求是,尊重客观事实探求事物的内部联系,把握事物的内在本质,对症下药,不能感情用事,主观臆断,凭老经验办事,拍脑门儿决策。

3.平等性原则

平等性原则就是要平等待人,不以权势压人,充分听取大家的意见。协调各方,使平行关系相互之间没有支配权,协调者决不能发号施令。

4.及时性原则

及时性原则就是要讲求时效,及时发现和解决部门之间、人员之间的矛盾和问题。统一思想,统一步调,减少工作中的内耗,防止矛盾激化,避免问题积重难返。

5.关键性原则

关键性原则就是要突出重点,抓主要矛盾,从根本上解决关键性问题。抓表治本,使问题解决一个少一个,防止同类事件的重复发生。

6.激励性原则

激励性原则就是要积极主动,充分调动各方面的积极性。使协调者和参与者发挥各自作用,进行优势互补,同心协力抓好工作落实。

(三)协调工作的技巧

有人的地方就有矛盾,做事情就会出现困难。工作当中涉及的内容方方面面,协调工作无时不在。无论是哪个层次的管理人员,协调工作都是其管理工作当中的重要组成部分。管理人员在处理协调工作的时候更是要结合实际,采取有效的形式,提高协调工作的效率和质量。

协调工作的基本技巧可以归纳为以下几点:

1.了解问题要深入

了解问题是协调的前提,只有对事情的来龙去脉了解得全面清楚,才能防止协调的片面性。只有对事情的前因后果了解得深刻,才能彻底解决问题。如果一知半解或道听途说,就仓促上阵,急于协调,不但不能解决问题,还会激化矛盾,使问题复杂化。对一时不清楚的问题,不急于求成下结论,可先稳定各方情绪,明确要求,待深入调查研究后,再作彻底处理。

2.判断是非要准确

判断是非是解决问题的前提。准确判断是非、正确分析问题是关键。首先对调查了解的情况要比较、筛选,去伪存真;其次是由表及里,层层剥皮,找准症结,实事求是地解决问题;再次地由此及彼,举一反三思考问题,防止在协调中肯定一切或否定一切的简单化的思考模式。

3.解决问题要果断

事情的是非分清后,态度要鲜明决断,拿出处理意见,及时解决矛盾和问题,碰到"钉子"不手软。否则,议而不决,问题必然越积越多,管理者的威信越拖越低,今后的协调工作也将会越来越难。

4. 相应措施要有力

协调的目的不仅要解决已经发生的问题,更要防止今后同类问题的重复发生。因此,对于经常出现的协调问题,一定要注意建立相应的规则制度,形成体系化的 SOP,以巩固协调成果。

知识链接

SOP(标准操作程序)

SOP 是标准操作程序(standard operating procedure,SOP)的英文首字母缩写。SOP 是将某一事件的标准操作步骤和要求以统一的格式描述出来,用来指导和规范日常的工作。从上述基本界定来看,SOP 具有以下一些内在的特征:SOP 是一种标准的作业程序。所谓标准,在这里有最优化的概念,即不是随便写出来的操作程序都可以称作 SOP,而一定是经过不断实践总结出来的在当前条件下可以实现的最优化的操作程序设计。

SOP 不是单个的,是一个体系,虽然我们可以单独地定义每一个 SOP,但真正从企业管理来看,SOP 不可能只是单个的,必然是一个整体和体系,也是企业不可或缺的。余世维在他的讲座中也特别提到:一个公司要有两本书,一本书是红皮书,是公司的策略,即作战指导纲领;另一本书是蓝皮书,即 SOP,标准作业程序,而且这个标准作业程序一定是要做到细化和量化。也就是说这个标准,要尽可能地将相关操作步骤进行细化、量化和优化,并且这些标准是在正常条件下大家都能理解又不会产生歧义的。

学习评价

考核评价内容如表 5-1 所示。

表 5-1　沟通与协调能力考核评价表

项　目	评价内容	团队评价	教师评价
专业知识(30分)	沟通的过程		
	沟通的障碍		
	消除沟通障碍的方法		
专业能力(40分)	演讲的准备工作		
	演讲的内容设计		
综合素质(30分)	沟通的技巧		
	协调工作的技巧		
总计			
努力方向:		建议:	

任务二　合作与团队

一、人际交往艺术

人际交往,也称社会交往,是指人与人之间通过一定的方式进行接触,从而在心理和行为上发生相互影响的过程。

通常人际交往的顺利及有效有赖于以下五个条件:

(1)传送者和接受者双方对交往信息的一致理解。

(2)交往过程中有及时的信息反馈。

(3)适当的传播通道或传播网络。

(4)一定的交往技能和交往愿望。

(5)对交往对象时刻保持尊重。

在管理实践过程中,管理者要同各类人进行交往和沟通,协调各种人际关系,实现广泛的团结与合作。因此,必须高度重视人际交往的艺术,做好情感的融通工作。

(一)良好的第一印象

建立一个良好的第一印象,展现自己最吸引人的品质。第一次和陌生人见面时,应穿着打扮整齐、干净,谈吐自然,有礼有节。

要给人留下良好的第一印象,第一要注重外表。要有自己的穿衣哲学,以自身为主,与本人体型、身份、场合相适应;既要穿出自己的个性与风度,又要为实现交际目标服务。第二要学会倾听。倾听,是帮助一个人了解别人的捷径,学会倾听,是人际交往中要学会的重要技巧之一。第三要注意举止谈吐。要重视交际中举止的规范性、礼仪性。通过沟通交往中的学识谈吐,举手投足,表现出自身的风度、气质、才学、人品,以及对交往对象的尊重与情感。

(二)真诚、热情、助人为乐

沟通技巧固然重要,但诚实守信是一个基本的做人准则,这也是和对方沟通交流的一个思想基础。因此,我们在与人相处时,要宽宏豁达,要体谅他人,要处处以诚相待。只有这样,才可能获得真正的朋友,才能实现互助、友谊、双赢。

(三)交谈的技巧

1.应善于运用礼貌语言

礼貌是对他人尊重的情感的外露,是谈话双方心心相印的导线。人们对礼貌的感知十分敏锐。

2.请不要忘记谈话目的

谈话的目的不外乎有以下几点:劝告对方改正某种缺点;向对方请教某个问题;要求对方完成某项任务;了解对方对工作的意见;熟悉对方的心理特点;等等。为此,应防止离开谈话目的东拉西扯。

3.要耐心地倾听谈话,并表示出兴趣

谈话时,应善于运用自己的姿态、表情、插语和感叹词。诸如:微微地一笑,赞同地点头等,

都会使谈话更加融洽。切忌左顾右盼、心不在焉,或不时地看手表、伸懒腰等厌烦的表示。

4.应善于反映对方的感受

如果谈话的对方,为某事特别忧愁、烦恼时,就应该首先以体谅的心情说:"我理解你的心情,要是我,我也会这样。"这样,就会使对方感到你对他的感情是尊重的,才能形成一种同情和信任的气氛,从而,使你的劝告也容易奏效。

5.应善于使自己等同于对方

人类具有相信"自己人"的倾向,一个有经验的谈话者,总是使自己的声调、音量、节奏与对方相称,就连坐的姿势也尽力给对方在心理上有相容之感。比如,并排坐着比相对而坐在心理上更具有共同感;直挺着腰坐着,要比斜着身子坐着显得对别人尊重。

6.应善于观察对方的眼睛

在非语言的交流行为中,眼睛起着重要作用,眼睛是心灵的窗户,眼睛最能表达思想感情,反映人们的心理变化。高兴时,眼睛炯炯有神;悲伤时,目光呆滞;注意时,目不转睛;吃惊时,目瞪口呆;男女相爱,目送秋波;强人作恶,目露凶光。

人的面部表情固然可以皮笑肉不笑,但只要您仔细观察,便会发现,眼睛便不会"笑起来"。也就是说,人的眼睛很难作假,人的一切心理活动都会通过眼睛表露出来。为此,谈话者可以通过眼睛的细微变化,来了解和掌握人的心理状态和变化。如果谈话对方用眼睛注视着你,一般表示是对你重视、关注;如果看都不看你一眼,则表示一种轻蔑;如果斜视,则表示一种不友好的感情;如果怒目而视则表示一种仇视心理;如果是说了谎话而心虚的人,则往往避开你的目光。

7.交谈注意事项

不要使用生僻词、已废弃的词句或专业词汇。这些词汇不会给别人留下好的印象,只会使别人感到讨厌。

不要做些令人讨厌的举动。如在谈话时从不看着对方眼睛,而是看你身后或你周围是否还有其他更重要的,更值得与其交谈的人物;或是盯着人家的服饰漫不经心地说话。

要在交谈中善于觉察,如果对方急促不安,也许另外有事,只是出于礼貌没打断你的话,那么就应立即停止自己的话。

二、合作及其条件

(一)合作的含义

合作是指人与人及群体之间为实现共同的目标、任务、利益而互相配合与支持、共同努力的过程。合作既包括人与人之间的合作,还包括人与群体、群体与群体之间的合作。合作是个体结合而形成整体、打造合力、放大作用的人类智慧的行为。

(二)合作的意识

合作意识是指个体对共同行动及其行为规则的认知与情感,是合作行为产生的一个基本前提和重要基础。善于合作,不仅能从工作中找到乐趣,而且也能从生活中找到乐趣。

合作意识需要通过某种活动,通过人和人的交往过程,通过共同完成任务与对各种结果的经历,及成果的分享和责任的共同承担的关系去培养。所以,作为一个组织的管理者,必须要有这种合作意识,通过项目或者任务将各个团队或者部门连接起来,有团结合作的意识才会有团结合作的局面。

(三)合作的条件

成功的合作需要具备一些基本途径,主要有:①一致的目标。任何合作都要有共同的目标,至少是短期的共同目标。②统一的认识和规范。合作者应对共同目标、实现途径和具体步骤等,有基本一致的认识;在联合行动中合作者必须遵守共同认可的社会规范和群体规范。③相互信赖的合作气氛。创造相互理解、彼此信赖、互相支持的良好气氛是有效合作的重要条件。④具有合作赖以生存和发展的一定物质基础。必要的物质条件(包括设备、通讯和交通器材工具等)是合作能顺利进行的前提,空间上的最佳配合距离,时间上的准时、有序,都是物质条件的组成部分。

三、团队的含义与特征

(一)团队的含义

斯蒂芬·罗宾斯认为,团队是指一种为了实现某一目标而由相互协作的个体所组成的正式群体。团队的形成要符合以下四个条件:①成员在两个或两个以上;②成员拥有互补的知识、技能与经验;③拥有共同的目标;④成员要互相协调与合作。

案例链接

谷歌公司的团队沟通

在谷歌,几乎每个项目都是团体项目,而团队成员之间必须沟通,有效沟通的最佳途径是让团队成员在一间屋里办公。其结果是,谷歌的几乎每个员工都与人共用办公室。当一位程序员需要与同事协商问题时,不用等待对方回复。当然,公司还有许多会议室可供人们进行详细讨论,以免打扰办公室里的其他同事。同时,由于团队所有成员之间的距离都在办公室之内,进行协作相对比较容易。除彼此之间物理距离短之外,谷歌员工们每周还通过电子邮件向所在团队的其他人发送一段上周工作内容摘要。这使每个人都能便捷地了解同伴们的工作进展,并与团队工作保持同步。

管理启示:

协作性是区分团队和群体的重要标志,而一个团队要达到良好的协作必须有良好的沟通,并且在技术和经验上能互补,这样就能打造一个高效的团队。

在当今时代,由于全球化的竞争压力,传统的层级式组织结构无法应对激烈的外部环境变化,越来越多的组织开始采用团队工作方式来改善组织的效率,团队的概念异常流行。以至于德鲁克说:"现代企业不仅是老板和下属的企业,更应该是团队的企业。"团队之所以如此重要,有以下几方面的因素:

(1)现代企业的组织结构越来越复杂,组织中的单个人无法获得所有的信息去独立完成一项工作。在这种情况下,团队是组织应对复杂多变环境的一种明智选择。合理的团队结构设计,可使组织在面对复杂多变的外部环境时,能够对外部需求迅速作出反应,进而选择合适的执行策略。

(2)在传统组织结构下,一般员工通常没有参与决策及团体工作的机会,而通过团队工作方式,使之广泛参与组织的决策,可增加员工对组织的认同感,激发工作潜能并提升工作满足感,进而激励员工并提高其生产效率。

（3）团队是组织的管理、服务及产品品质控制的有效模式。从组织的角度来看,组织所面临的主要问题是内部的效率低下以及外部环境的压力,如产品创新压力、市场竞争压力、顾客多元化需求压力等。而团队为组织减轻这些压力提供了较好的解决方案。团队可以打破组织结构的界限,增强员工的参与,实现一定的授权,充分发挥员工的才能,进而提高组织的工作效率。

（4）团队是学习型组织中最佳组织形式。在学习型组织中,通过团队,组织成员可以充分地获取并分享信息,可以持续地学习与改进,从而促进组织健康成长并增加组织应对外部环境的弹性。

（二）团队的特征

很多公司现在都是在以团队的形式来进行工作的,但是很多"团队"并不能真正称之为是一个团队。比如,很多团队并不协作,很多团队成员技能并不互补,或者团队成员没有共同的目标。所以这些"团队"并没有达到"1+1＞2"的工作效果。真正的团队应该具备以下七个特征:

1.明确的团队目标

一个好的团队,大家一定有共同的、明确的目标,是大家都认可的,是一面旗帜,大家都朝着旗帜的方向前进。

2.共享

一个好的团队,就在于团队成员之间,能够把为了达成团队共同目标的资源、知识、信息,及时地在团队成员中间传递,以便大家共享经验和教训。

3.不同的角色

好的团队的特点就是大家的角色都不一样,每一个团队成员要扮演好自己特定的角色,角色的互补才会形成好的团队。

4.良好的沟通

良好的团队首先能够进行良好的沟通,成员沟通的障碍越少,团队就越好。这也是每一个处在企业中的人的深刻体会。

5.共同的价值观和行为规范

现在所倡导的企业文化实际上是要求企业中要有共同的价值观。价值观对于企业,就像世界观对于个人一样,世界观指导个人的行为方式,企业的价值观指导整个企业员工的行为。

6.归属感

归属感是团队非常重要的一个特征,当成员产生对团队的归属感,他们就会自觉地维护这个团队,愿意为团队做很多事情,不愿意离开团队。

7.有效的授权

有效的授权是形成一个团队非常重要的因素,通过有效的授权,才能够把成员之间的关系确定下来,形成良好的团队。

知识链接

谷歌和它的完美团队

谷歌最近的一项研究表明，团队成员间的互动比团队成员的构成更重要。谷歌研究员总结了谷歌的高效率团队都具备的五个特征：安全感、可靠性、目的性、使命感和影响力，这些对团队效率的影响比职位、技能水平和工作地点带来的影响要大。

在这个研究项目里，谷歌收集了来自很多领域的数据。研究员对团队负责人进行采访，把他们对团队效率驱动因素的看法跟自我评价和销售业绩进行对比。研究员同时对现有数据（谷歌关于工作和生活的纵向调查）进行分析，试图找出影响效率的因素。他们收集了各方面的信息，比如技能、团队动力、性格特点、职位、地点和情商等。研究员希望找出对大部分团队的效率具有强有力影响的因素。

研究结果表明安全感是五个特征里"最基本也是最重要"的。安全感是个人在承担风险时能够感知到的结果。个人在团队里承担风险时感到越舒适（尝试新的东西或承认失败与不确定性），团队的效率就会越高。在心理安全感更高的团队里，成员具有公平的发言时间（例如，每个成员在指定的时间段内享有相同长度的发言时间）。谷歌建议从团队里获得有建设性的想法，在团队里分享工作经验，也鼓励其他人这样去做，提高对心理安全感的认识。

研究员指出的另一个特征是可靠性。团队成员通过及时完成高质量的工作来展示他们的可靠性。如果他们通过协作来划分角色和职责，并贯穿工作的整个过程，那么可以鼓励团队提高可靠性。

第三个特征是目的性，这个是团队通过对工作期望的清楚认识来体现的，不管是在个人层面还是团队层面。团队可以通过频繁地分享团队目标和检查目标计划来提升目的性。

第四个特征是使命感，对工作具有目标感的个人就是这方面的例子。团队可以通过对个人的工作表达感激，通过反馈表示支持来提升使命感。

最后一个特征是影响力。团队成员的工作如何给团队成长带来贡献就是影响力的一个例子。经常在团队里分享个人工作对他人的影响，可以让这个特征体现得更明显，不管这些影响是正面还是负面的。

（资料来源：http://www.infoq.com/cn/）

四、团队的类型

按照团队存在的目的和形态进行分类，一般可以将团队划分成问题解决型团队、自我管理型团队、多功能团队和虚拟团队。

(一)问题解决型团队

问题解决型团队往往组织成员就如何改进工作程序、方法等问题交换看法，并就如何提高生产效率、产品质量等问题提供建议。

问题解决型团队的核心点是提高生产质量、提高生产效率、改善企业工作环境等。在这样的团队中成员就如何改变工作程序和工作方法相互交流，提出一些建议。

缺点是成员几乎没有什么实际权力来根据建议采取行动。员工参与决策过程的积极性略显不足。

(二)自我管理型团队

自我管理型团队是一种真正独立自主的团队,他们不仅探讨问题解决的方法,并且亲自执行解决问题的方案,并对工作承担全部责任。

自我管理型团队的人数通常有10~15人,他们承担一些原本由上级承担的责任。这种自我管理型团队甚至可以自由组合,并让成员相互进行绩效评估,而使主管人员的重要性相应下降,甚至可能被取消。

缺点:虽然有时员工的满意度随着权力的下放而提升,但同时缺勤率、流动率也在增加。所以首先要看企业目前的成熟度如何、员工的责任感如何,然后再来确定自我管理团队发展的趋势和反响。

(三)多功能团队

多功能型团队由来自同一等级、不同工作领域的员工组成,他们来到一起之后,能够使组织内(甚至组织之间)的员工交流信息,激发新观点,解决面临的问题,协调完成复杂的项目。

由于团队成员知识、经验、背景和观点不太相同,加上处理复杂多样的工作任务,因此实行这种团队形式,建立有效的合作需要相当长的时间,而且要求团队成员具有很高的合作意识和个人素质。

(四)虚拟团队

虚拟型团队是现代科技革命的产物,它是一种以现代通讯技术为基础的"网上"团队,是指一群分散在不同地方的人为了完成共同的目标和任务而产生的互动。其主要优点是:组织资源的最优整合;多文化的最优整合;低成本、高效率;满足成员工作和生活需求。

课堂讨论

团队训练小游戏

团队任务:回形针的用途。

规则:1.你的点子不需要是实用的,只考虑想法;

　　　2.任何方法都不是愚蠢的,单注重数量;

　　　3.想法越古怪越好,鼓励异想天开。

时间:15分钟

要求:每个团队用思维导图的方式画出你们团队的讨论结果,并派一位代表来发表你们的观点。

结果:评选出最多点子和最佳点子的团队。

知识链接

思维导图又称脑图、心智地图、脑力激荡图、灵感触发图、概念地图、树状图、树枝图或思维地图,是一种图像式思维的工具以及一种利用图像式思考辅助工具。思维导图是使用一个中央关键词或想法引起形象化的构造和分类的想法;它用一个中央关键词或想法以辐射线形连接所有的代表字词、想法、任务或其他关联项目的图解方式。

五、团队建设的阶段

团队的生命周期一般可分为四个阶段:形成期、凝聚期、规范期、成熟期。不同的发展阶段,有不同的沟通特点。

(一)形成期

形成期是从混乱中理顺头绪的阶段,由于团队成员由不同动机、需求与个性的人组成,因此缺乏共同的目标,彼此之间的合作关系尚未形成,团队规范也没有建立起来,此阶段矛盾多,一致性少。

这一阶段的沟通特征表现为谨小慎微。在这一阶段,团队领导应立即掌握团队,快速让成员进入状态,降低不稳定的风险,确保项目的顺利进行。团队领导在与团队成员沟通时,应把设定的目标清晰直接地告知员工,并不断强化,不能让成员想象或猜测,否则会使团队涣散。在团队成员关系方面,要强调互相支持,互相帮忙。这个时期也要快速建立必要的规范,使一些行为有章可循,规范不需要完美,但要能使团队成员尽快进入轨道。规定不能太过繁琐,否则不易理解。

(二)凝聚期

在凝聚期,虽然团队有了初步的目标与愿景,团队规范也逐步建立起来,但是团队成员还没有凝聚起来,成员的团队意识还不够强,还未形成深入人心的团队文化。这一阶段,团队成员会为其在团队中的地位和影响力而竞争,在主要问题上会产生较大的分歧,因此,这一阶段是冲突和矛盾最为激烈的时期。很多团队在这一阶段因矛盾无法调和或冲突太过严重而夭折。

这一阶段的沟通特征主要表现为相互竞争。因此,团队要注重协调与合作,其中,团队领导在沟通与协调方面扮演着重要作用。团队领导在与成员沟通时,要注意一定的方法和技巧,要注意倾听下属的意见,理顺成员间的关系,做好协调者和决策者的双重角色。

(三)规范期

经过一段时间的震荡与融合,团队会逐步克服团队建设中碰到的一系列阻力并将逐渐走向规范。在这个阶段中,团队内部成员之间开始形成亲密的关系,团队表现出一定的凝聚力。团队成员开始产生共识并积极参与,彼此之间保持积极的态度,表现出相互之间的理解和关心,并再次把注意力转移到工作任务和目标上来,大家关心的问题是彼此的合作和团队的发展。

这一阶段的沟通特征主要表现为和谐融洽。此时期的领导重点是抓关键,对于较为短期的目标与日常事务,可授权部属直接处理,如果有新进人员,必须尽快使其融入团队之中。

(四)成熟期

在成熟期,团队已经形成了一定的团队文化,团队结构已被团队成员完全接受并开始充分发挥作用。人们知道如何建设性地提出不同意见,能经受住一定程度风险的考验。大家高度互信,彼此尊重整个团队,已熟练掌握如何处理内部冲突的技巧,也学会了团队决策和团队会议的各类方法。

这一阶段的沟通特征主要表现为协作进取。但是在成熟期,团队有停滞不前甚至老化的可能。因此团队领导要运用系统思考,综观全局,并保持危机意识,要通过持续沟通,使团队成员接收外部新方法、新输入,提倡自我创新、持续学习。

团队不同阶段的沟通特征如表5-1所示。

表 5-1　团队不同阶段的沟通

	形成期	凝聚期	规范期	成熟期
行为特征	兴奋紧张 期望值高	问题暴露 冲突增多	提升技能 形成规范	沟通流程化 分享决策权
行为目标	收集信息 自我定位	明确职责 磨合关系	发展关系 交流合作	任务完成 寻求发展
沟通特点	谨小慎微	相互竞争	和谐融洽	协作进取

六、团队沟通的障碍及策略

一个团队仅有良好的愿望和热情是不够的,高效协作的团队也不是一蹴而就的。团队的工作过程其实也是团队从建立初期到逐步形成合力,再到协作规范,再到成熟高效的团队的形成过程。而这个过程其实是通过团队在工作过程中不断沟通不断磨合才逐步形成的。在这个过程中,团队中会出现矛盾,会出现协调的问题,也会出现很多沟通上的障碍。所以在团队的沟通过程中需要一定的沟通策略,只有这样才能使团队沟通更加顺畅与有效。

(一)团队沟通的障碍

在讨论团队沟通技巧之前,我们先来分析一下影响团队正常沟通的障碍有哪些。一般说来,团队正常沟通的障碍有沟通渠道单一、语言障碍、心理作用、个性差异四类。

1.沟通渠道单一

一些团队领导人认为只要把信息传递给团队成员就可以了,他们往往只是口头上把意见说出来,或采取简单的通知或说明来告知员工。

2.语言障碍

在团队沟通时,如果信息发出者不善于表达,那么接收者就有可能不完全明白对方的意思。同一个词在不同的语境下有不同的理解,这会进而影响到团队沟通的效率。

3.心理作用

团队中的成员也可能受到心理作用的影响,如害怕给同事留下不好的印象、首因效应、自以为是等。

4.个性差异

人的个性多种多样,有的外向,有的内向,有的较为理智,有的较为情绪化。如果团队成员不了解自己和他人的个性,也就无从了解彼此的沟通风格,有效的沟通也就无从谈起。

(二)团队沟通的策略

针对上述四种沟通障碍,我们提出了团队沟通的四种策略,具体如下:

1.多渠道沟通

沟通的渠道多种多样,要根据沟通内容,选择合适的一种或几种沟通渠道,如口头沟通、书面沟通、大小会议、录像录音、内部通讯、公文函件等。

值得关注的是,近年来,沟通的技术支持日新月异,电子沟通正在成为一种重要而高效的沟通方式,如手机通讯、电子邮件、视听会议和组织内的互联网或局域网等。电子沟通不但显著改变了沟通模式、降低了信息传递和共享的成本、提高了灵活性,而且正在改变组织的结构和整个管理程序及模式。

2.减少语言障碍

团队一旦由于某人不当的语言造成了沟通的失败,就会使团队的工作效率大打折扣。因此,信息发送者要使用简洁、明了的语言进行沟通。使用反馈、鼓励双方交流是减少因语言障碍造成信息传递失真的一个重要方法。

3.正视自我,克服负面心理

团队中的每位成员都应该相信只有通过努力合作才能取得更大的成绩,每个人都是愿意与别人合作的。不要受负面情绪、负面心理的影响,要客观地对待每一件事、每一个人。

4.了解自己和他人

一般层次的沟通,人们基本上不会造成太大的偏差,但是如果针对某一个关键问题而进行深层次沟通,那么就需要了解自己的沟通风格,这种风格会给他人带来什么影响。此外,还应了解对方的沟通风格,这样才能理解对方为什么会这样说。知己知彼,才会减少因个性不同而带来的沟通障碍。

知识链接

FPA 性格色彩

FPA 系统将人们的性格分为红色、蓝色、黄色、绿色。人的性格是复杂的,因此一个人绝不可能仅仅只受一种色彩来支配,四种色彩的综合才是对性格最完整的描述,只不过通常其中的一种或两种色彩占主导位置。FPA 不仅对职场范围的人际关系起作用,它也可以帮助我们认识自己、理解别人,对我们的生活、工作、家庭等全方位的人际关系有所助益。

这不是一个娱乐测试,而是一个严肃的心理学测试。这个测试的初级目的是以数据方式真正认识自己的性格特点分布,高级目的是准确识别他人性格,并了解与不同性格的人交往的秘笈,还可以知道如何将自己的性格优势修炼到极致。

学习评价

考核评价内容如表 5 - 2 所示。

表 5 - 2　合作与团队能力考核评价表

项　目	评价内容	团队评价	教师评价
专业知识(30 分)	团队的含义及特征		
	团队的类型		
	团队的建设阶段		
专业能力(40 分)	团队沟通的策略		

项　目	评价内容	团队评价	教师评价
综合素质(30分)	交谈的技巧		
	性格色彩的认知及识别		
	人际关系交往的艺术		
总计			
努力方向:		建议:	

知识巩固

1. 沟通的定义及其过程是什么?

2. 协调工作的类型及原则是什么?

3. 团队的含义及其特征是什么?

4. 团队建设的四个阶段及各个阶段的沟通特征是什么?

案例分析

惠普公司的组织沟通

惠普公司非常重视为员工创造最佳的沟通氛围,为此制定了很多相关的政策,不但增强了员工个人的满意度和成就感,更加确保了公司能够有效地进行信息沟通,及时制定并执行解决问题的方案。同时,惠普公司通过与客户进行有效沟通,既与客户之间建立了紧密的联系,更为其产品的开发与推广提供了高价值的全面信息。

1. 实行"走动式的管理",进行走动式沟通

走动管理的概念起源于美国管理学者彼得思与瓦特门在 1982 年出版的名著《追求卓越》一书。书中提到,表现卓越的知名企业中,高阶主管不是成天待在豪华的办公室中等候部属的报告,而是在日理万机之余,仍能经常到各个单位或部门走动走动。该书作者因此建议,高阶主管应该至少有一半以上的时间要走出办公室,实际了解员工的工作状况,并给予加油打气。

在惠普公司,这项政策是一个帮助经理们和监督者们了解他们手下的人和他们正在做的工作,同时使他们自己也更加平易近人的办法。"走动式的管理"是经理们同工厂工人一起致力于解决问题的做法,它解决了书面指令难以面面俱到的缺点,使管理者亲自参与、深入实际。比尔·休利特和戴维·帕卡德经常一起参加这种会议,他们的视察始终包括一项到处走走看看的内容,有机会无拘束地会见雇员并和他们交谈,看看他们正在进行的工作。

2. 实行"开放式管理"政策,保证公开沟通

惠普公司制定了"开放式管理"政策,对员工、职能直线经理、人力资源经理、人力资源部雇员关系等作用和责任进行明确规定,用以确保惠普的开放式工作环境。

例如在员工的责任条款中规定:员工有责任公开提出问题,并表示关注;与直接上司讨论解决问题是最佳选择,如不可行可以向其他主管经理或人力资源部门寻求解决方案;一旦有问题就及时提出,寻找每个人的最佳解决方案;明朗而真实地进行沟通交流;了解解决方案应该包括与他人进行交谈;清晰表述具体需要的管理行动;等等。而职能直线经理的责任条款包括:公开倾听员工提出的问题和关注点,争取充分理解;自己解决问题;识别并寻求人力资源经理的帮助以找到解决方案;采取清晰、决定性的行动解决问题;等等。

"开放式管理"政策旨在建立相互信任和理解,以及创造一种环境,使人们感到可以自由表达他们的思想、意见和问题。不管雇员的问题是属于个人的,还是同工作有关的,"开放式管理"政策鼓励他们同一个合适的经理讨论这种问题。从大量的情况来看,这个经理将是雇员的顶头上司。但是,如果这个雇员不大愿意同这位上司谈,他(或她)可以越级同较高一级的经理讨论种种的误解或任何其他问题。通过这项政策发现,人们是乐意提出他们可能有的问题或关心的问题,而且经理们通常也能够很快地找出令人满意的解决办法。比尔·休利特和戴维·帕卡德都经常各自参加不同雇员的"开放式管理"沟通工作,通常是讨论普遍关切的问题,而不是个人的不满。

3. 实行"戴帽子过程",提升沟通技能

在《惠普之道》书中特别提到了一个有效的沟通案例,即比尔的"戴帽子过程"。一些革新者经常会提出富有创造性的革新思路,但是,经别人仔细地进行客观分析以后,这些思路很可能被否决。经理们该如何鼓励和帮助这些失望的革新者继续保持热情呢?

多年来,惠普的许多经理们十分赞赏比尔·休利特处理这类问题的办法,并称之为比尔的"戴帽子过程"。惠普公司1967年在纽约市电气和电子工程师学会的贸易展览会上展示它的一台计算机。一位富有创造性的革新者满怀热情地提出一种新思想,并找到比尔。比尔马上戴一顶"热情"帽子。他认真地倾听着,在适当的地方表示惊讶,一般是表示赞赏,同时问一些十分温和的、不尖锐的问题。几天以后,他把创新者又叫来,戴的是"询问"帽子。这回提出了一些非常尖锐的问题,对他的思路进行了彻底的探讨,有问有答,问得很详细,然后就休会了,未作出最后决定。不久以后,比尔戴上"决定"帽子,再次会见这位革新者。在严格的逻辑推理和敏感的思索下,作出了判断,对这个思路下了结论。即便是最后的决定否定了这个项目,这个过程也给予这个创新者一种满足感。这是"惠普之道"中倡导的使人们继续保持热情和创造性的一个极为重要的沟通方式。

4. 实行亲密的情感沟通,筑建和谐的组织氛围

惠普在公司内部营造了浓郁的家庭气氛,并在早期的企业里也创造了对这种亲密情感沟通方式的认同感。"野餐"被惠普的创始人们公认是"惠普之道"的重要内容之一。在早期,惠普公司每年在帕洛阿尔托地区为公司所有员工及其家属举行一次野餐。这是一件大规模活动,主要由雇员自己计划和进行。比尔·休利特和戴维·帕卡德以及其他高级行政人员负责上菜,从而使大家有机会会见所有的雇员及其家属。这是一项很受欢迎的福利,因此后来决定在世界其他地区有惠普人聚居的地方也这样做。公司的发展壮大也波及了公司野餐的规模和性质,随着公司的扩大,每个分公司都将举行自己的野餐会。比尔·休利特和戴维·帕卡德以及惠普公司的许多行政人员尽可能多地参加这些野餐会,因为它们使公司高层有机会同在美国、欧洲以及世界各地的许多雇员见面和交谈。

此外,惠普公司还采取了包括会见所有雇员及其家属的多种多样的感情交流方式。例如惠普公司经理们很好地利用了喝咖啡时的交谈和其他非正式雇员集会。雇员的刊物、电影和录像带都是有益的沟通工具,但是没有什么东西比亲自的相互沟通更能促进合作和团队精神,更能在雇员之间建立一种信任和理解的气氛。

5.有效的外部沟通——倾听客户

惠普公司获得成功的根本基础,是努力满足顾客的需要。惠普鼓励公司的每一个人经常考虑使自己的活动围绕为顾客服务这一中心目标,认真地倾听客户的意见。"热忱对待客户"位于惠普公司提出的七个价值观的首位,"倾听客户的意见"也是惠普之道的核心部分。

在惠普公司,为顾客服务的思想,首先表现于倾听客户意见,并据此提出新的思路和新的技术,在这个基础上开发有用的重要产品。这些新的思路成为开发新产品的基础,而新产品将满足顾客潜在的重要需要。除此以外,惠普公司还提供许多不同种类的产品,以满足不同顾客的需要。向特定客户提供的产品必须是能够最好地满足顾客全面长远需要的产品。这就要求其推销人员能同顾客密切合作,以便用最恰当而有效的办法解决他们的问题。当顾客购买惠普的一件产品时,他们不仅期望在买到产品之日起它就运转正常,而且还辅之以最好的服务,从而使这种产品可以为顾客长期地、无故障地服务。

讨论与思考:

1.你认为惠普沟通之道是什么?

2.在惠普的沟通之道中,你认为哪一点对你触动最大? 在这一点上,你能举出其他例子吗?

实训课业

实训项目:团队现状分析与团队问题整改方案

1.**实训目的:**

(1)培养对团队进行分析的能力。

(2)提高团队建设的能力。

2.**实训内容:**

运用本单元所学知识与技能,解决实际所处团队的管理问题。

3.**实训要求:**

(1)分析团队的现状:例如团队领导者、领导方式、领导问题等。

(2)分析团队的问题:例如沟通问题、协调问题、分工问题等。

(3)提出团队问题的解决方案。

4.**实训评价:**

每个团队形成一份实训报告并将主体内容以 PPT 的形式进行汇报交流,通过自评、互评和教师评价综合评定实训成绩。

学习情境六

控 制

知识目标

1. 理解控制的定义、特点、作用、对象、原则；
2. 熟知控制的类型；
3. 掌握控制的过程；
4. 了解控制的技术和方法。

能力目标

1. 掌握控制和控制过程相关理论的能力；
2. 培养运用控制方法分析的能力。

案例引读

为什么又没有做好？

王利华是大三学生，在学校创办了创业者社团。随着社团规模不断扩大，由于社团在运作和管理方面主要是凭经验，所以在社团活动的开展方面经常出现一些意想不到的问题。这在一定程度上影响了社团成员的士气，社团发展有走下坡路的趋势。为此，王利华和几个负责人商量在今年一定要搞好几次活动以振士气。经过王利华的努力，社团终于争取到了校学生工作部举办的创业策划大赛的承办权。

社团制订了详细的活动计划并上交给校方审核，学校对该活动计划非常满意，于是，王利华按照活动计划，组织了社团各部门负责人会议，落实了各部门任务，要求各位部长千方百计调动部属的积极性，全力完成各自部门的任务。

就在王利华认为一切都已经安排就绪，这一次一定能很好地完成大赛，从而大大地提高社团的影响力时，各种问题开始不断出现：实践部部长是个急性子，办事风风火火，在许多具体的比赛规则还没有通过集体讨论、向学工部汇报的情况下，就擅自拍板将比赛规则发送给了各参赛队；外联部邀请企业家遇到了困难，却一直没有及时向上反映争取支持，导致宣传海报迟迟不能定稿；而办公室对各个部门花钱根本没加以控制，预算完全成了一张废纸。

当王利华发现这些问题的时候，已经到活动计划开始时间，无法及时修改。活动在校方的支持下还是办了下来，在社团活动总结会上，王利华认为这次活动组织不理想是由于实践部擅自确定比赛规则，外联部没有及时汇报情况。至于超支问题，主要是办公室主任没有履行好监管职责。对此，各部门负责人提出了异议。实践部部长认为，社里明确由实践部负责比赛的具体组织，事先又没有说比赛规则需要事先经学工部审批，自己是一心想办好活动，现在却成了"罪魁祸首"。外联部部长也认为社长又没有事先明确什么事情在什么时候要汇报，自己一直在与企业家联系，对方当初也没有明确拒绝，最终对方不能来也不能责怪外联部。办公室主任也觉得很委屈,认为各个部门既不事先申报,又在花销时以自己部门买的东西是比赛用品,办公室就应予以报销,否则影响比赛效果要由办公室承担责任为由要挟,加上原来的计划中也只是列出了大致费用类型,社长也没有具体明确哪些好报、哪些不好报,只说要保证会议的资金使用,自己也自然只能给予报销。

王利华想不通:为什么这次活动事先制订了计划,明确了各部门之间的分工,而且大家也确实比较投入,但最终还是出了这么多问题呢? 问题到底出在哪里?

思考:王利华他们为什么没有取得预期的效果?

要求分析其没有取得预期效果的原因,并归纳出控制的难点及相应的解决措施。

任务一 工作控制

一、控制概述

在现代管理系统中,人、财、物等要素的组合关系是多种多样的,时空变换和环境影响很大,内部运行结构有时变化也很大,加上组织关系复杂,因此随机因素很多。处在这样一个复杂多变的系统中,组织如果缺少有效的控制,工作就容易产生错乱,甚至偏离原来的计划。控制的目的就是要使实际活动与组织计划保持一致,它是管理工作的重要职能之一。为了使控制有效,组织有必要设计一个良好的组织控制系统。控制系统越完善,组织目标就越容易实现。

(一)控制与管理控制

控制,是指施控主体对施控对象施加的一种能动影响或作用,以保持或改变对象的某种状态,使其达到施控主体预期目标的活动。简单地说,系统(或系统要素)之间有目的的影响或干预就是控制,没有目的的影响或干预不能称为控制,像雷电、台风等自然灾害对人类造成的影响就不是控制。控制是监视各项活动的运作,及时纠正活动中出现的偏差,使活动按计划进行的过程。

管理控制是指组织为了实现其各种目标而制订了相应的计划,但由于内外环境发生的变化,使活动往往会偏离原来的计划标准,这就需要采取相应的技术和措施纠正偏差,以保证原始计划的顺利实施,或者修改原始计划标准,使计划更加符合实际情况来消除偏差,从而达到组织的经营目标。

管理控制系统由环境、目标计划系统、控制系统和执行系统组成。运作原理是,组织要根据环境因素确定目标与战略和具体的计划,计划提供了控制的标准,控制系统按照上述标准对执行系统进行控制,有了偏差及时纠正。如果环境没有大的变化,计划标准就作为衡量活动执行的标准;如果环境因素有较大变化,这时需要重新修改计划标准,然后按照新的标准进行控制。可见控制的过程也要适应内外环境的变化,保持动态适应性。管理控制系统如图 6-1 所示。

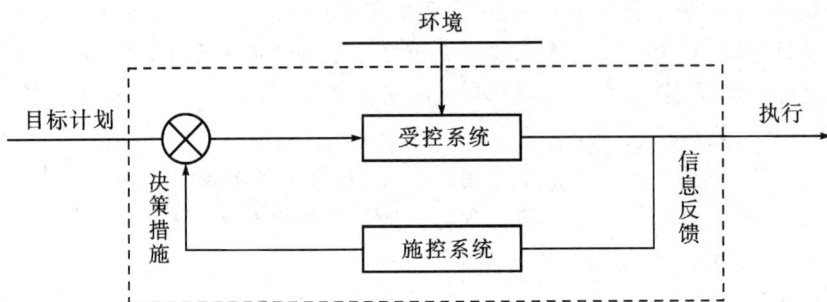

图 6-1　管理控制系统示意图

由此可见,管理控制是控制论在管理活动中的运用,控制是管理活动的一项重要职能。

知识链接

破窗理论

美国斯坦福大学心理学家詹巴斗曾做过这样一项实验:他找来两辆一模一样的汽车,一辆停放在比较杂乱的街区,另一停在中产阶级社区。他把停在杂乱街区的车牌摘掉,顶棚打开,结果一天之内就被人偷走了;而摆在中产阶级社区的那一辆过了一个星期也安然无恙。后来,詹巴斗把车玻璃砸了个大洞,结果仅仅过了几个小时,它就不见了。后来,政治学家威尔逊和犯罪学家凯琳依托这项实验提出了一个"破窗理论"。认为如果有人打坏了一个建筑物的玻璃,而这扇窗户又未得到及时的修补,别人就可能受到暗示性的纵容去打烂更多的窗户玻璃。久而久之,这些破窗户就给人造成一种无序的感觉。那么在这种公众麻木不仁的氛围中,犯罪就会滋生、蔓延。

"破窗理论"在社会管理和企业管理中都有着重要的借鉴意义,它给我们的启示是:必须及时修好"第一个被打碎的窗户玻璃"。我们中国有句成语叫"防微杜渐",说的正是这个道理。

(二)管理控制的特点

1.控制工作和计划工作有着紧密的联系

控制是按照计划标准来衡量各项活动的,目的是使一切管理活动都能按计划进行。计划和控制是一个问题的两个方面,在韦里克(Heinz Weihrich)所著的《管理学》中,把计划工作和控制工作看成是一把剪刀的两刃,没有任何一刃,剪刀就没有用了。主管人员首先制订计划,然后计划又成为用以评定行动及其效果是否符合需要的标准。此计划越是明确、全面和完整,控制的效果也就越好。在多数情况下,控制工作是一个管理过程的终结,又是一个新的管理过程的开始。控制为制订新一轮计划提供了依据,在制订下一轮计划时,控制中发现的问题和产生的原因是必须考虑的因素。只有这样,新一轮的计划才能更加符合实际。

2.管理控制是一个动态的过程

管理控制不同于简单的机械控制,如压力的调控,这种程序化的控制设计无法适应组织的变化,尤其是当今社会经济、技术的飞速发展,组织面临着更加瞬息万变的内外环境,当原始计划已经不能适应现实的组织和环境状况时,组织再通过调整活动使其符合这个既定的计划和标准已经无任何意义,这时需要对计划和标准进行适当的改变,才能更好地完成组织的目标。

3.管理控制更具复杂性

管理控制是对人的控制并由人执行,组织中的各项工作都是依靠人来执行的,因此任何一个组织的管理首先是对人的管理。人为因素的增加,使得管理控制工作受到更多的干扰,比如人的个性、文化、技术能力等,这些干扰有可能是正面的,也有可能是负面的,使控制工作变得更加困难。

4.管理控制涉及的范围较广

完成一项计划需要组织全体成员协同工作,因此控制是组织全体成员的责任。此外,控制的对象也涉及组织活动的方方面面,既包括对人的控制,也包括对产品、设备、技术、市场等的控制,不同的管理阶层所面对的控制范围不同。

(三)控制在管理活动中的作用

控制是管理工作的重要职能之一,是保证组织计划与实际运作动态相适应的管理职能。控制是保证一个组织的目标实现而采取的各种必要的活动所不可缺少的措施。如果没有有效的控制系统,一个社会、一个组织就会杂乱无章,就会离开正确的轨道。通过控制,既可检验各项工作是否按预定计划进行,并检验计划的正确性和合理性,又可调整行动或计划,使两者协调一致。

(四)管理控制的对象

1.人员控制

组织人员是组织活动的主体,是组织计划的执行者和组织目标的实现者,所以管理控制首要的是对组织活动的相关人员进行有效的控制。对人员控制最常用的方法是直接巡视和实施评估。管理人员深入工作岗位直接观察员工的工作并纠正工作中出现的问题。管理者对员工的工作进行系统化的评估是一种非常正规的方法,通过评估来了解每一位员工的工作绩效。在实践中,管理者用各种各样的具体方法来影响和控制员工的行为,增大员工按计划去工作的可能性。

对人员的控制主要是对员工行为的控制,是管理控制活动中最重要也是最困难、最灵活的一项内容。人员的有效控制要求管理人员首先要了解员工行为的驱动力,既有内在的动力,如知识技能、需要和动机、情感态度等,也有外在的动力,如家庭、社会环境、组织文化等。因此一个有效的管理控制可以采取多种措施进行,如甄选聘用人员、实施目标管理、技能培训、制定相应制度政策、实施绩效评估、运用强化手段、宣扬组织文化等。

2.财务控制

财务控制是为了实现企业预期财务目标,对企业财务活动的各个环节、各个方面以及影响和制约公司财务绩效的各因素实施约束并对脱离预算或适度的偏差进行调节的一种管理活动。企业为了追求利润,保持企业的正常运作,必须进行财务控制。财务控制通过审核各期的财务报表,把现金流量和债务负担控制在一个合理的水平,进而保障各项资产得到有效的利用。财务控制是企业财务管理的重要内容,也是当今企业需要解决的重要问题。许多企业因为财务控制薄弱导致经济效益低下,甚至导致企业破产。财务管理活动中常用一些财务比率指标来考察组织在利用资产、负债和库存等方面的效率,如流动比率、速动比率、资产负债率、利息收益倍比、存货周转率、总资产周转率、销售利润率和投资收益率等。财务控制渗透到了管理控制的其他方面,如人员控制、生产控制等都涉及了一些财务指标,因此可以把它看作是管理控制的核心内容。

3.作业控制

将劳动力、原材料、资本等资源转化成最终产品和服务提供给顾客,这是一个由此及彼、由内到外的有序集合体,这个有序的集合体就是组织的作业链。作业控制的目的是通过实施作业管理来优化企业的作业链,即尽量地去提高每个作业所创造的价值和降低该作业所消耗的资源。它通常包括:订货控制,即以尽可能低的价格提供生产所需的质量和数量的原材料;存货控制,即保持合理的库存水平,以较低的存货成本保证组织生产经营的顺利进行;质量控制,即通过建立质量标准,进行质量检查,对产品或服务出现的问题进行纠正;还有对生产设备、设施的控制。此外,对员工的控制,既是作业控制的一项重要内容,也是人员控制的一个方面,只是控制的对象根据工作性质更加具体化了。

4.信息控制

信息遍布于组织活动的每个环节,是组织的一项重要资源,也是现代化管理的依据和基础,及时、准确、全面的信息是管理者作出正确决策的前提。因此,组织应该建立一个信息管理系统,对信息进行管理控制,使其能在正确的时间,以正确的数量,为正确的人提供正确的数据信息。以计算机为工具的管理信息系统(MIS)在目前组织的信息管理活动中应用广泛。

5.组织绩效控制

斯蒂芬·罗宾斯这样给组织绩效下定义:组织绩效(organizational performance)是所有组织中工作流程和活动的最终累积结果。可见,组织绩效衡量的是一个组织的整体运营效果,需要对整个组织管理工作的成效进行总的衡量和评价。对组织实施恰当的控制可以使组织获得更好的资产管理,提供更多的顾客价值,并由此树立良好的组织形象。

一般而言,可以从5个方面来衡量组织绩效:组织的生产率、组织财务状况、客户对组织的满意度、组织核心业务流程、组织学习成长和创新能力。

对于组织绩效的控制是一种综合控制,它在很大程度上是通过对组织的财务活动进行控制来实现的,如总预算、损益控制及投资回收率等。此外还有一些非财务方法:①平衡记分卡(balanced scorecard):作为一种全新的绩效测评体系,平衡记分卡既有财务衡量指标,也包括对客户满意度、内部程序及组织的创新和提高活动进行测评的业务指标;前者用来说明已采取的行动所产生的结果,而后者则是对财务业绩的驱动系统的考察。平衡记分卡方法强调所有这些领域对组织的成功都是重要的,并强调它们之间需要保持平衡。②标杆管理(benchmarking management):标杆管理在管理上是衡量组织相对于其他组织绩效的一种实用的工具。标杆管理认为大多数的企业流程都有相通之处,因此可以通过寻找与确定在某些活动、功能和流程等绩效上"最佳表现""出类拔萃"的顶尖企业,研究其能有如此绩效的原因,并将自己企业的绩效表现与这些企业的相比较,进而拟订出要提升到哪些企业绩效标准的计划,执行该计划并监测其执行结果,以使组织能够更客观地评估其绩效,进而改进组织的经营活动。

(五)控制的原则

为了达到对计划的有效控制,在控制执行工作中要遵循以下原则:

1.合理性和多重性原则

合理性和多重性原则主要是针对控制目标的制定。在管理活动中,主管人员制定的控制标准要合理可行,如果标准不合理,控制工作就无法进行。此外,对于有些控制的指标,如果单一的标准无法全面衡量,则需建立多项控制标准。比如流水线岗位工人可以通过出勤率、次品率、人际关系等多方面来衡量他的工作能力及他对工作计划所要产生的影响。

2. 系统性原则

系统是一个由各种相互作用、相互制约的要素为达到共同的目的而组成的有机体。系统控制是指在控制中要树立目的性、全局性、层次性的观点。为了保证计划的顺利实施,控制与计划、控制设立的各项标准及各种控制的技术和方法、实施控制活动的人员之间都要密切联系、相互制约和协调。

3. 突出例外原则

凡对达到组织目标没有重要意义的项目与事务,不应该经常核查,而只是应以防止情况恶化为限。它应该严格地用"例外"来控制。在任何一系列需控制的因素中,总是存在着少数相当重要的因素,而其他许多因素是无关紧要的。因此,在控制工作中有必要对那些重要的点和位置进行重点控制,而无须对所有的点、过程和位置进行控制。如果管理者能关心其下级工作的关键领域,他的下级也会这样做。如果管理者只关心琐事而忽略了工作的关键领域,其下级也会同样如此。个人监督应当是周期性、系统性的,并辅以随机性的个人关注。在随机性检查中,管理者必须寻找那些可能出现差错的、不寻常的、例外的事件。控制关键点原理意味着必须注意那些需要观察的点,而例外原则强调必须观察在这些点上所发生的偏差的大小(特别好或特别差)。

4. 及时准确性原则

控制工作需要大量及时准确的信息反馈,信息的及时性和准确性是控制执行的前提,没有准确及时的信息,控制工作就像人在黑暗中失去了引路灯,无法顺利实施下去,既增加了控制的成本,也不会起到监控计划执行的作用。

5. 灵活性原则

任何一个控制系统,需要与外部进行正常的物质、能量和信息交换,同外部环境之间保持积极的动态适应关系,都必须充分考虑到各种变化的可能性,使管理系统整体或内部各要素、层次在各个环节和阶段上保持适当的弹性,而不是把控制当作一般铁钳用来强制计划的实施。

6. 经济性原则

与所有其他经营活动一样,管理控制的操作和执行应该是经济的,即做到以较低的控制成本来获得最大的控制效益,或者说要控制活动物有所值。一项控制系统无论设计得多么完美,如果需要耗费大量的人力和物力,都是不可取的。控制系统一定要适合企业的业务和规模。

课堂讨论

请结合实际,设计学院新学期迎新活动的全部流程,包括场地设置、现场布置、人员安排、流程管理、经费支出等事项。

二、管理控制的类型

(一)按控制结构分类

按控制结构可将管理控制分为集中控制和分散控制。

集中控制是在系统中只设一个控制机构,上层主管领导授权给由下级部门的领导在各自的管辖范围内实施控制。

分散控制也称多级控制,即在系统中设有多层和多个控制机构下一级控制机构进行控制,各下级控制机构对本身系统进行控制就属于这种控制类型。

(二)按控制计划执行过程中的时间分类

按控制在计划执行过程中时间不同,可将管理控制分为事前控制、事中控制和事后控制。

控制可以在计划执行之前,通过设置控制程序、执行程序达到控制目的。这种控制称为事前控制或前馈控制(feedforward control)。事前控制是根据预先设置的程序进行的,与输出无关。如职工上岗前的岗位培训就是事前控制。控制也可以在计划执行的现场进行,这叫事中控制或同期控制(concurrent control)。如主管人员现场指导营业人员的销售活动,发现不符合标准或违反规定,立即予以纠正。控制还可以在计划执行已出现结果或出现部分结果时才开始进行,这种控制称事后控制。事后控制是以输出的结果为依据进行的,如果反映了输出结果的信息对输入产生的影响,它就是一种反馈控制(feedback control)。

(三)按控制的来源分类

按照控制的来源可将管理控制分为市场控制、组织控制和团体控制。

市场控制是指利用组织外在的市场机制,如产品价格、市场占有率、销售增长率等,在系统中建立活动标准。这种方法通常用于产品或服务比较明确或确定,且市场竞争激烈的公司。

组织控制是指主要依靠组织的管理规章、制度、政策、预算等进行活动的控制。衡量活动的标准主要是看其是否符合组织的规章、政策等要求。

团体控制是指员工的行为依靠共同的价值、规范、传统、仪式、信念及组织文化等来调节控制。

(四)按信息反馈分类

按控制过程中是否存在信息反馈,可将管理控制分为开环控制和闭环控制。管理控制中,大量的是闭环控制。如通过用户对商品质量的反映来决定供货厂商;通过销售月报反映销售收入下降,商店及时获取促销手段以增大销售。这些均属于反馈控制。

(五)按控制的状态分类

按控制的状态可将管理控制分为直接控制与间接控制。直接控制是指通过提高主管人员素质,他们得以改善管理工作,从而防止出现因管理不善而造成不良后果的一种控制方式。这种控制模式的特点是通过培训等形式,着力提高主管人员的素质和责任感,并在控制过程中实施自我控制。间接控制是指根据计划和标准考核工作的实际结果,分析出现偏差的原因,并追究责任者的个人责任以使其改进未来工作的一种控制方法,多见于上级管理者对下级人员工作过程的控制。

在现实的企业经营活动中,常常不是单一地采用一种控制方式,而是多种控制方式同时进行,构成一个复合控制系统。掌握管理控制的不同分类方式有利于我们更好地了解这类控制的特征,搞好控制工作。

三、控制的过程

控制过程(control process)由三个基本环节构成:拟定标准、衡量绩效、纠正偏差,如图6-2所示。

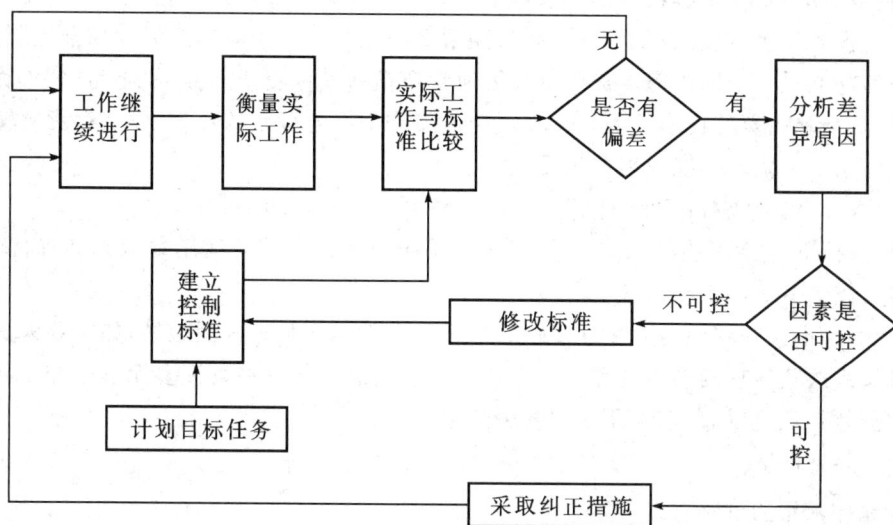

图 6-2　控制过程

(一)拟定标准

标准(standard)是衡量实际或预期工作成果的尺度。由于计划工作是进行控制的依据,因此从逻辑上讲,也可以把制订计划当作控制活动的第一步。控制关键点是从一个完整的计划中选出来的对工作成果的衡量具有重要意义的关键点。如何从计划中选择关键控制点对管理人员来说是至关重要的。

1.衡量标准要求

一个有效的衡量标准要求做到以下方面:

(1)客观实际。标准要客观反映实际情况,不应加入人为的主观喜好、判断在里面。

(2)简明适用。可允许偏差的说明要明朗、简单易懂。标准要和所衡量的对象相匹配,适于衡量组织的活动状况。

(3)一致可行。同一个控制对象的多重衡量标准之间、同一控制对象的衡量标准之间应该协调一致,不能相互冲突。标准制定得既不能过高也不能过低,目标太高或太低都起不到制约的作用。

(4)具体可操作。太过笼统的目标计划不利于实际工作绩效的衡量、比较、考核和评价。要及时发现计划执行中出现的偏差并使其得以及时纠正。

2.控制标准的类型

控制标准的类型包括以下方面:

(1)实物标准,或物理标准。实物标准是非货币形式的衡量标准,普遍适用于基层单位,如使用原材料、雇佣劳动力、提供产品或服务等的标准。这些标准可以反映任务或工作的数量方面,也可以反映任务或工作的质量方面。从某种意义上讲,实物标准是计划工作的基石,也是控制的基本标准。

(2)费用标准,或成本标准。费用标准是货币形式的衡量标准。费用标准是以货币价值来衡量因作业造成的消耗,即作业消耗的货币价值形式。同实物标准一样,费用标准也适用于基层单位。

(3)资金标准,或资本标准。这是费用标准的变种,是用货币来计量实物项目而引起的。资金标准与投入一个企业的资金有关,而与经营费用无关。对于新的投资和综合控制而言,最广泛运用的标准是投资回收率。资产负债表通常还披露其他资金标准,如流动比率、资产负债率、固定投资与总投资的比率、速动比率、短期负债或债券与股票的比率,以及存货周转率和存货规模的大小等。资金标准与损益表无关。

(4)收入标准,或收益标准。收入标准是销售额的货币价值形式。

(5)计划标准,或程序标准。在一些工作或任务的评价中需要运用主观判断,时间或其他因素通常被作为客观的判断标准。

(6)无形标准。一些问题要建立清晰的定量和定性标准是极其困难的,如主管人员对下届的人事科长或医务主任的能力的评价。在任何一个组织中都存在着许多无形标准。在这些情形下,主观判断、反复试验、知觉便成为衡量的依据。

3.制定标准的方法

制定标准常用的方法有以下几方面:

(1)统计分析法。这是通过搜集、分析组织过去各个时期的有关数据,从中找出规律性的信息并据此制定现在或未来活动的标准。这种方法的优点是简单易行,缺点是不能考虑到现实的组织外部环境的现状,容易导致所制定的标准不符合组织实际情况,使标准低于竞争者的水平或同行业的平均水平,进而造成组织工作活动效率低下,降低组织的竞争能力。

(2)工程测量法。该方法是通过对组织实际的工作情况进行客观定量的分析来进行的。如通过观察、测量、分析正常情况下机器设备被使用的最大产出量来确定机器的产出标准,观察工人的工作行为来确定工作的标准等。

(3)经验估计法。当所面临的活动比较复杂多变时,依靠历史统计资料或现实的测量都很难确定合理的标准,或者一项全新的工作根本无历史资料可查时,这时标准的制定需要依靠管理人员的经验来作出判断,以制定相应的标准。这种方法比较灵活,属于定性的分析,这对管理者提出了更高的要求。

(二)衡量绩效

这一阶段的具体内容包括:明确衡量的对象;确定衡量的方法;落实进行衡量和检查的人员;通过衡量对比过程获得偏差信息。

1.明确衡量的对象

明确衡量的对象也就是要知道衡量什么。这个要结合控制的对象而定,不同的对象有不同的控制指标,如财务控制要求衡量组织的资金周转率、投资收益率等,而对于人员的控制则要求衡量员工满意度、出勤率等。

2.确定衡量的方法

按照管理者获取信息的方式可以把衡量的方法归纳如下:

(1)现场观察法(走动管理法)。这种方法就是管理者亲自去工作现场,通过直接与员工交流,观察员工的工作现状,了解工作进展的信息。这种方法可以使管理者直接获得第一手资料,减少信息的遗漏和传递过程的丢失,但是它容易受管理者个人主观因素的影响,往往会产生个人偏见。对同一个问题,不同的管理者会有不同的看法。基层管理者较多采用这种方法。

(2)报告法。这种方式是通过下属口头的、书面的报告或者计算机统计报告获得相关信息,在管理活动中较为普遍。而且管理者所处的层次越高,越是更多地依赖于这种方式来获取信息。它可以节约时间,但报告的质量高低决定了管理者所获信息是否准确和全面。

3.落实进行衡量和检查的人员

控制工作最终要落实到人。人是控制活动的主体,离开了人,组织的控制活动将无法实施。在控制活动过程中,组织需要根据工作的性质和特点来确认衡量和检查人员。他们利用相应的衡量方法来检查工作的执行情况,这些人员可以是一线的员工,也可以是基层管理者或者高层管理者。

4.通过衡量对比过程获得偏差信息

通过衡量对比过程获得偏差信息也就是确定实际业绩是否满足了预定或计划的标准。通过对标准和实际工作的比较,找出偏差所在。因为在所有活动中,偏差是不可避免的,所以确定可以接受的偏差范围是很有必要的一项工作。按照标准来衡量实际成效的最好办法应当建立在向前看的基础上(即前馈机制),这样差错在其实际发生之前就被发现并采取适当的措施加以避免。富有经验与远见的主管人员常常能预见可能出现的偏差。

(三)纠正偏差

纠正偏差是控制的关键,体现了执行控制职能的目的。它主要有以下两个环节:

1.纠偏措施

当实际业绩与计划(预定)的业绩标准发生重大差异时行动去纠正这些情况。下面是纠偏措施的重要步骤:

(1)经营阶段:①及时调查偏差原因;②决定所需纠偏措施;③根据决策,对纠正情况及时予以指导;④紧密监督纠偏措施,从而确保它是根据指导的要求得以实行的,并确保其有效性。

(2)行政管理阶段:进一步调查重复出现的问题,确定对此负有责任的人为或物质的基本因素;根据情况的要求,采取积极的或消极的惩罚措施;制订创造性计划防止偏差情况的重复出现;认清所处的环境状况,并引入已计划好的措施。

2.贯彻阶段

仅仅建议纠偏措施是不够的,我们必须建立具体的程序,并清晰地分配责任确保纠偏措施得以贯彻执行。

学习评价

考核评价内容如表6-1所示。

表6-1 管理控制能力考核评价表

项目	评价内容	团队评价	教师评价
专业知识(30分)	控制的含义		
	控制的原则		
	控制的类型		
专业能力(40分)	拟定标准		
	衡量绩效		

项目	评价内容	团队评价	教师评价
综合素质(30 分)	评估企业状况		
总计:			
努力方向		建议:	

任务二　控制的理论与方法

一、控制的相关理论

为了更好地理解控制及管理的控制职能,以下对有关控制的几个理论作简要介绍。

(一)控制论(cybernetics)

"控制论"一词最初的意思是"操舵术",即掌舵的方法和技术。1834 年,法国物理学家安培写了一篇论述科学哲理的文章,把管理国家的科学称为"控制论",在这个意义下,"控制论"一词被编入 19 世纪许多著作词典中。1948 年,维纳发表了著名的《控制论——关于在动物和机器中控制和通讯的科学》一书,自此,控制论的思想和方法渗透到了几乎所有的自然科学和社会科学领域。

(1)控制论的三个基本部分:①信息论。主要是关于各种通路(包括机器、生物机体)中信息的加工、传递和贮存的统计理论。②自动控制系统的理论。主要是反馈论,包括从功能的观点对机器和生物体(神经系统、内分泌及其他系统)的调节和控制的一般规律研究。③自动快速电子计算机的理论。即与人类思维过程相似的自动组织逻辑过程理论。

(2)在控制论中,"控制"的定义是:为了改善某个或某些受控对象的功能或发展,需要获得并使用信息,以这种信息为基础而选出的、加于该对象上的作用,就叫控制。从该定义中可以看出,控制的基础是信息,一切信息传递都是为了控制,而任何控制又都依赖于信息反馈来实现。

(3)控制论的应用。控制论是研究包括人在内的生物系统和包括工程在内的非生物系统以及与二者有关的社会经济系统的内部通信、控制、组织、平衡、稳定、计算及其与环境相互反馈作用的科学方法论。

控制论为其他领域的科学研究提供了一套思想和技术,以至于在维纳创立控制论后的几十年中,各种以控制论为名的边缘学科迅速发展,比如工程控制论、生物控制论、神经控制论、经济控制论和社会控制论等。而管理更是控制论应用的一个重要领域。从上文对控制论的介绍中不难看出,人们对控制论原理的最早认识和最初运用是在管理方面,在此基础上又得到了充分的发展和应用,用控制论的概念和方法来分析管理的控制职能,更便于揭示和描述其内在机理。

管理中最成功应用控制论的是计算机集成控制系统(CIMS)。CIMS 首先是由美国国防部出巨资研发的,在一些制造企业使用。它由管理信息系统(MIS)、计算机辅助设计(CAD)、计算机辅助工艺设计(CAPP)、计算机辅助质量管理(CAQ)、计算机辅助制造(CAM)组成。CIMS 各个部分都有信息的相互传输,通过信息共享,企业的全面管理、产品设计、生产过程的质量和过程控制合为一个统一的整体,大大提高了生产的效率和控制系统的可靠性。

知识链接

蚂蚁式管理

著名的企业管理顾问邦纳保(Eric Bonabeau)和梅耶(Christopher Meyer)最近在《哈佛商业评论》上分析,从蚂蚁身上,我们可以学到很多管理学知识。

蚂蚁集结的时候能够自我组织,不需要任何领导人监督,就形成一支很好的团队。更重要的是,他们能够根据环境变动,迅速调整,找出解决问题的答案。两位学者把这种能力称为"蜂群智慧",并且把这种智慧运用到工厂排程,人员组织,甚至策略拟定上。

举例来说,蚂蚁总能找出最短的路径,把食物搬回家。当发现食物时,两只蚂蚁同时离开巢穴,分别走两条路线到食物处。较快回来的会在其路线释放出较多的化学外激素作为记号。因此,其他同伴闻到较重的味道时,自然就会走较短的路线。这个智慧靠的是两个简单原则:留下外激素,以及追随足迹。

运用这个简单原则,可以解决复杂问题。例如:电信网络从夏威夷到巴黎必须经过很多节点,聪明的系统必须能自动避掉塞车的地方。惠普实验室发展出一个方法,设计大批软件使用者不断流动,在网络间留下资讯,就像蚂蚁留下外激素一样,电话就追随这些资讯来连接。当一个路线塞车,这条路线的使用者也会塞车,自然发出讯号,这条路线就放弃,电话改走比较顺畅的路线,让塞车迅速缓解。

蚂蚁的另一个分工模式是弹性分工。一只蚂蚁搬食物往回走时,碰到下一只蚂蚁,会把食物交给它,自己再回头,碰到上游的蚂蚁时,将食物接过来,再交给下一只蚂蚁。蚂蚁要在哪个位置换手不一定,唯一固定的是起始点和目的地。一家大型零售连锁店就运用这个模式,来管理其物流仓储中心。以前该仓储中心用区域方式来捡货,除非上一手完成工作,下一手不能接手。以书为例,一个人专门负责装商业书,另一个人专门负责装儿童书。问题是每个人的速度可能差距非常大,订单对每一种商品的需求差异也有大小,因此总有人在等待别人完成才能接手。

经过研究,该物流中心改用"蚂蚁模式"一个人不断拣出产品,一直到下游有空来接手工作后,再回头接手上游工作。研究人员用电脑模拟运算发现,运用这个模式时,应该将速度最快的员工放在最末端,速度最慢的放在一开始,如此是最有效率的。该仓储中心通过这种方法,生产力比之前提高了30%。

蚂蚁式管理带给管理者的启示是:第一,迅速根据环境变化进行调整;第二,即使一个个体失败,整个群体仍然可以运作;第三,自我组织,无须太多从上而下的控制或管理,就能自我完成工作。

(二)反馈

1.反馈的基本概念

反馈(feedback)的概念最初是美国贝尔电话技术实验室的罗德·布朗克在20世纪20年代提出来的,它的原意是:把电子系统的输出信号全量或部分量回送到本系统的输入端。20多年后美国电信工程师维纳拓展了反馈概念,将它发展成为控制论的两大基本概念之一。在控制论中,反馈就是把施控系统的输入信号作用于被控系统后输出的结果,再送回到系统的输入端,并重新对系统的再输入发生影响的过程。这种用系统活动的结果参与调整系统活动的方法叫作反馈方法。

所谓反馈原理,就是根据因果相互作用的辩证法,通过事物调节中心输出信息,实现事物自动控制或自动调节的原理。

2. 反馈的类型

应用反馈方法对系统进行控制,一般会产生两种不同的效果:如果系统的输入信息与反馈信息之和加剧系统偏离目标的运动,这种反馈将使系统趋于不稳定状态,这种性质的反馈通常被称为正反馈;如果输入信息与反馈信息之和反抗系统偏离目标的运动,这种反馈就会使系统趋向稳定状态,这种性质的反馈被称为负反馈。

3. 反馈与管理控制

反馈活动是自然界和人类普遍存在的一种现象,反馈原理也被广泛应用在各种领域。它是控制论的基本原理,同时也是管理控制职能的基本原理。从反馈原理来讲,管理活动就是管理信息输入、输出相反馈不断循环的过程。

在管理活动中,决策机构根据掌握的信息作出决策(如确定计划、目标、方案等),由执行部门具体组织实施,信息系统把实施的结果等情况反馈到系统的输入端,决策者将反馈的信息进行比较和分析之后,采取适当的调整措施(即作出新的决策),然后再以信息的形式发出指令,作用于受控对象后观察系统的效果。这样循环往复,直到经济目标的实现。

(三)时滞

反馈是在系统由于内外因素的变化和干扰而出现偏差后,发挥着检测和纠正偏差的作用。也就是说,正负反馈只有在系统出现偏差后才能起到作用。然而在现实中,任何系统的运行都存在着惯性和时间延迟现象,即遇到干扰后需要一定的时间和过程,偏差才能反映出来,而这种偏差一旦出现又不易很快得到纠正,因此调控效果的显现往往存在着滞后的现象,即时滞(time lag)。时滞对一个系统控制的影响是很大的,它的存在使组织很难实现实时控制,它可能造成系统输出的剧烈波动和不稳定。但如果能够将对系统的干扰因素预测出来,并将干扰的变化经预测后送到控制系统的输入端,作为输入信息进行处理,使系统早在偏差出现之前就能克服和避免这些干扰因素的影响,将更有利于达到系统预定的目标。这就要求我们对活动实施预先的控制。

课堂讨论

请举例说明,生活中有哪些生产经营行为,可以体现控制的相关理论。

二、控制的技术和方法

组织在管理活动中,可以利用各种技术、使用多种方法来进行控制活动。既可以利用预算实施预算控制,还可以利用管理经济学和管理会计所提供的一些专门方法,如比率分析和盈亏平衡分析等对实际系统进行经济分析。此外还可以借用行政手段监测、控制受控系统,主要包括实地观察、资料统计、报告、企业诊断、制度规范与培训。另外,审计控制也是一种有效的控制方法。而近年来一些新的管理观念(目标管理、全面质量管理等)的兴起、信息技术的迅猛发展都对管理控制活动的方式和方法产生着重大影响。

(一)预算控制

1.预算的含义

预算(budgeting),也可以称之为预算编制,是一种计划,是用数字编制来反映组织在未来某一个时期的综合计划,也可以简单地理解为预算是计划的数量体现,即用数字来表明预期的结果。它预估了组织在未来时期的经营收入或现金流量,也限定了各项活动的资金、人员、材料、设施、能源等方面的支出额度。

从这个概念里可以看出:

(1)预算是个比较宽泛的概念。预算不仅是计划收支预计,既是计划中花费金额的反映,还应该是计划数量的反映,它贯穿于组织的一切活动中。预算是用财务项目或非财务项目来表示组织的预期成果。其中财务项目有收入、费用以及资金等,非财务项目如直接工时、材料、实物销售量等。

(2)预算是一种计划。为了实现计划目标,它不仅要确定各种管理工作的收入(产出)与支出(投入)各是多少;还要明确为什么必须收入(产出)这么多数量,以及为什么需要支出(投入)这么多数量;然后计划什么时候实现收入(产出)以及什么时候支出(投入),必须使得投入与产出取得平衡。

(3)预算是一种预测。它是对未来一段时期内的收支情况的预计,可以采用统计方法、经验方法或工程分析法。预算的数字是估计的,在大数力求准确的情况下可以忽略小数,这一点不同于财务账目,财务记录要求做到准确无误。

(4)预算主要是一种控制手段。编制预算实际上就是控制过程的第一步,即拟订标准。编制预算有助于根据标准来评定工作成效,当计划收入(产出)数与计划成本支出(投入)数发生巨额差异时,向决策者和责任经理们发出信号,促使他们找出偏差(控制过程第二步),并采取纠正措施,消除偏差(控制过程第三步)。

组织在未来时期的几乎所有活动都可以利用预算来进行控制。预算是为组织内部的每一个分部、部门编制的,无论这些单位的规模多小,只要是执行独立的项目和功能,就应该编制预算。

2.预算控制的含义

预算控制是指通过编制预算并以预算规定的收入和支出标准为基础,来检查、监督和控制组织各个部门的生产经营活动,在活动过程中比较预算和实际的差距及原因,以保证各种活动或各个部门在充分达成既定目标实现利润的过程中对经营资源的利用,从而使费用支出受到严格有效的约束。图6-3所示为存在于组织中的预算控制体系。

以上控制项目大部分都是可以数字化的。通过编制预算有助于改进计划工作,更有效地确定目标和拟定标准。但是,预算的最大价值还在于它有助于改进协调和控制工作。当为组织的各个职能部门都编制了预算时,就为协调组织的活动奠定了基础。同时,由于对预期结果的偏离将更容易被查明和评定,预算也为控制工作中的纠正措施奠定了基础。所以预算可以导致更好的计划和协调,并为控制提供基础。此外,要使预算对主管人员具有指导和约束作用,预算就必须反映组织的机构状况。只有充分按照各部门业务工作的需要来制订、协调并完善计划,才有可能编制一个足以作为控制手段的分部门预算。将各种计划缩略为一些确切的数字,有助于主管人员清楚地看到哪些资金将由谁来使用,将由哪些单位使用,并涉及哪些费

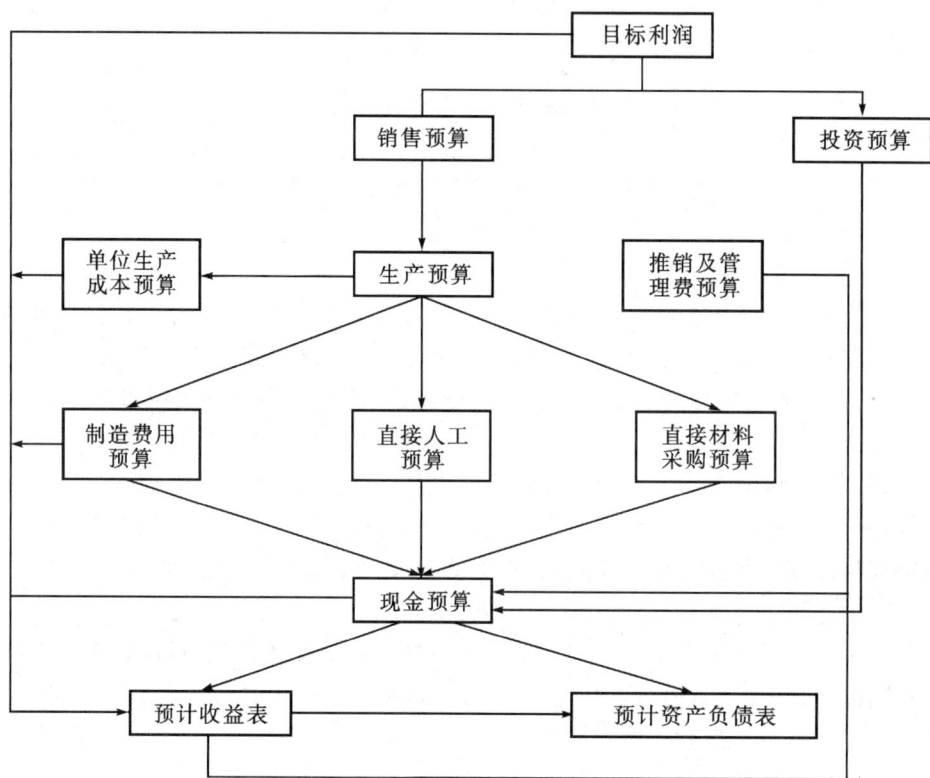

图 6-3 组织中的预算控制体系

用开支计划、收入计划和以实物表示的投入和产出量计划。主管人员明确了这些情况,就可以授权下属,以便使之在预算的限度内去实施计划。

3.预算的内容

不同的组织、同一组织的不同时期,由于其经营活动的不同,一般来说预算的内容主要包括以下几方面:

(1)收支预算。

收支预算是从财务的角度即以货币表示的企业经营管理的收支计划,即企业日常发生的各项基本活动的预算。它主要包括销售预算、生产预算、直接材料采购预算、直接人工预算、制造费用预算、单位生产成本预算、摊销及管理费用预算等。

销售预算是销售预测的详细说明,即通过分析企业过去的销售情况、目前和未来的市场需求,比较竞争对手和本企业的经营实力,确定企业未来时期内为了实现目标和利润必须达到的销售水平。销售预算应该和企业的具体业务活动相对应,不同的产品、不同的销售区域、不同时期的销售状况往往会有很大差别,所以销售预算需要分项、分期编制。由于销售预算是计划的基石,企业主要是靠销售产品和提供服务的收入来维持经营的支出并获利的,因此,销售预算是预算控制的基础。

生产预算是指组织在预算期内生产多少产品才能满足销售和期末存货需要的预计,按产品品种、数量分别编制。生产预算取决于销售预算、期初产成品存货量以及期末产成品预计存货量。确定预计产量的公式如下：

预计产量＝预算的销售量－期初产成品存货量＋期末产成品存货量

选择期末产成品存货量的大小时需要平衡两个相冲突的目标：一是组织不愿意因缺货而丧失销售机会；二是产成品存货过多又会损失成本。在生产预算编制好后，还应根据分季度的预计销售量，经过对生产能力的平衡，排出分季度的生产进度日程表，或称生产计划大纲。

在生产预算和生产进度日程表的基础上，可以编制直接材料采购预算、直接人工预算（即直接工资及其他直接支出预算）和制造费用预算。这三项预算构成对企业生产成本的统计。而摊销及管理费用预算，包括制造业务范围以外预计发生的各种费用明细项目，如销售费用、广告费、运输费等。对于实行成本控制的企业，还需要编制单位生产成本预算。

（2）时间、地点、原材料和产品预算。

这种预算一般是以产品单位或直接工时为计量单位的预算，如直接工时数、台时数、单位原材料、划拨的平方米面积和生产数量等。这是一种以实物单位进行的预算。在预算控制中，有时用实物单位表示更好。例如，一个自行车装配车间的管理人员，知道每周省 8000 工时劳动力预算，要比知道每周 7 万元工资的工人数更容易安排工作。

（3）资本预算。

这种预算是对企业固定资产的购置、扩建、改造、更新等，在可行性研究基础上编制的预算。其基本内容包括：何时进行投资，投资多少，资金从何处取得，何时可获得收益，每年的现金净流量为多少，需要多少时间收回全部投资等。资本预算应力求和企业的战略以及长期计划相结合。

（4）现金预算。

这实质上是一种现金收支预算，主要反映计划期间预计的现金收支的详细情况。完成初步的现金预算后，就可以知道企业在计划期间内需要多少资金，财务主管人员就可以预先安排和筹措，以满足资金的需求。可用现金预算来衡量实际的现金使用情况。从某种意义上讲，这种预算是组织中最重要的一种控制。为了有计划地安排和筹措资金，现金预算的编制期应越短越好，如按季度、按月编制现金预算，甚至逐周、按天编制预算。

（5）资产负债预算。

它可用来预测将来某一特定时期的资产、负债和资本等账户的情况，或用来反映企业在计划期末那一天预计的财务状况。其编制是以计划期间开始日的资产负债表为基础，然后根据计划期间各项预算的有关资料进行必要调整而形成的。由于其他各种预算都是资产负债表项目变化的资料依据，因而利用资产负债表可以验证所有其他预算的准确性。

（6）总预算。

总预算是把各部门的各种预算集中起来的预算。

4.预算控制的特征

（1）风险自抗。

预算控制不仅以市场预测为基础，而且更进一步针对预测的结果及其可能的风险事先制定相宜的应对措施，从而使预算本身便具有一种主动的反风险的机制特征。不仅如此，以资源聚集整合与有序运作为基本点的预算控制，不仅为企业抢占市场、抗御风险提供了优势的资源支持与保障，更直接带来了资源配置与使用效率的极大提高。而效率本身同样也直接意味着企业具备了最为强大的风险抵抗机能。

（2）权力制衡。

预算组织结构体系的设置应当满足两个基本原则：一是各组织权责利对等原则；二是不同组织在权限上立足于决策权、执行权、监督权三权分立的原则，以保证权力的制衡并保证系统的有序运转。

（3）以人为本。

预算管理制度的内核在于谋求人本主义，并依托环境预期，在管理上确立"预则立，不预则废"的事前战略思想与灵活机动的事中战术原则，从而确保决策目标实现的秩序化与高效率性。预算控制过程应当体现为"人管"而非"管人"的过程，是一种制度约束下的人性化的自我控制机制。

5.预算的作用及其局限性

（1）预算的作用。

①使企业在不同时期的活动效果和不同部门的经营绩效具有可比性；

②为企业的各项活动确立了财务标准；

③数量形式的预算标准大大方便了控制过程中的绩效衡量工作。

（2）预算的局限性。

①只能帮助企业控制那些可以用货币计量的活动，不能对那些不能计量的（比如企业形象的改善）加以重视；

②编制预算通常参照上期的预算项目和标准，从而会忽视本期活动的实际需要；

③在企业的外部环境不断变化下，编制收入和支出的预算有点不合时宜；

④对于项目预算和部门预算一般限制了费用的支出，使得主管在活动中精打细算，不可超支，因此不能做一些想做的事情。

6.预算控制中应该注意的问题

（1）预算控制可能过于全面和详细，容易导致控制过细，从而束缚主管人员。

（2）预算目标可能取代组织目标，容易导致本位主义，使主管人员只把注意力集中于尽量使本部门的经营费用不超过预算，而忘记自己的基本职责是千方百计地去实现组织的目标。

（3）主管人员倾向于根据过去的费用来编制预算大于实际的需要，这容易掩盖导致效能低下的缺点。

（4）预算控制缺乏灵活性，并习惯于使预算费用的申请数。

（二）比率分析法

比率分析法是一种必需的控制技术。一般可以把这些比率分为财务比率分析和经营比率分析。

1.财务比率分析

财务比率主要用来分析财务结构，控制财务状况，并通过这种资金形式来集中对整个系统进行整制，有助于直接控制企业的经营活动。

（1）流动比率。

流动比率是企业流动资产和流动负债的比率，反映了企业流动负债的能力。其计算公式为：

$$流动比率＝流动资产合计/流动负债合计×100\%$$

这一比率普遍被用来衡量企业短期偿债的能力。流动比率越高,表示短期偿债能力越强。企业资产应有足够的流动性来增强企业的偿债能力和信誉,但也要防止追求高流动性而导致财务资源得不到充分利用而使收益受损。

(2)负债比率。

负债比率是企业负债总额和资产总额的比率,反映了企业所有者提供的资金与外部债权人提供的资金的比率关系。其计算公式为:

$$资产负债率＝(负债总额/资产总额)×100\%$$

资产负债率用来衡量企业利用债权人提供的资金进行经营活动的能力,也反映了债权人借出资金的安全程度。负债比率低虽然表明了企业的长期偿债能力强,但会影响企业利用外部资金发展并获取额外利润,因此确定合理的债务比率是企业成功举债经营的关键。

(3)盈利比率。

盈利比率是企业利润与销售额或全部资金等相关因素的比例关系,反映了企业在一定时期从事某种经营活动的盈利程度,主要包括销售利润率和资金利润率。它反映了企业是否从全部投入资金的利用中实现了足够的利润这一比率来考虑如何调控资金的投入分配来获得最大的利润。

2. 经营比率分析

经营比率(活力比率),是与资源利用有关的几种比例关系,反映企业经营效率的高低和各种资源是否得到了充分利用,为企业管理控制工作提供了依据。其主要包括:

(1)库存周转率。

库存周转率是销售总额与库存平均价值的比例关系,反映了与销售收入相比库存数量是否合理。

(2)固定资产周转率。

固定资产周转率是销售总额与固定资产之比,反映了单位固定资产能够提供的销售收入,表明了企业固定资产的利用程度。

(3)销售费用率

销售费用率是销售费用与销售收入的比率,表明单位销售费用能够实现的销售收入,反映了企业营销活动的效率。

3. 盈亏平衡分析

盈亏平衡分析是进行经济分析的一种重要工具,它也称量本利分析或保本分析。它是根据对生产成本、销售利润和产品数量三者之间相互制约关系的综合分析,来掌握盈亏变化的规律,指导企业选择能够以最小的成本生产出最多产品并可以使企业获得最大利润的经营方案。

(1)盈亏平衡分析。

盈亏平衡分析的核心是盈亏平衡点的分析。即通过盈亏平衡点的分析,可以预先判定产量或销售量达到什么水平才能保证企业不亏损。处于盈亏平衡点时,企业盈亏平衡,不赢也不亏,不赚也不赔,收入和支出刚好平衡,利润为零。盈亏平衡分析图可以用来进行成本控制。它将固定成本与变动成本分列,容易发现实际费用与预算的背离情况,可将注意力集中于可能采取纠正行动的那些领域。

(2)经营杠杆率。

经营杠杆率是进行盈亏平衡分析的另一有用工具。它是指产品销售量变化1％而引起利润变化的百分数。其公式为：

$$经营杠杆系数（DOL）＝（息税前利润\ EBIT＋固定成本）/息税前利润\ EBIT$$

经营杠杆率大的企业，表明其利润对销售量变化的反应敏感性强，即销售量的一个较小的变化，将导致利润较大幅度的变化。通过这样的分析，就可以测定利润随销售量变化而变化的情况，以便加强对销售量与利润的控制。

（三）审计控制

审计控制是对反映企业资金运动过程及其结果的会计记录及财务报表进行审核、鉴定，以判断组织有关的经济活动的真实、合法和效益，从而为控制和管理组织活动提供依据。根据审查的内容和主体不同，可将审计划分为：由外部机构进行的外部审计，由内部专职人员对企业财务控制系统进行全面评估的内部审计，由外部和内部审计人员对管理政策及其绩效进行评估的管理审计。

1. 外部审计

外部审计由外部机构（国家审计机关或社会审计机构）选派的审计人员对企业财务报表及其反映的财务状况进行独立的评估。外部审计人员通过抽查企业的基本财务记录，来检查财务报表及其反映的资产与负债的账面情况是否与企业的真实情况相符。它是对企业内部弄虚作假、欺骗行为的一个重要而系统的检查，从而迫使企业自觉控制自己的经营行为。外部审计的优点是由独立于被审计单位以外的审计机构进行，可以不受任何干涉、独立地行使审计监督权，因而能够比较客观公正地对被审计单位或案件作出正确的评价，得到社会的信任。但外部审计人员由于不了解组织内部的结构、生产经营特点以及组织内部人员的不配合，会增加审计工作的难度。

2. 内部审计

内部审计是在一个组织内部，对各种经济活动、管理制度是否合规、合理及有效所进行的独立评价，以确定既定的政策和程序是否贯彻，建立的标准是否遵循，资源的利用是否合理有效，以及单位的目标是否达到。

适当的组织目标和合理的评价标准是管理和内部审计工作走向规范的标志。没有合理的评价标准，内部审计工作展开也就无法真正发挥其作用。以风险评估为基础的风险导向审计属于开放式的模型。审计人员开始一项审计项目时，必须首先评估组织面临的经营、管理、财务风险，考虑组织目标是否适当和是否有相应的控制，这不仅体现在具体项目及与部门的相互沟通方面，而且还反映在宏观上审计目标的不断演变。由此可见，内部审计人员根据风险评估的思路开展对内部控制的评价，以组织目标为起点和核心，能够更加有效地发挥建设性作用，为组织做好服务工作。

现代企业内部审计工作主要涵盖以下内容：

（1）财务收支审计。该项工作主要是评价和监督企业是否做到资产完整、财务信息真实及经济活动收支合规合理及合法，对会计记录和报表分析提供资料的真实性和公允性进行审计。

（2）经济责任审计。该项工作是评价企业内部机构、人员在一定时期内从事的经济活动，以确定其经营业绩、明确经济责任，包括领导干部任期经济责任审计和年度经济责任审计。

（3）经济效益审计。该项工作的审计重点是在保证社会效益的前提下以实现经济效益的程序和途径为内容，对企业的经营效果、投资效果、资金使用效果作出判断和评价，其中基建工程预决算审计应为重中之重。

(4)明晰产权审计。该项工作是审计其产权归属有损企业利益的行为。

3.管理审计

管理审计是以企业的管理活动为审计检查的内容,对其组织机构、计划、决策的科学性、可行性、效益性等进行审核检查,从而评价其管理实质的审计行为。相对于外部审计和内部审计,管理审计的对象和范围更广,它是一种对企业所有管理工作及其绩效进行全面系统的评价和鉴定的方法。管理审计虽然也可以由组织内部的有关部门进行,但为了保证某些敏感领域得到客观评价,企业通常聘请外部专家来进行。

管理审计大体上应抓住如下内容:

(1)对组织机构的审查。根据企业的实际情况,审查其采用的组织形式(如有限责任公司、股份公司等)是否合适、是否科学;审查组织机构设置是否具有科学性、可行性、经济性。

(2)对计划的审查。审查计划是否具有科学性、可行性和经济性。

(3)对决策的审查。审查决策是否具有科学性、可行性和经济性。

(4)对内控制度的审查。企业内部控制制度是企业管理的手段和主要内容,因此也是管理审计的主要内容。对企业内部控制制度的审查,主要抓好如下几个方面:①审查内部控制制度是否具有合法性、合理性;②审查内部控制制度是否具有完整性、全面性;③审查内部控制制度是否具有协调性、有效性;④审查内部控制制度是否具有经济性。

管理审计是社会政治经济生活发展到一定阶段而产生的适应市场经济体制要求的新的审计模式,是对企业的经济活动建立以风险评价为中心的全方位、全过程的监控体系,内涵较广,是现代企业管理的重要组成部分。它没有一个公认的适用于各种经济活动审计的固定内容和程序,而是围绕企业增加价值的目标,面对机遇和挑战,评价生产力各要素的利用程度,挖掘潜力,化解经营风险,改善管理环境,建立完善的经营管理体系,实现各种资源的优化组合,以最小的代价取得最大的经济效益。

(四)全面质量管理

1.全面质量管理的含义

质量管理一直是组织经营的一项重要内容,也是对相关组织活动实施控制的一种重要手段。随着组织管理理论的演变,质量管理经过了从检验质量管理、统计质量管理、全过程质量管理到全面质量管理的演变。全面质量管理作为一种全新的质量管理观点和方式,是企业为了保证和提高产品质量,综合运用一整套质量管理体系、手段和方法所进行的系统性管理活动。具体地说,就是组织企业全体职工和有关部门参加,综合运用现代科学和管理技术成果,控制影响产品质量的全过程和各因素,经济地研制生产和提供用户满意的产品的系统管理活动。

全面质量管理于20世纪60年代产生于美国,后来在西欧与日本逐渐得到推广与发展。它应用数理统计方法进行质量控制,使质量管理实现定量化,变产品质量的事后检验为生产过程中的质量控制。它通过计划——执行——检查——处理的质量管理循环,提高质量管理效果,保证和提高产品质量。因此,它比传统的质量检验、统计质量控制等质量管理更加完善与全面。全面质量管理是一个系统化、综合化的管理方法,是一套能够控制质量、提高质量的管理技术和科学技术。

2.全面质量管理的基本内容

(1)对全面质量的管理。全面质量指所有质量,即不仅是产品质量、服务质量。在全面质量中产品质量是核心。

(2)对全过程的管理。对产品的质量管理不限于制造过程,而是扩展到市场研究、产品开发、生产准备、采购、制造、检验、销售、售后服务全过程。

(3)由全体人员参与的管理。企业把质量第一、人人有责作为基本指导思想,将质量责任落实到全体职工,人人为保证和提高质量而努力。

3.全面质量管理的工作程序

通常采用 PDCA 循环,用四个阶段、八个步骤来展示反复循环的工作程序,如图 6-4 所示。

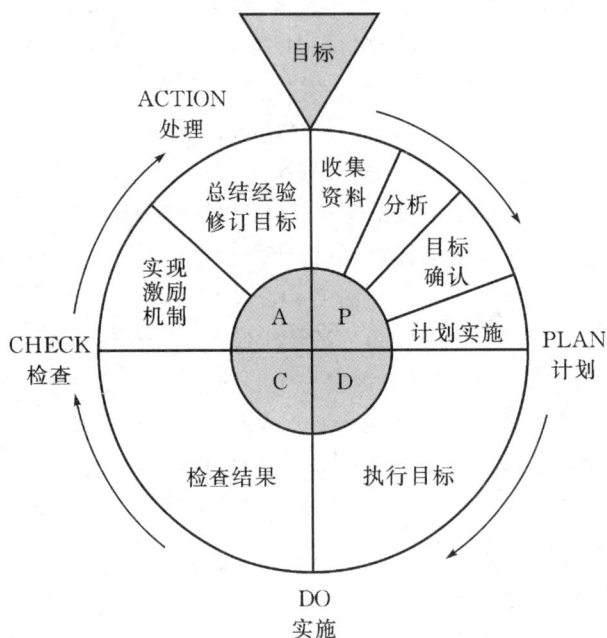

图 6-4　PDCA 循环图

(1)计划阶段(plan):①找出质量存在的问题;②找出质量问题的原因;③找出主要原因;④根据主要原因制定解决对策。

(2)执行阶段(do):按制定的解决对策认真付诸实施。

(3)检查阶段(check):调查分析对策在执行中的效果。

(4)处理阶段(action):①总结执行对策中成功的经验,并整理为标准巩固,对策中不成功或遗留的问题转入下一个 PDCA 循环解决。

PDCA 循环对全企业可画大圈循环,对各部门、各车间班组可在大圈循环中又有各自范围的小圈循环,形成大圈套小圈。PDCA 每循环一次,质量提高一步,不断循环则质量不断提高。

4.全面质量管理的实施措施

(1)采用科学的、系统的方法。

目前,全面质量管理的很多方法和技术都引起了广泛的重视。如可以成立质量管理小组定期地讨论实施该项工作中遇到的问题,找出解决办法;实施业务外包,把公司内部职能承包给相关领域内较强的外部单位;简化工作周期;持续改进等,还包括统计质量控制技术和方法、质量功能展开(QFD)和六西格玛法等这些定量的分析。QFD是对产品性能进行定量描述,实现对功能的量化评价。六西格玛法是一种自上而下的革新方法,它由企业最高管理者领导并驱动,由最高管理层提出改进或革新目标、资源和时间框架。推行六西格玛模式采用由定义、度量、分析、改进、控制(DMAIC)构成的改进流程。这种革新方法强调定量方法和工具的运用,强调对顾客需求满意的详尽定义与量化表述,每一阶段都有明确的目标并由相应的工具或方法辅助。

(2)以预防为主,实施事前控制。

预防性质量管理是全面质量管理区别于质量管理初级阶段的特点之一。进入20世纪90年代以后,新的生产模式,包括适时生产(JIT)、精益生产(lean production)、敏捷制造(agile manufacturing)等对事前控制提出了更高的要求,在产品的生产阶段,除了统计过程控制(SPC)外,新的基于计算机的预报、诊断技术及控制技术受到越来越广泛的重视,使生产过程的预防性质量管理更为高效。同时,80%的产品质量问题是在产品设计阶段发生的。预防性质量管理在设计阶段更为重要。在产品设计阶段采用故障模式和影响分析(FMEA)及失效树分析等方法找出产品薄弱环节,加以改进,消除隐患,已成为全面质量管理的重要内容。

(3)计算机支持的质量信息管理。

及时、正确的质量信息是企业制定质量政策,确定质量目标和措施的依据。质量信息的及时处理和传递也是生产过程质量控制的必要条件。信息技术、计算机集成制造技术的发展为企业实施全面质量管理提供了有力的支持。集成质量系统在计算机网络及数据库系统的支持下不仅可以及时地获得正确的质量信息,有效地实现对全过程的管理,而且使企业的全体人员以先进的、高效率的方式参与全面质量管理。

(4)突出人的因素。

与质量检验阶段和统计质量管理阶段相比较,全面质量管理阶段格外强调调动人的积极因素的重要性。实现全面质量管理必须调动人的积极因素,加强质量意识,发挥人的主观能动性。在这一方面日本的汽车工业获得了成功,发展了一整套日本模式。如采用质量管理小组方式将职工组织在一起,激发职工的主动精神和协作精神,最大限度地发挥每个雇员的聪明才智。企业注重发展雇主和雇员之间牢固的信任关系,形成家族式结合关系,公司利益与个人利益息息相关,每一个雇员都为提高产品质量、满足用户需要献计献策。

(五)其他控制技术和方法

网络技术,是指用网络图等方式,把一项任务的有关活动通过分析和计算,寻求最佳规划与控制的一种方法或技术。网络技术一般包括计划评审法和关键线路法。

(1)计划评审法是一种计划和控制技术,用来分析在时间和项目的推移过程中如何把计划的各个局部恰当地结合在一起。这种方法重视计划和控制的时间因素。

(2)关键线路法中的关键线路是一条从项目开始直至项目结束的整个过程中,由若干不间断任务组成的任务链。关键线路上任何一项任务的延迟都会威胁整个项目的如期完工。因此,这些任务被称为关键任务。关键任务在资源分配和管理精力投入上享有优先权,是项目管理和监督的重点。

进度表是20世纪初由甘特首创的一种计划控制工具,它简明地表示出每项任务的预计时间与实际使用时间,使管理者对哪些活动提前、哪些活动正好、哪些活动被拖延一目了然。

统计分析,是管理人员通过对过去的资料或未来的预测进行统计分析,从中发现规律,对比自己企业的经营业绩,实行有效的控制的方法。该方法的优点是简单明了,例如用曲线、图表画出的趋势图或历史资料使人一目了然。

制度和规范也是组织普遍使用的一种控制方法,即组织通过建立健全各种制度和规范来约束员工的行为,达到控制的目的。

事实上,最简单、也常常是最有效的控制方法是亲自观察,即主管人员到车间或办公室进行实地观察,取得最直接的一手信息,且可以给予现场指导与控制。

控制是监视各项活动的运作,及时纠正活动中出现的偏差,使活动按计划进行的过程。控制运用在管理活动中就称为管理控制,它是管理工作的一项基本职能。适时有效的控制有助于组织达到预期的目标。掌握管理控制的不同分类方式有利于我们更好地了解各类控制的特征,搞好控制工作。管理控制的主要对象是人员、财务、作业、信息和组织绩效。控制活动由三个基本环节构成:拟定标准、衡量绩效、纠正偏差。为了达到对计划的有效控制,在控制执行过程中应遵循合理性和多重性原则、系统性原则、突出例外原则、及时准确性原则、灵活性原则和经济性原则。此外还需要运用恰当的技术和方法,既可以利用预算实施预算控制,还可以利用管理经济学和管理会计所提供的一些专门方法,如比率分析和盈亏平衡分析等。此外还可以借用行政手段。审计控制也是一种有效的控制方法。而近年来一些新的管理观念(目标管理、全面质量管理等)的兴起、信息技术的迅猛发展都对管理控制活动的方式和方法产生着重大影响。

课堂讨论

结合自己学校食堂实际,试述学校食堂在其经营过程中采用了哪些控制的方法、技术和方法原则。

考核评价

考核评价内容如表6-2所示。

表6-2　管理控制能力考核评价表

学习目标	评价内容	团队评价	教师评价
专业知识(30)	控制的理论		
	控制的方法		
专业能力(40分)	控制的过程		
	全面质量管理		
综合素质(30)	评估企业状况		
	选择控制方式		
总计			
努力方向:		建议:	

知识巩固

1. 控制的定义和对于组织的意义是什么？
2. 控制的类型及其特征有哪些，如何选择控制方式？
3. 控制的过程和基本原则是什么？
4. 控制的主要方法有哪些？

案例分析

戴尔公司创建于1984年，是美国一家以直销方式经销个人电脑的电子计算机制造商，其经营规模已迅速发展到当前120多亿美元销售额的水平。戴尔公司是以网络型组织形式来运作的企业，它联结有许多为其供应计算机硬件和软件的厂商。其中有一家供应厂商，电脑显示屏做得非常好。戴尔公司先是花很大的力气和投资使这家供应商做到每百万件产品中只能有1000件瑕疵品，并通过绩效评估确信这家供应商达到要求的水准后，戴尔公司就完全放心地让他们的产品直接打上"Dell"商标，并取消了对这种供应品的验收、库存。类似的做法也发生在戴尔其他外购零部件的供应中。通常情况下，供应商需将供应的零部件运送到买方那里，经过开箱、触摸、检验、重新包装，经验收合格后，产品组装商便将其存放在仓库中备用。为确保供货不出现脱节，公司往往要贮备未来一段时间内可能需要的各种零部件。这是一般的商业惯例。因此，当戴尔公司对这家电脑显示屏供应商说道："这型显示屏我们今年会购买400万到500万台左右，贵公司为什么不干脆让我们的人随时需要、随时提货的时候，商界人士无不感到惊讶，甚至以为戴尔公司疯了。"戴尔公司的经理们则这样认为，开箱验货和库存零部件只是传统的做法，并不是现代企业运营所必要的步骤，遂将这些"多余的"环节给取消了。戴尔公司的做法就是，当物流部门从电子数据库得知公司某日将从自己的组装厂提出某型号电脑××部时，便在早上向这家供应商发出配领多少数量显示屏的指令信息，这样等到当天傍晚时分，一组组电脑便可打包完毕分送到顾客手中。如此，不但可以节约检验和库存成本，也加快了发货速度，提高了服务质量。

讨论与思考：

1. 你认为，戴尔公司对电脑显示屏供应厂商是否完全放弃和取消了控制？如果是，戴尔公司的经营业绩来源于哪里？如果不是，那它所采取的控制方式与传统的方式有何切实的不同？
2. 戴尔公司的做法对于中国的企业有适用性吗？为什么？

实训课业

实训项目：制订学校食堂安全控制实施方案

1. 实训目的

通过实训，使学生掌握控制的基本概念、过程、方法、原则，能够设计一份较完整的并可实施控制方案。

2. 实训内容

以学生熟悉的食堂为例，以小组单位制订一个食堂安全控制方案。

3. 实训要求

以团队为单位，团队成员进行角色和工作分工，以学校食堂为调查对象，制订一份食堂安全控制实施方案,方案要具有可操作性。方案必须充分体现控制的特点与要求,有完整的结构性。

4.实训评价

每个小组完成一份控制实施方案,组织一次交流,介绍、分析与评价各小组的控制实施方案,教师与学生共同评价综合成绩。

学习情境七

创 新

知识目标

1. 了解创新的基本概念、内容和过程；
2. 掌握创新的内容和意义；
3. 熟知创新性思维的表现形式。

能力目标

1. 充分认识创新的重要性；
2. 培养学生的创新能力；
3. 掌握创新发展的新趋势。

案例引读

小米的管理创新

3年时间，销售收入突破百亿；2012年，小米销售手机719万台，实现营收126.5亿元，纳税19亿元。小米模式再次引发热潮，刷新中国互联网公司的成长速度。在小米取得一系列成就的同时，人们也思考小米公司成功的原因。其中管理创新给小米的高速发展提供了充沛的助力。小米团队是小米成功的核心原因。和一群聪明人一起共事，为了挖到聪明人不惜一切代价。真正到小米来的人，都是真正干活的人，他想做成一件事情，所以非常有热情。来到小米工作的人聪明、技术一流、有战斗力、有热情做一件事情，这样的员工做出来的产品注定是一流的。这是一种真刀实枪的行动和执行。

扁平化是基于小米相信优秀的人本身就有很强的驱动力和自我管理的能力。设定管理的方式是不信任的方式，员工都有想做最好的东西的冲动，公司有这样的产品信仰，管理就变得简单了。这一切都源于一个前提——成长速度，速度是最好的管理。少做事，管理扁平化，才能把事情做到极致，才能快速。小米的组织架构没有层级，基本上是三级：七个核心创始人、部门和员工。而且不会让团队太大，稍微大一点就拆分成小团队。从小米的办公布局就能看出这种组织结构：一层产品、一层营销、一层硬件、一层电商，每层由一名创始人负责，能一竿子插到底地执行，大家互不干涉，都希望能够在各自分管的领域给力，一起把这个事情做好。除七个创始人有职位，其他人都没有职位，都是工程师，晋升的唯一奖励就是涨薪。不需要你考虑太多杂事和杂念，没有么团队利益，一心在事情上。这样的管理制度减少了层级之间互相汇报浪费的时间。小米现在2500多人，除每周一的1小时公司级例会之外很少开会，也没什么季度总结会、半年总结会。成立3年多，七个合伙人只开过三次集体大会。2012年815电商大战，从策划、设计、开发、供应链仅用了不到24小时准备，上线后微博转发量近10万次，销售量近20万台。

小米强调你要把别人的事当成第一件事,强调责任感。小米公司有一个理念,就是要和员工一起分享利益,尽可能多地分享利益。小米公司刚成立的时候,就推行了全员持股、全员投资的计划。小米最初的56个员工,自掏腰包总共投资了1100万美元,均摊下来每人投资约20万美元。

小米学习的是海底捞。就是把它变成一种文化,变成一种全员行为,给一线赋予权力。为了让工程师拥有产品经理思维,从一开始就要求所有员工,在朋友使用小米手机过程中遇到任何问题,无论硬件还是软件,无论是使用方法或技巧的问题,还是产品本身出现了问题,都要以解决问题的思路去帮助朋友。甚至要求所有工程师通过论坛、微博和QQ等渠道和用户直接取得联系。小米还让工程师们直面每一段代码成果在用户面前的反馈,当一项新开发的功能发布后,工程师们马上就会看到用户的反馈,这种价值实现是很重要。

思考

1. 创新对小米在市场竞争中立足起到了什么作用?
2. 以上案例带给你什么启示呢?

任务一　创新职能

一、创新概述

经济学家约瑟夫·熊彼特于1912年首次提出了"创新"的概念。在他发表的《经济学理论》中从经济学角度指出创新就是建立一种新的生产函数,是企业家对生产要素的新组合,其中任何要素的变化都会导致生产函数的变化从而推动经济的发展。这种意义下的创新概念分为五种情况:采用一种新产品;采用一种新的生产方法;开辟一个新市场;控制原料或半成品的一种新的供应来源;实现任何一种工业的新的组合。可见,创新有别于发明创造。发明创造只是一种新概念、新设想或试验品,而创新则是将发明或其他科技成果引入生产体系,利用那些原理制造出市场需要的商品,从而使生产系统产生震荡效应。

熊彼特的这种创新定义很显然属于经济范畴,那么,究竟什么是创新呢?

美国学者保罗·罗默认为,创新是在创造和掌握新知识的基础上,主动适应新的环境,提高组织时代效能,推动生产要素在质和量上发生新的变化和新的综合过程。所以,创新是一种有目的的实践活动,不是一种自发性的随机事件,人们完全能够根据客观情况的变化和自身的实际,有计划、有步骤地开展管理创新活动。所以,创新是以价值增加为目标,以提高核心竞争力为中心,以战略为导向,以各创新要素(如技术、组织、市场、战略、文化、制度等)的协同创新为手段,通过有效的创新管理机制、方法和工具,力求企业管理系统更有效地实现组织目标的活动。

创新包括技术创新、战略创新、市场创新、管理创新、组织创新、观念与文化创新、制度创新等。

二、创新的必要性

创新是企业永恒的主题。经济全球化是当代世界经济的重要特征之一,也是世界经济发展的重要趋势。随着信息技术的迅速发展和市场竞争的日益深化和激烈,企业要以战略高度认识创新,在推进技术创新的同时,也要从管理理念、管理组织、管理方法与手段等多个层面实施创新,努力探索适合自己的管理现代化之路,才能使企业立于不败之地。资金流通与商品流通日趋市场化、全球化。这些变化既给企业带来了机遇和挑战,又给企业带来了更高的要求与残酷的竞争。

随着知识经济时代的来临,越来越多的企业发现,仅有良好的生产效率、足够高的质量、甚至灵活性已不足以保持市场竞争优势。管理创新正日益成为企业生存与发展的不竭源泉和动力。其次,环境的动荡、竞争的激烈和顾客需求的变化都需要企业进行全方位的竞争,比竞争对手以更快速度响应顾客全方位的需求,这就不仅要求企业技术创新,而且必须以此为中心进行全面、系统、持续的创新。国外的许多创新型企业,如微软、惠普、3M、三星等,以及我国少数领先企业,都已开始了转向创新管理新范式的实践探索。例如,韩国三星近年来实施 TPI/TPM(全员劳动生产率创新/管理),使得自身有了脱胎换骨的变化;宝钢近年来开展了"全员创新"的实践,取得了良好效果。

三、创新带来的风险性与不确定性

创新涉及的环节和因素众多复杂,从而使创新的过程和结果均呈现不确定性,这意味着创新存在较大的风险性。这种风险性主要表现在以下方面:

(1)创新内容的复杂性。创新既要反映人与物的关系,又要体现人与人的关系,还会涉及技术创新和制度创新两大领域,并且具有技术创新和制度创新的某些特点,从而使管理创新变得更为复杂。

(2)创新的投入回报具有不确定性。创新需要大量的投入,投入能否顺利实现价值补偿,受到许多不确定因素的影响,既有来自管理创新本身的不确定性,也有来自市场、社会、政治等因素的不确定性,这些不确定因素都可能使管理创新的投入难以得到回报。

(3)创新效果的难以度量性。创新的效果要通过"他人"的行为表现出来,并凝聚了"他人"脑力和体力的支出,从而使管理创新的效果表现出模糊性和间接性,同时又有一定的滞后性。

(4)创新的不可实验性。任何创新都是在现实的组织中进行的,它不可能像技术创新一样借助于有形具体的实验条件重复进行,这无疑增加了管理创新的风险性。

具有积极效应的管理创新,能够通过对生产要素的新的组合实现产出的质的提高和量的增长,具有建设性功能。但是,有时一些创新也会产生消极的破坏效应。即企业生产要素的新的组合不仅没有带来质的提高和量的增长,反而导致了质与量的下降,导致企业现有能力和资源的毁坏。这种破坏性的创新可能会给企业带来巨大的威胁,有时甚至会使企业在破坏中遭到毁灭。

四、创新的原则

彼得·德鲁克在他的《创新与创业精神》一书中,提出了六条创新原则,分别是:

(1)有目的、有计划的创新,首先就要从分析各种创新机会开始;

(2)走出去观察、询问和倾听,研究潜在用户的期望、价值观和需求;

(3)有效的创新必须简单和集中,最好是只做一件事;

(4)有效的创新开始时要小,只做一件具体事为好;

（5）创新一开始就要树立充当领导潮流的奋斗目标，争取成为未来的发展方向；

（6）要立足现在，即为现在创新，而不要企图为未来创新。

汤姆·彼得斯提出了反向思维原则，他认为："今天成功的企业领导人将是那些头脑最灵活的人。接受新见解、习惯性地向旧见解提出挑战，与反论（反向思维见解）共处的能力，将是这些领导者的首要品质。"他进一步认为，已有的许多正反相同的状况正是反向思维发挥创新作用的条件。

另外，创新的原则还包括交叉综合原则和加一加二原则。交叉综合原则是指创新活动的开展或创新意向的获得可以通过各种学科知识的交叉综合得到；加一加二原则是指在自己现有特色管理或在别人企业的思想管理、方式、方法上运行顺应式或逆向式的有新意的进一步提高。

五、创新的行为主体

1. 企业创新的核心主体：企业家

创新离不开企业家的倡导和支持，企业家和企业家精神是创新最为活跃的要素。企业家通过自己的感召力、新形象，培育、建立有利于创新的企业文化体系。通过自己的管理职能，创造性地运用技术、企业资源开拓企业产品市场，管理企业技术创新，实现企业创新战略目标。

企业家精神包含冒险精神、竞争和创新意识、企业在良好经济效益基础上发展的雄心以及与不断变动的市场经济环境相适应的素质。企业家的创新管理职能包括：①收集与分析四个方面的情报：企业事业目标，技术目标；企业技术活动；企业创新方向；市场竞争。②提出技术创新设想。③不采纳就放弃设想，采纳就进行具体过程。④规划活动，资金筹措，组织管理，社会联系网，成果商业化。⑤创新设想的开展、实施。⑥企业的创新发展。所以，创新需要企业家，更需要企业家精神。当然，企业家也需要管理创新。没有管理创新，在科学技术飞速发展、市场竞争日益激烈的今天，企业是难以生存下去的。没有管理创新，企业家也不能真正实现自己的价值。

2. 企业创新的其他行为主体

（1）内企业家。内企业家是现代公司的一大产物，他处于公司最高管理层与基层的中间结合部，是连接上面与下面的"过渡层"，是指"那些在现行公司体制内，富有想象力和有胆量的行为者，冒个人风险来促进新事物出现的大公司雇员"。

（2）企业管理人员。在企业管理创新主体中，管理人员的作用不容忽视。在管理层中有许多不同的专业分工，其领域包括生产、营销、财务、物资等许多部门。从事管理工作的任何一个管理者都有可能成为管理创新的主体。

（3）企业员工。特别是知识型员工。企业员工是企业创新的坚实基础，是企业创新力量的源泉，是创新"火花"的提供者、方案实施的操作者及反馈和改进的联系者，当然就是管理创新的主体。

（4）企业外部顾问。企业在激烈、复杂的竞争中，必须借助外部力量为企业提供管理咨询服务。一个典型的例子就是戴明博士。他曾多次以日本工业导师和管理顾问的身份被邀请到日本多家企业推广他的质量管理理论。他的工作使日本的产品质量、生产费用、管理原理产生了一场革命，日本人把他称为是仅次于日本天皇的日本国宝。

六、创新的条件

为使创新能有效地进行,还必须创造以下的基本条件:

(一)创新主体应具有创新精神

创新要求管理者具有锐意进取的创新精神与远见卓识,善于思考,勇于探索,有强烈的责任感和百折不挠的斗志,敢于推陈出新,不怕挫折,能够敏锐地判断企业发展的大趋势,能够在现实的问题中找到关键性东西并能看到其背后的深层原因,从而抓住潜在机会开拓进取。

(二)创新主体应具有较强的能力结构

创新能力是要求创新者具备创新的知识、才干和独创能力,具体包括:①敏锐地观察问题、发现机会的能力;②深入分析、把握关键的能力;③自我管理和控制、协调的能力;④科学的综合创新能力。

创新能力、将创新转化为实际操作方案的能力、控制协调加快进展的各项能力,都直接关系到创新意识能否实施,最终能否获得创新成果从而实施完成管理创新。

(三)企业应具备较好的基础管理条件和资源条件

现代企业中的基础管理主要指一般的最基本的管理工作,如基础数据、技术档案、统计记录、信息收集归档、工作规则、岗位职责标准等。管理创新往往是在基础管理较好的基础上才有可能产生,因为基础管理好可提供许多必要的、准确的信息、资料、规则,这本身有助于管理创新的顺利进行。

资源条件主要指资金和人力资源。创新活动一般要花费较多的资金,如果资金不足,也会影响创新活动的顺利开展。当然,人才则是最宝贵的资源,没有创新人才,创新活动就难以开展。因此,企业应有良好的人事管理机制和激励机制,创造良好的环境条件吸引人才。

(四)创新应结合本企业的特点

现代企业之所以要进行创新,是为了更有效地整合本企业的资源以完成本企业的目标和任务。因此,这样的创新就不可能脱离本企业的特点。在当前的国际市场中,短期内中国大部分企业的实力比西方企业弱,如果以刚对刚则会失败,若以太极拳的方式以柔克刚,则可能是中国企业走向世界的最佳方略。中国企业应充分发挥以"情、理、法"为一体的中国式管理制度的优势和特长。

(五)创新应有创新目标

创新应有创新目标即创新主体在创新时想要达成的最终结果。创新目标比一般目标更难确定,因为创新活动及创新目标具有更大的不确定性。尽管确定创新目标是一件困难的事情,但是如果没有一个恰当的目标则会浪费企业的资源,这本身又与管理的宗旨不符。创新目标一旦设定就成了管理创新行为的导向,创新行为每向创新目标逼近一步,都能够给创新主体带来成就感,进而激励其采取下一步行动,从而维持创新行为的进行。

真正的成功者决非仅进行一两次的创新。相反,他们是持续的创新者。企业能有效发挥其创新能力,与拥有一个良好的创新氛围有关。企业要鼓励员工多提意见,要敢于启用有热情、思想活跃的新人,建立学习型组织。建立学习型组织是保障创新氛围的关键。在学习型组织中,人们永不满足于现状,不断汲取新的知识,充实自身,超越自我,不断提出新观念和新方法。因此,管理者要有意识地建立一个创新的氛围。

知识链接

海尔创新模式之路

根据世界权威市场调查机构欧睿国际数据,2012年,海尔以8.6%的市场占有率第四次蝉联全球白色家电第一品牌。同年,海尔"人单合一双赢模式"分别获得全国企业管理现代化创新成果一等奖第一名和国家级企业管理创新成果奖。2016年,海尔集团以2016.09亿元的营业收入,位于"中国企业500强"第81位,居中国轻工业百强企业首位。

"没有成功的企业,只有时代的企业。"这是海尔集团董事局主席、首席执行官张瑞敏多年来管理企业的深刻体会。时代在变迁,市场在变化,企业需要不断调整不断改变自己。在互联网迅猛普及的当前,海尔敏锐地觉察到了互联网对传统商业模式的冲击,为顺应时代潮流、全面拥抱互联网时代,海尔作出了大胆的自我颠覆和探索。

战略颠覆方面,海尔创新了"人单合一双赢模式"。"人"是员工,"单"不是狭义的订单,而是用户资源,"双赢"则是让员工在为用户创造最大价值的同时得到自己的最大利益。显然,这种模式颠覆了原先的层级战略和流水线战略,所有人只对应一个上级:用户。

在战略颠覆的前提下,海尔也改变了组织架构。其组织架构从"正三角"颠覆为"倒三角",并进一步扁平为以自主经营体为基本创新单元的动态网状组织,组织中的每个节点接受用户驱动而非领导驱动,通过开放地连接外部资源来满足用户需求。如果说过去企业的流程是串联,那么现在变成了一个可以有很多的群体在上面进行交易的并联组织,大家为了一个共同的目标而展开协同。

正如战略大师加里·哈默所言:"海尔推进的自主经营体创新是超前的。"它正带领海尔在瞬息万变的互联网浪潮中朝着新的征程迈进。

七、管理者如何才能提高公司的创新能力

创造一个怀疑的、解决问题的文化。当面临挑战时,公司员工会如何反应? 他们会开始怀疑吗? 他们是会借助竞争者采用的标准解决方案,还是会更深入地了解问题,努力发现新的解决之道? 只有最后一条路才能将公司引向成功的管理创新,管理者应当鼓励员工去解决问题而非选择逃避。

(1)寻求不同环境中的类比和例证。公司应该向一些高度弹性的社会体系学习,如议会民主制度、城市等。如果公司希望提高员工的动力,就应该去观察、学习各种志愿者组织。鼓励员工去不同的国家工作也非常有价值,这可以开阔员工的视野并激发思维。

(2)培养低风险试验的能力。有一家公司的管理人员不断鼓励员工及团队提出创新办法。但他们很快意识到,要想使能动性转化为有效性,就不能放任所有的新主意在整个组织内蔓延。他们规定,每种创新只能在有限的人员范围和有限的时间内进行。这既保证了新创意有机会实施,同时也不会危害到整个组织。

(3)利用外部的变革来源来探究新想法。当公司有能力自己推进创新时,有选择地利用外部的学者、咨询顾问、媒体机构以及管理大师会很有用。他们有三个基本作用:新观念的来源;作为一种宣传媒介让这项管理创新更有意义;使公司已经完成的工作得到更多的认可。

(4)持续地进行创新。真正的成功者决非仅进行一两次的创新。相反,他们是持续的创新

者。通用电器就是一个例子。它不仅成名于其"群策群力"原则和无边界组织,还拥有很多更为古老的创新,如战略计划、管理人员发展计划、研发的商业化等。

考核评价

考核评价内容如表 7 - 1 所示。

表 7 - 1　管理创新考核评价表

项目	评价内容	团队评价	教师评价
专业知识(30分)	创新的定义		
专业能力(30分)	创新的必要性		
	创新带来的风险与不确定性		
	创新的原则		
综合素质(40分)	创新的行为主体		
	如何提高公司的创新能力		
总计			
努力方向:		建议:	

任务二　创新方法与过程

一、创新的内容

管理是企业永恒的主题,是企业发展的基石。创新是现代企业进步的原动力,是增强核心竞争能力、获得跨越式发展、实现持续成长的决定性因素。在当今科学技术和经营环境急剧变化的复杂环境中,企业管理者必须要把握创新发展的新趋势、新要求,不断进行创新,把创新渗透于管理整个过程中。

(一)经营理念创新

理念创新是企业管理创新的灵魂。理念创新就是企业打破陈规陋习,克服老旧思想,为取得更好的经济效益而树立全新的管理思路。管理理念创新首先要改变传统的思维模式,充分调动全体员工的积极性、主动性和创造性。

经营理念大转变最直接、最有效的途径就是通过创新企业文化来推进企业创新。企业文化是企业在长期经营中形成的共同理想、共同价值观、共同信念和共同行为准则的总和,它对企业发展的影响越来越显著。

企业管理者必须紧跟时代步伐,抢抓机遇,大胆创新,不断创造和拥有更新的思想、更新的观念,不断增强企业核心技术优势,优化、调整企业内部资源配置,充分发掘企业内部潜力,增强竞争实力,促进企业的长远发展。企业只有在不断的创新中才会走得更高、更远、更稳。

(二)技术创新

技术创新是企业创新的基础。现代企业要想获得更多的经济效益,取得更大的社会效益,赢得竞争上的话语权,就必须进行技术创新。企业的技术创新包括技术研发和技术改造,企业可根据自身的技术条件充分开展技术创新活动,通过技术创新取得核心技术优势。在信息时代,企业取胜的关键因素主要取决于企业自身的技术优势,而不一定是资金和资源优势。核心技术优势决定着企业在市场的认知度以及获得市场的广度和深度。技术创新已成为企业赢得市场的根本途径和有力锐器。因此,现代企业技术创新要有规范有序的内部运行机制和良好的外部环境。就企业自身而言,必须建立有效的激励机制和稳定的技术支撑体系,形成有自己知识产权的技术创新能力,有自己核心技术项目,同时对该项目有较强的控制能力。对外部环境来讲,企业应该积极争取国家有关政策支持,充分利用技术优势大力开发外部市场,形成一个稳定、多元、互惠、友好的外部市场环境。

(三)组织创新

现代企业已不再将组织看作是一个刚性组织,而认为是一个柔性的、有学习能力的有机体。因为僵硬的组织已不能适应知识经济时代的发展状态。

组织创新是企业管理创新的关键。现代企业组织创新就是通过调整优化管理要素——人、财、物、时间、信息等资源配置结构,开展资产重置与重组,按照新的组织结构和比例关系,形成新的管理模式,使企业获得更多的效益。企业组织创新主要表现形式有新产权制、新管理机制、新用工制、对重要人员实行聘任制和选举制以及企业人员的调整与分流等。组织创新的目的就是依据企业的实际需要,建立一套高效、有序的现代企业制度,真正做到"职责明晰、权责分明、政企分开、管理科学"。企业的组织创新不但要适应企业当前经营管理的需要,更要着眼于企业的后续发展,要对企业未来的发展方向、经营目标以及活动范围进行系统筹划。企业的组织创新要不断优化各项生产要素,大力开发人力资源,在加强实体管理的同时,注重企业价值形态意识的培养。企业的组织创新还要建立能对市场信息变化作出及时反应的应变体系,适时调整管理思路和经营方式,完成安全生产、资产经营、项目发展等各项目标任务。

(四)经营创新

经营创新是企业为实现战略经营目标而采取相宜的管理活动的创新过程,主要包括经营思路创新和营销创新。

(1)经营思想创新。要求企业要善于观察和分析经济现象发展的规律性,学习和总结人类历史上先进的管理思想,为企业发展制定理论前提。经营思想创新主要有:新的经营方针及战略;新的经营观念及推行;新的经营战略的创造和实施;资本运营的新思路;等。

(2)营销创新。营销是一种社会行为,是企业将其人力、物力、财力等资源要素有效地组合,满足顾客需求和欲望的过程。营销创新不是对原有产品或服务的细微改进,而是为顾客提供与以前不同的经济满足。它可以是一种更新的营销方式,如网络营销、数据库营销等;也可以是某个产品、某个营销环节或者局部范畴的具体活动模式的创新与更新,如品牌创新、广告创新等。其创新形式一般包括:营销观念创新;营销模式创新;营销手段创新;营销策略创新;等等。

(五)制度创新

制度是组织运行的主要原则规定。制度创新就是组织根据内外部环境需求的变化和自身发展壮大的需要,对组织自身运行方式原则规定的调整和变革。制度创新的方向是不断调整和优化企业所有者、经营者和劳动者之间的关系,使各个方面的权力和利益得到充分体现,使组织中的各种成员的作用得到充分发挥。

制度创新是企业管理创新的保证。现代企业制度创新是对企业的生产方式、经营模式、分配形式、管理理念等进行顶层设计的创新活动。制度创新就是把思维创新、技术创新和组织创新活动制度化、规范化,具有引导思维创新、技术创新和组织创新的作用。它是创新的最高层次,是管理创新实现的基础保障。企业制度创新的目的是建立一种更优、更高效的管理制度,综合协调企业所有者、经营者、劳动者的权力和利益关系,使企业具有更高的管理效率。

二、创新基本条件

(一)创新主体应具有良好的心智模式

创新主体具有良好的心智模式是实现创新的关键。心智模式是指由于过去的经历、习惯、知识素养、价值观等形成的基本固定的思维认识方式和行为习惯。创新主体具有的心智模式包括两种:一是远见卓识;二是具有较好的文化素质和价值观。

(二)创新主体应具有较强的能力结构

创新主体必须具备一定的能力才可能完成创新,创新管理主体应具有核心能力、必要能力和增效能力。核心能力突出地表现为创新能力;必要能力包括将创新转化为实际操作方案的能力,从事日常管理工作的各项能力;增效能力则是控制协调加快进展的各项能力。

(三)企业应具备较好的基础管理条件

现代企业中的基础管理主要指一般的最基本的管理工作,如基础数据、技术档案、统计记录、信息收集归档、工作规则、岗位职责标准等。管理创新往往是在基础管理较好的基础上才有可能产生,因为基础管理好可提供许多必要的、准确的信息、资料、规则,这本身有助于管理创新的顺利进行。

(四)企业应营造一个良好的管理创新氛围

创新主体能有创新意识,能有效发挥其创新能力,与拥有一个良好的创新氛围有关。在良好的工作氛围下,人们思想活跃,新点子产生得多而快,而不好的氛围则可能导致人们思想僵化,思路堵塞,头脑空白。

三、创新的过程

创造性活动是人类智能活动的最高体现,要更好地开发、促进创新思维,更好地从事创新工作,就应该了解创新工作的过程。

(一)寻找创新的机会

创新不是纯粹的、偶然的"奇思妙想",在偶然的背后有必然的因素。创新的机会是各种主客观因素在特定时空条件下形成的一种有利偶合。它既是创新的有效切入点,也是实现创新成功的前提和关键。其来源途径可以是企业内部,也可以是企业外部。创新者要善于抓住这些机遇适时提出构想。在很多情况下,创新的动机都源于对公司现状的不满:或是公司遇到危机,或是商业环境变化以及新竞争者出现而形成战略型威胁。

1. 来源于企业内部的机会

(1)意外情况。意外情况主要包括三种:一是意外成功。常常能够引起一系列的创新成功的连锁反应,而且开发利用这种机会的投资少、风险小。二是意外失败。这种意外失败往往暗示了潜在的变化,意识到这种变化也就预示着发现了新的创新机会。三是外部意外情况。这是来自企业经营管理范围以外的创新机会,开发利用这种创新机会,往往是本企业业务的延伸,不仅需要管理创新,还要求技术创新和市场创新。

(2)不一致。不一致是指实际情况与"应有的"情况不相符、不协调,或者是实际情况与人们想象的情况不相符、不协调。不一致有多种情况:①经济实际情况不一致。如经济效益不能随着产品和服务的增长而提高,成本不能随着效率的提高而下降等;②客观实际与主观行为不一致;③企业对价值和期望的看法与顾客的观点不一致;④过程的节奏不一致;等等。

不一致之所以能够引发创新机会,是因为不一致暗示了一个隐伏的"断层",这种断层形成一种不稳定状态,或者说形成了一种杠杆作用,只要稍微用力,就能产生较大的管理创新效果。

(3)流程需要。由流程需要引发的管理创新机会,其表现形式是完善原有的流程,或者是把流程的薄弱环节充实加强,或者是利用新的科学技术知识对原有流程进行重新设计。一般来说,要想取得流程创新的成功,需要具备以下条件:流程是相对独立的;流程存在一个薄弱环节或缺失环节;流程具有明确的目标;具有解决流程存在的问题的具体办法和要求。

2. 来源于企业外部的机会

(1)新知识。以新知识为基础的创新在历史上占有非常重要的地位,因此企业要能把握和利用新知识所引发的机遇。

(2)人口的变化。人口规模、年龄、组成、教育程度等必然影响需求结构和需求数量的增减。对此进行科学预测就能带来创新机会。

(3)观念的变化。不同的观念带来不同的行为,特别是消费者的观念会带来许多创新机会。创新者的灵感可能来自其他社会体系的成功经验,也可能来自那些未经证实却非常有吸引力的新观念。

(4)行业和市场结构变化。新旧行业的更迭交替必然导致工业结构和市场结构的变化,而变化正是蕴藏创新的机遇。

例如,Litton 互联产品公司是一家位于苏格兰为计算机组装主板系统的工厂。1991 年,George Black 受命负责这家工厂的战略转型。他说:"我们曾是一家前途黯淡的公司,与竞争对手相比,我们的组装工作毫无特色。唯一的解决办法就是采取新的工作方式,为客户提供新的服务。这是一种刻意的颠覆,也许有些冒险,但我们别无选择。"很快,Black 推行了新的业务单元架构方案。每个业务单元中的员工都致力于满足某一个客户的所有需要。他们学习制造、销售、服务等一系列技能。这次创新使得客户反响获得极大改善,员工流动率也大大降低。当然,不论出于哪一种原因,管理创新都在挑战组织的某种形式,它更容易产生于紧要关头。

(二)提出构想,争取内部认可

与其他创新一样,创新也有风险巨大、回报不确定的问题。很多人无法理解创新的潜在收益,或者担心创新失败会对公司产生负面影响,因而会竭力抵制创新。而且,在实施之前,我们很难准确判断创新的收益是否高于成本。因此对于创新人员来说,一个关键阶段就是争取他人对新创意的认可。

针对上述机会,要透过现象研究原因,并据此分析和预测这些因素的未来变化趋势,评估它们可能给企业带来的积极和消极后果,然后设法利用机遇将不利因素转化为机会,提出创新的构想。

(三)迅速付诸实践

构想提出后必须立即付诸实施,以免错失良机,或者让别人捷足先登。将创新转化为实际操作、控制协调加快进展也是保证创新实现的基础。

(四)不断完善

创新在开始行动以后,必须坚定不移地继续下去,不断地探索,不断总结行动中的经验教训,对当初的构想不断修正、完善,否则,便会前功尽弃。

(五)形成模式

经过在实践中的不断完善,组织将形成一整套适应新环境的新观念、新方法、新体制。创新往往最初是从组织的某个局部开始的,所以组织还需要把它由点到面地推广开来,以使组织最大限度地适应新环境。

知识链接

龙润茶业:中国茶业第一股的整合创新之路

自 2005 年龙润集团进入普洱茶行业之后,龙润茶业集团在中国茶业激流勇进,一直成为业界关注的焦点。龙润茶业以打造"中国茶第一品牌"为目标,提出"用制药的经验制茶",依托资本经营、技术创新和管理创新,推进茶叶生产加工的专业化、标准化和科学化,将龙润茶打造成为高端政商茶品系列,打破国内茶业市场缺乏高端品牌的现状。2009 年,"中国茶业第一股"破茧而出,龙润茶依托资本经营优势合纵连横,加快了品牌扩张步伐,稳居第一国礼茶,提升品牌至国内第一高端政商茶饮品的地位。龙润的成功,引发业内人士的深层次思考。龙润为何能走进钓鱼台、奥运会、大运会、英国皇宫?它是如何携手著名的火箭投资打造出中国茶业第一股?龙润的最大成功,在于运用了整合性创新这一手法,最终打造出龙润高端政商茶这一战略新品,一举成就了龙润茶业的华丽转身。在国内传统茶领域缺乏主导品牌的现实情况下,龙润茶业洞察先机,在充分整合自身既有资源的基础上,广泛链接茶文化背景、科研、重大赛事、体育竞技等领域资源,调动文化、科技、资本、媒介、明星、投资渠道等众多资源优势,让企业成为茶行业众多同行"美慕嫉妒恨"的对象,并一直处于领跑优势,远远拉开了与同行竞争对手的差距,完全占据了国内高端茶领域的先机。

四、创新的方法

(一)头脑风暴法

头脑风暴法是由美国创造工程学家艾利克斯·奥斯本于 1939 年首创的。其做法就是召开一种别开生面的小组畅谈会,在较短的时间内充分发挥群体的创造力,从而获得较多的创新设想。这种方法的规则有以下几个方面:

(1)参加者最好有不同的背景,可以从不同的角度分析观察问题。

(2)鼓励参加者提出别出心裁的想法,允许相互之间的矛盾。

(3)针对目标,不私下交谈,不干扰别人的思维活动或意见。

(4)鼓励修改,补充并结合他人的想法,提出新建议。

(5)不允许对别人的意见进行批评或反驳,任何人不做判断性结论。

(6)参加会议者不分上下级,平等相待,不允许以集体意见来阻碍个人的创造性设想。

这种方法的目的在于创造一种自由的思考环境,引导产生更多的创造性思维。提案的数量很重要,通过较多的数量以求得质量。因此,问题提示的设计要考虑能引出较多的答案。该方法适用于问题较单纯、目标较明确的决策。

头脑风暴法在运用中又发展出"反头脑风暴法",又称"挑刺法",其做法与"头脑风暴法"相反,对一种方案不提肯定意见,而是专门挑毛病。这两种方法一正一反可以互相补充。

(二)形态方格法

形态方格法又称形态学分析法,是美国加州理工学院瑞士茨维基于1948年首创的一种方法。他把一种数学处理技术以定性的方式,对一些复杂的问题或系统进行系统研究。此技术现已被应用于很多方面,比如产品设计、技术创新、市场研究和社会问题分析。

形态方格的核心思想认为:许多发明创造的成果并非什么全新的内容,只不过是旧事物的新组合。因此,它研究如何把问题所涉及的所有方面、因素、特性等尽可能详尽地罗列出来,或者把不同因素联系起来,通过建立一个系统结构来求得问题的创新解决。

形态方格法的具体步骤:①弄清所要解决的问题;②确定与问题相关的重要独立要素或方面,列出各要素的所有可能形态及其属性;③将各独立要素及可能形态排列成矩阵形式;④从各要素及属性中选取可能状态作为任意组合,从而产生出解决问题的可能构想;⑤对各构想作比较、评价,并选出最佳构想。

这一创新技术是产生大量构思的理想工具,对于一些探索性或寻求机会性质的问题最为适用。在应用该方法时应注意两个问题:①因为形态方格法要求对问题进行系统的分析,并借此确定出影响创新的重要独立要素及其可能形态,这就要求有较高程度的有关问题的专门知识,如果不是内行就难以做到。所以,无论是选择个人还是小组来编制形态方格,只能挑选那些对问题堪称行家的人。②通过形态方格的编制,能否得出重要的创造性的构想,或者说能否保证重要创造性构想不致被遗漏,完全取决于要素确定得如何,因此,确定要素是应用此方法的关键性步骤。

(三)综摄法

1.综摄法的基本假设

综摄法是由美国学者哥顿提出的。这一方法的基本观点假设如下:

(1)人人都有创新能力,它并非少数人特有的神秘东西;

(2)人类的创造活动有共同的心理过程,这些心理过程是可以描绘的;

(3)在创造活动过程中,非理性和不自觉的感情因素比理智的理性因素更为重要;

(4)这种心理过程可以通过适当的方法加以训练并驾驭;

(5)集体的创造过程可模仿个人的创造过程。

2.综摄法的操作机制

综摄法主要运用如下两大操作机制:

(1)变陌生为熟悉。即对不熟悉的事物用熟悉的事物和知识去分析对待它。此机制主要是让人们能以新的方式观察问题,以便更好地理解它。可具体化为如下几步:①给定问题;②分析;③问题的重新表述;④简单分析和排列。

（2）变熟悉为陌生。这是综摄法的核心，是指对熟悉的事物、方法、原理和知识以不熟悉的态度来观察分析，从而启发出创造性的设想来。其主要目的是让解决问题者能超脱问题本身，以发现更具创造性的解决办法。可具体化为如下几步：①远离问题；②强行结合；③方案的认可。

(四)类比创新法

类比创新法的共同特点是，由于两个或两类事物在某一或某些方面具有相同或相似的特点，因而期望通过类比把某类事物的特点复现在另一类事物上以实现创新，以达到异中求同、同中求异、产生新成果的目的。其方法主要有：

1.个人类比

个人类比即把自己想象为自己的工作对象，并融入个人的情感和感觉，以求得对问题的洞察。

2.直接类比

直接类比是把某一领域的事实、信息、知识和技术用于另一领域。在运用这一手段时，人们的经验和知识越丰富越好，以找出与手中问题相类似关系的现象。模仿生物界是直接类比的材料宝库。

3.象征类比

象征类比就是以事物抽象的象征物来表达事物的本质。例如，绿色会使人联想到生命。当然并非人人都有类似的感觉，且绿色和生命之间并没有必然的逻辑关系，但关键是它能触发由此而引起的联想。

4.幻想类比

幻想类比即用幻想表达个人所希望的、最理想的解决问题的方法。这是基于弗洛伊德的观点，即人的创造性思维与希望完成创造的意愿有强烈的相关性。

5.因果类比

因果类比即根据已经掌握的事物的因果关系与正在接受研究改进事物的因果关系之间的相同或类似之处，去寻求创新思路的一种类比方法。

另外还有模拟类比、相似类比、剩余类比等方法。

(五)列举创新法

列举创新法是创意生成的各种方法中较为直接的方法。按其列举对象的不同可分为如下四种：

1.特性列举法

特性列举法是通过对研究对象进行分析，逐一列出其特性，并以此为起点探讨对研究对象进行改进的方法。在使用该法进行创新时，所列举的特性应当具体、明确，以便于有针对性地予以改进。

2.缺点列举法

缺点列举法是通过对研究对象进行分析，逐一列出其缺点，然后针对这些缺点寻求改进方案。

3.希望点列举法

希望点列举法是通过对研究对象的需要或他们的希望,通过列举服务对象的希望点,来寻求满足他们的需要或希望的方法,从而实现创新。

4.列举配对法

列举配对法是通过对研究对象进行分析,把其中不同的组成部分任意组合以寻求创新。如组合式家具等。

总之,在运用创新方法时,不同的企业应该依据市场需求的发展状况,结合本企业的实际,充分利用和发挥本企业的创新优势,选择合适的创新方法提高创新的效果,促进企业的发展。

考核评价

考核评价内容如表7-2所示。

表7-2 创新方法考核评价表

项目	评价内容	团队评价	教师评价
专业知识(30分)	创新的内容		
专业能力(30分)	创新的条件		
	创新的过程		
综合素质(40分)	创新的方法		
总 计			
努力方向:		建议:	

知识巩固

1.什么是创新,其有何特征?

2.创新应具备哪些条件,其行为主体包括哪些?

3.创新包括哪些基本内容?

4.简述创新的原则。

5.创新的主要方法有哪些?

案例分析

苹果公司的创新

我们已经进入数字生活的新时代,计算机逐渐变成扩展的消费电子产业中的一部分。在这个新时代,苹果公司成为大赢家。

苹果公司以发明、创新著称,并在计算机与消费电子集成产品的发展上领先,随后又向移动通信产业进军。2007年6月24日,苹果公司正式在美国开始销售iPhone,销售两天后,实际销量已有27万部。苹果的首席运营官说:"现在,发令枪已经打响,伟大事业即将开始。我们的主要目标不是销售,而是创造苹果的第三代商务。"与此同时,由于这一季度Mac和iPod的销量大,利润猛增到73%,苹果本季度的销售额增加到54.1亿美元,超出苹果的预期。同时,公司本季度的毛利润也由2006年同期的30.3%升到36.9%,表明Mac业务健康发展。

iPhone 的推出是苹果公司从计算机市场向消费电子市场转型的最新步骤,公司也在当年正式将公司原来名称中的计算机取消了。

然而,苹果公司的发展并不一帆风顺,产品开发及市场销售数度大起大落。苹果公司从以前的低迷状态发展到今天的全面复兴,已成为一个标志性企业。其品牌实力部分来自公司创始人乔布斯将公司从濒临破产挽救回来的独特故事,而其最大的活力主要来自它发明上的威望,公司多年来一直在世界最具创新力的公司中排名第一。

从其 1977 年第一台个人计算机,1984 年的鼠标驱动视窗,2001 年的 iPod,到推出的 iPhone,苹果一直走在时代前列。苹果在高技术产业领域并不孤立,在某些方面独树一帜,特别是能在用户中激发起宗教般的热情。无论它有多少问题和缺点,有四条重要经验值得其他公司学习。

1. 技术的包容性

创新可以起源于公司内部和外部。苹果被大众认为是像爱迪生和贝尔那样的传统创新公司,将工程师集中起来酝酿新思想,激发创新产品的灵感。其实,真正的诀窍在于将自己的思路与外界技术相结合,并加入软件及巧妙的设计。例如,iPod 正是起源于开发此项目的一位咨询师的梦想。采用了货架上的零件,将其与自制部件结合成为特别的、便于使用及控制的系统。其设计还令其可与苹果改进的 iTunes 自动点唱机软件密切配合工作。总之,苹果集成并协同各种技术,不断从外界吸收技术,并总要加入自己的思想。这种"网络创新"方式不仅限于电子企业,如宝洁、BT 和若干大制药公司都采用。他们知道不是所有好主意都来自内部。网络创新要力争与创业公司及研究界接触,不断寻求新思想,保证职工不会罹患"不是自己发明的"综合症。

2. 面向用户的设计

苹果向来强调用户需求,而不是按技术需求设计新产品。多数技术企业以为有内部智慧就可卖出产品,结果却是工程师的小发明。苹果一贯擅长将精明的技术与简洁的用法相结合。iPod 不是第一个数字音乐产品,却是第一个通过网络传送、组织和购买音乐的产品,简单到任何人都能玩。同样,iPhone 不是第一个可做音乐演奏、网络浏览及电子邮件的移动电话,却是无需技巧就可用的,其他多数智能电话却要掌握各种技巧才能用。苹果也不是仅有的追求简洁的公司,荷兰的飞利浦也在尝试。瑞典的两位奇才将原有的需要专业技术的网络电话变成普通公众都能用的 Skype,他们还想做网络电视。可惜,很少有公司将便于应用作为其最终目标。

3. 以超前性引导市场

听取用户意见固然好,却嫌不足。苹果的经验是,聪明的公司有时要无视市场今天的声音。当 iPod 于 2001 年推出时,反映有点怪,但乔布斯坚持自己的目标。任天堂受欢迎的运动控制视频游戏 Wii 也一样,与其设计一款现有市场的游戏机,不如拼出去,做一个从来没有的、市场尚未开发的、有更大诱惑力的游戏机。

4. 正确对待失败

苹果的许多成功的产品来自过去的失败。例如,Macintosh 是来自早期 Lisa 的失败;iPhone 是对它曾经与摩托罗拉合作开发的原创电话产品失败的回应。这两次经验都是从失败中学习,并再次努力尝试的结果。其新近的计算机是基于 1980 年在 NEXT 时开发的、失败了的计算机技术。更重要的教训是,不以失败为耻,而是容忍失败,从失败中学习。欧洲未能造就一个对抗硅谷的地区,主要在于过于严厉的破产法。

自然,所有这些没办法保证成功:必须从外界吸取智慧,追求简洁,重视受到关注的群体,吸取失败的教训等。苹果几乎都一一做到了。无疑,妄自尊大的乔布斯会再次走回头路:iPhone 还不一定能保证成功。但至少在当前,还有哪家大公司比苹果公司更能代表富于创新的艺术。

讨论与思考:

1. 创新的含义是什么?

2. 有人认为,管理内容的核心就是创新,你怎样看待这一观点? 如何通过适度的创新来实施有效的管理?

3. 结合本案例,说明创新应包含哪些方面的内容?

实训课业

实训项目:创新能力与创新方法

1. **实训目的:**

(1)培养学生理解创新的能力;

(2)学会创新方法,培养创新能力。

2. **实训内容:**

以团队为单位,利用互联网搜索一家实施创新的典型企业,运用所学的理论,分析该企业创新的内容和方法,对案例中企业的创新进行评价,并提出自己的建议。

3. **实训要求:**

用 PPT 的方式展示自己分析的结果,内容包括:企业的名称、性质;分析目的;信息取得的方式及主要资料;创新内容分析;创新重要性分析;意见和建议。

4. **实训评价:**

列出团队认为具有可行性的构想(可有多个)。

参考文献

[1]张中华.管理学通论[M].北京:北京大学出版社,2005.

[2]周三多,陈传明,鲁明泓.管理学——原理与方法[M].上海:复旦大学出版社,1999.

[3]刘兴倍.管理学原理[M].北京:清华大学出版社,2004.

[4]仲岩.管理学基础[M].武汉:武汉理工大学出版社,2007.

[5]陈平.管理学[M].武汉:武汉大学出版社,2008.

[6]王晓君.管理学[M].北京:中国人民大学出版社,2004.

[7]程国平.管理学[M].武汉:武汉理工大学,2004.

[8][美]斯蒂芬·P·罗宾斯.管理学[M].北京:中国人民大学出版社,2003.

[9]周三多.管理学[M].北京:高等教育出版社,2000.

[10]徐向艺.管理学[M].济南:山东人民出版社,2005.

[11][美]哈罗德·孔茨等.管理学[M].北京:经济科学出版社,1998.

[12]王利平.管理学原理[M].北京:中国人民大学出版社,2000.

[13]单凤儒.管理学基础[M].北京:高等教育出版社,2004.

[14]陈春花,杨忠,曹洲涛.组织行为学[M].机械工业出版社,2009.

[15]周三多.管理学[M].北京:高等教育出版社,2014.

[16]孙元欣.管理学:原理·方法·案例[M].2版.北京:科学出版社,2015.

[17]何凡,王玲玲.管理学原理[M].重庆:重庆出版社,2013.

[18]周三多,陈传明,鲁明泓.管理学原理与方法[M].上海:复旦大学出版社,2008.

[19]刘治江.管理学原理[M].广州:暨南大学出版社.2016.

[20]张永良.管理学基础[M].北京:北京理工大学出版社.2014.

[21]崔佳颖.组织的管理沟通研究[D].北京:首都经济贸易大学,2006.

[22]万强,苏朝霞,王闯.管理学基础[M].北京:教育科学出版社,2013.

[23]单凤儒.管理学基础[M].5版.北京:高等教育出版社,2015.

[24]万强,苏朝霞,王闯.管理学基础[M].北京:教育科学出版社,2013.